〔余伯泉博士・洪莉竹博士主編〕

大學生活完全手冊

Gerald Corey 等人◆著
李茂興、張明玲◆譯

Gerald Corey／Cindy Corey／Heidi Jo Corey

Living and Learning

ISBN 957-98081-8-X
Printed in Taiwan, Republic of China

序

一切的一切操縱在自己的手中

生活推動著您不斷地學習；
學習又讓您更懂得如何生活。

對於未來，您懷抱著哪些雄心壯志呢？

對於上大學，您真正想獲得什麼呢？

對於您自己而言，學校又具有哪些實質的意義呢？

本書探討的就是上述這些問題，價值性很可能勝過您在大學裡所讀過的任何一本教科書。事實上，您將成爲本書的共同作者，因爲本書會先爲您鋪設順利渡過大學生涯的路徑，接著，就必須由您來走，爲路徑中的一切塗上色彩。

有了您親身的參與，您能預期的收穫將包括：

找到自己

這意味著，您能找到自己獨特的優點，也能清楚自己的不足。將優點進一步發揮，以及化缺點爲優點，這整個過程會帶給您無法形容的成就感。

擁有積極的動力

這意味著，您能成爲積極主動的學習者，因爲經由本書與您一起進行發掘，您會有強烈而清楚的意圖感與企圖心。

享受更多學習上與生活上的歡樂

這意味著，您終將理解到讀書與上課不是爲了考試與成績，而是爲了開發自己的潛能，爲未來渴望要達到的目的鋪路、充電。在這樣的認知與心境下，學習本身會是一種樂趣，每天都是您迫不及待要迎接的日子。

建立起終身學習的正確觀念

這意味著，即使畢業後，您也不會徬徨，因爲您已經能掌握您的方向，知道自己想要什麼，自己擁有什麼，以及自己應該充實什麼。換句話說，您已經掌握了終身學習之鑰，紛擾動盪的外在世界無法使您心慌。

課業上的成功

本書除了致力於協助您建立起正確的觀念與方向，協助您瞭解自己屬於何種學習性向，並找出最適合您的學習途徑之外，對於如何預習、如何做筆記、如何複習、如何管理時間，乃至如何調適生活中的壓力，突破學習上的各種障礙等等，都與您同在一起。我們的搭擋，必然會使您的課業成績突飛猛進，儘管這並不是本書的唯一目的，也不是您唯一的收穫。

衷心歡迎您的加入，您的投資所得到的回報，將不是金錢所能衡量的。

Gerald Corey
Cindy Corey
Heidi Jo Corey

目 錄

第八章 認識多元化 273

第九章 關心自己的健康 313

第十章 負責任的選擇 345

第一章

旅程的起跑點

- ☑ 在人生旅程中，你身在何處？
- ☑ 圍牆或橋樑？
- ☑ 犯錯也有大益處
- ☑ 構築願景
- ☑ 投資你的學業

引航

生活與學習是一體的兩面。你過去的生活經驗與你現在的學習方式以及激勵你不斷學習的動力其實大有關連。本章將幫助你回顧過去的求學經驗，並選擇適當的方法使你成為一名主動積極的學習者。你將發現，你對生活所設定的目標，將會影響高等教育對你助益的多寡。想一想過去和現在的你在身為一名學生時的態度和做法；也想一想過去的經驗使你成為何種大學生。本章將邀請你一同展開新的旅程，並在其它章節中提供路程指南讓你參考。

Chapter 1

認識現在的我

此項簡短的自我評量將有助於確認你現在對本章所涵蓋的主題有何想法和做法。答案並無對錯之分，只要立即對每一則敘述坦誠地做答即可。在本章最後，我們會建議你重新思考你的回答並考慮是否要修改。評量的重點並非試著爲你的想法和行爲評分，而是要認清你的現況以及你想改變的事。

你屬於下列每則敘述中所描述的人嗎？在 ____ 中填上「○」、「×」或「？」（不確定）。

1.____我大部份的中學生活都未虛度。

2.____在我生命中，好成績比我學到的知識重要。

3.____我通常未質疑老師所說的話，便全盤接受。

4.____目前，我主要因競賽和其他外在壓力而激發學習動機。

5.____我知道我自己有很強烈的好奇心以及追根究柢的欲望。

6.____我害怕犯錯且看起來愚笨。

7.____到現在爲止，上學實在沒意思。我幾乎找不出學校課程和真實生活之間有何關連。

8.____親朋好友們會鼓勵我做出自己的決定並加以執行。

9.____我期盼在大學裡成爲一個與中學時截然不同的學生。

10.____我希望能規劃自己的學業。

你身在人生旅程中的何處？

從過去身爲學生的經驗中，你對於生活以及自己瞭解了多少？我們認爲，如果你花點時間反省過去的話，你將從大學教育中獲益良多。倘若你喜歡自己在小學和中學時期的樣子，那麼你不妨照舊，但如果你過去受教育的記憶大都是負面的，那麼大學也許會是一個全新的開始。你想要以何種方式成爲一名和過去的你完全不同的學生呢？

想像走廊的兩旁設了許多扇門，如果你想發現新事物的話，你必須打開並進入這些門內。同樣地，如果你想成爲和現在的你不同的學生，你也可以選擇全新的方向。我們每個人都必須努力做個學習者，並從個人的成功和失敗當中學習。

隨手筆記

回顧自己直至現今的學生旅程，想想看，到目前爲止，在學校教育中有哪些最重要的事或轉捩點？是否有某一個經驗仍影響你今天成爲什麼樣的人或什麼樣的學生？

如果你能改變學生時代的經驗，你最想改變的是什麼？爲什麼呢？

回憶過去學習的經驗。在你記憶中，有任何值得一提的話題嗎？

Chapter 1

大家談

試著分享一些你在學校和其他同學相處時所學習到的人生經驗，這將使你發現新的想法哦！

- 哪些特殊事件給你一些啓示？
- 身爲一名學生，你對自己感到滿意嗎？如果不滿意，你願意做何種改變成爲你理想中的典範呢？
- 哪些路你想繼續走下去？
- 你想嘗試另闢蹊徑嗎？
- 你想以何種方式在大學中成爲一名和以往不同的學生？

旭日初昇與日正當中

Bill Bouse

談到中學和大學的差異，我想就像是破曉時分和日正當中的不同——一開始只見數道曙光，但一分一秒過去，太陽會愈來愈熾熱。上大學也是一樣；每件事情，從學校功課到個人控制情緒都顯見進展。這真是很奇妙的事，因為你對每件事的感覺更敏銳了。對我而言，這是令人相當振奮的事。

? 你在大學裡是否多少覺得「不虛此行」？為什麼？

你覺得在大學中過得如何？

在大學裡，有許多新的挑戰可能呈現在你眼前，而你可能從未問過自己將如何面對這些情境；你也可能發現你之所以唸大學，是爲了某些人（例如：父母），至少一開始是如此。這並不表示你應該抽身而退；相反地，你可能需要一股動力將你推向合適的地方。由你自己決定大學是否適合你才是最重要的。

我們當然希望你能儘量留在大學裡就讀，如果那是你真正想要的；但是我們更希望你先不考慮大學文憑，而從一開始就思考人生中其他的選擇。事實上，外面的世界可能才是最佳的教室，而且你的學習也不必因學校放假而中止。

想想是哪些動機驅使你必須爲畢業而努力。你現在願意爲了達成長程計劃而做某些犧牲嗎？許多學生未完成大學學業，不是因爲他們不懂得如何學習或不夠聰明，而是因爲沒有強烈的動機讓他們繼續唸下去。在其它時候，他們可能曾被激發起動機，然而卻沒有符合其需求的機構可供學習。

一旦你開始思考「我爲什麼唸大學」這個問題，接下來你可以選擇自己想成爲哪一類型的學生。我們不會告訴你應做些什麼，相反的，我們更想讓你明白，就個人的目標而言，唸大學對你具有何種意義。

當我們問及學生關於上大學的動機時，許多人都說是受到朋友、父母或老師的鼓勵。他們絕大部份是受到外在的影響而做出這樣的決定，其實這麼做並沒有錯，但這意味著他們也許必須做出真正屬於自己的決定。

Chapter 1

你現在決定了嗎？

Greg Kuykendall

我母親未上過大學。當我在中學的最後一年，我母親問我：「你現在決定了嗎？你想上大學，還是找工作？」我說：「我想我會去唸大學。」她告訴我她認為我做了一個不錯的決定。但假使我說我不想唸大學，我也很確定她會說：「好啊！只要你人生過得積極實在，就值得了。」

因為我母親沒唸大學，所以她希望孩子們儘可能都進大學就讀，但如果我們決定不唸大學也不是件壞事。她從未讓我覺得如果想成為一個有用的人就必須上大學的想法。

? 你的父母給了你什麼樣的影響，讓你決定要唸大學？你覺得你有選擇找工作或上大學的權利嗎？

批判思考園地

自我省思——找出你進大學的理由

- ☐ 我認爲大學是我人生的下一個階段。
- ☐ 我不認爲我具備足夠的知識或經驗可以開始出外工作。
- ☐ 在今天，每個人必須擁有一個學位才能找到不錯的工作。
- ☐ 每個高中畢業的人都這麼做。
- ☐ 我沒有選擇的權利，我只是被期望這麼做。

或者你還有其他屬於自己的理由嗎？

你主要的理由足以繼續激勵你待在大學嗎？例如：如果你列出家庭壓力爲上大學的主要動機，你能接受嗎？如果你家裡未對你施加壓力，你仍會待在大學裡嗎？如果你的理由是爲了較高薪的工作，那麼是否有人提醒你，大學文憑並不能保證讓你找到合乎興趣的工作。如果你決定接受較高等的教育主要是因爲外在因素，你認爲什麼方法可以讓你拿出自己的主見來？

圍牆或橋樑？

想像你自己正站在一條被一道牆擋住的路上。現在再想像，如果你想在這條路上往前走的話，牆上的每一塊磚頭都是一些你必須解決的特殊障礙。不管這些磚塊是別人或你自己放置的，你都要一一辨識並判斷如何加以解決。

例如，假設你渴望以文字來表達自己的想法，你可能會遭遇許多內心的障礙；你可能告訴自己：你想說的話不值一提，或在你開始動筆之前，你可能無限期地等待靈感。突破自我表達或其他任何的障礙，須由認識障礙的本質開始，然後你才能夠主宰障礙的存廢。你所抱持的態度，將決定障礙依舊對你不利，還是能轉變成可利用的資源。你過去的失敗或是讓機會擦身而過，也代表在你追求夢想的路上曾出現過的障礙。做出新的決定，很可能讓你充滿活力，既可成爲一個主動的學習者，也更能追求生活的意義。

這道牆上的任何一塊磚頭也可以變成墊腳石。障礙不必視爲阻礙。如果你相信看似障礙物的東西，正好可以變成幫助你在生命中達成願望的工具，你將更能掌控你的能力和管理自己。

厭倦找藉口

Natalie Mendoza

剛進大學時，我就被迫參加課後輔導。我後來了解，這不只因為我在課堂上不夠認真，更因為我患了一種症狀——低自我價值感——所造成的。它讓我覺得我只是個中等生，甚至有點笨。我花了好長一段時間，才發覺原來我自認為自己很失敗。我愈來愈厭倦找藉口，且疲於證明自己不是個好學生。我知道自己必須重新學習如何做一名學生、我也必須確立我接受學校教育的目標。我終於明白，上大學不是為了我的父母、朋友或世界，而是為我自己。我體悟到，我必須完成我的學業，才能過我想過的生活方式。

? 你清楚自己唸大學的目的嗎？若不甚明白，你會怎麼做？

幾歲才算太老？

Linda Graveline

年輕人會不會覺得我很奇怪？假如我無法勝任而出醜的話，怎麼辦？我是一個 49 歲的老學生，已經選修

社區學院的課程好幾年了，但從未想過要拿個學位。我的家庭對我很重要，所以我幾乎全心投注在婚姻和撫養孩子上面，但是隨著兒女長大成人，我開始站在人生的十字路口，思考著將來要走的路。雖然心中充滿矛盾、懷疑，我卻感到一股強烈的衝動，想繼續完成自己的學業。

回到大學就讀，是我生命中重要的轉捩點。起初我的恐懼感升高，懷疑自己是否能應付這些課程。萬一我失敗了，怎麼辦？別人會接受我這個老學生嗎？對我的家庭又會有什麼影響呢？要離開社區學院的朋友和我自己成立的讀書會，令我相當難過。但是我拋開所有的疑慮，追求我想進入大學就讀的夢想。回學校當老學生是一個很棒的經歷，它不只為我打開新的視野，同時也存在著一些障礙等我去突破。

? 無論你是 18 歲或 80 歲，以你現在的年齡去讀大學有哪些優勢？又有哪些弱點？

你最大的敵人是自己？

在 Julia Cameron 所著的《藝術家之路》("The artist's way")一書中，她提到，內心負面的想法就像隨時跟在身邊的敵人一樣。當我們在生命中的某些領域遭遇阻礙時，或許會覺得那些熟悉的路徑較安全，因爲至少不須面對改變和未知的焦慮。例如，假設你害怕表達自己的想法，你想像得出，若你能克服這種恐懼，會帶來哪些意義嗎？你是否有過下述的想法：你害怕自己的能力太強；或者自己新穎獨特的想法，會對你造成困擾？

Cameron 指出，我們內心那些負面的想法未必是事實，也許它們毫無根據。一旦我們確認出自己內心的負面想法，我們的任務便是質疑它們，藉著自問：我抱持的信念正確無誤的證據在哪裡？如果我敢於做我自己，有誰能說我身邊就會沒有朋友？堅持這種負面的想法，讓我獲得什麼？如果我捨棄它們，又會如何？

批判思考園地

認清你的障礙

花些時間想想你所抱持的負面想法。你認同以下的陳述嗎？

- ‧如果我是我自己，則沒人會喜歡我。
- ‧如果我成功了，則會有忙不完的事。
- ‧如果我在某方面失敗了，就證明了我一無是處。

仔細思考以下的陳述，並指出它們對你而言，屬於內在（I）還是外在（E）障礙？請你圈出I、E或兩者皆是。

I　E　「我必須兼顧全職的工作與沉重的課業，那根本是不可能的事。」

I　E　「我必須照顧孩子，哪有時間上課。」

I　E　「我是家裡第一個上大學的人。家人其實並不了解我。」

I　E　「我有肢體障礙，申請就讀大學會受到限制。」

I　E　「我身為足球隊的一員，所以沒有足夠的時間唸書。」

I　E　「我身邊沒有人喜歡我，我覺得被孤立。」

現在想想可能困擾你的內在障礙。下面舉一些問題出在人為因素而非環境因素的例子。

□「我的讀書習慣很糟。」

□「我的組織能力很差，進行的每個計劃似乎都無法持續很久。」

□「我覺得我必須把每件事都做到完美。如果我沒有各科拿A，我會讓父母失望。」

□「我常覺得自己太遲鈍，並不適合唸大學。」

□「我比這裡大多數的同學都來得老，我擔心和他們合不來。我已經離開學校太久，該怎麼辦？」

將上述你所認同的想法打勾。試著各找出一項內在的障礙和外在的障礙，並反思這些障礙如何形成你的阻礙。想想看，你還有哪些揮之不去的負面想法呢？

在一張紙上寫出阻礙你成功的想法、經驗和掙扎。想想你自己有哪些內在和外在的障礙。如果你能克服它們，你的生活會產生何種變化？

本書的每一章都會協助你卸下一些「障礙磚塊」，並放置新的墊腳石在你想走的路上。

隨手筆記

重新審視你的障礙。它們透露出某些共同點嗎？是什麼呢？有什麼方法可以將你的障礙視爲有用的資產、墊腳石或機會嗎？它們會是能量和新動機的來源嗎？

Chapter 1

犯錯也有大益處

我們有些人因害怕犯錯而裹足不前。事實上，我們習慣將每個過錯看成是失敗，但我們不妨試著把錯誤視爲學習中必經的步驟。從錯誤中學習是值得嘉許的。想一想你學習某項技能的過程：當你學騎腳踏車時，你跌倒過嗎？若答案是肯定的，你是否因爲一時的失敗，就把腳踏車丟得遠遠的？

重要的是，我們不必逃避所有的錯誤，而是從中學習。再三犯同樣的錯誤是不應該的。一犯錯便責怪別人，則難以獲得別人的幫助。承認錯誤並找出你本身的因素，是較成熟的做法。坦然接受自己的錯誤，不會使你陷入無窮盡的自責和貶抑當中，相反地，對你的錯誤負責可以讓你更能掌控自己。

當你能看清錯誤背後的一致性時，你便能從中獲得學習的機會。如果你有寫日記的習慣，我們建議你記下你所察覺的錯誤，這會讓你思索你的行爲在哪一方面出了問題。錯誤會告訴你：你能做哪些改變。

回想你曾犯過的一些較小的失敗，再回想一個較大的過錯。經歷大小失敗的感覺如何？你如何界定自己的價值？其實，失敗並不是致命傷，除非你讓它們阻礙你前進的步伐，並使你害怕得不敢冒險。

我們都必須克服自己的恐懼感。如果你能指出特定的恐懼，那麼你便站在有利的立足點上。別因害怕犯錯或失敗而滯礙不前，即使你擔心你可能無法完成目標，也要提起勇氣向前邁進。你的恐懼可能一時阻礙了你，但當你察覺你正向它們屈服時，你不妨開始採取行動反擊。

「惡」夢成真

Rose Rodríguez

身為一個來自社區學院的再讀生及轉系生，我對唸大學充滿焦慮。有一天，我夢見自己錯過開學日且來不及註冊。所以在註冊當天辦完手續後，我特別留意了開課日期，並仔細地檢查課表。

我認為每件事情都進行得還算順利。在應該是開課日的前一週，我抽空去逛設在大學裡的書店，結果當我進入校園時，看到停車場停了許多車，也有不少人步行在校園中。我心中很納悶，便上前問一位年輕的女孩，為什麼下星期才開課，學校就這麼多人。她很驚訝地看著我，說：「兩天前就開課了呀！」我拿出我的課程表給她看，的確，我記得正確的開課日期。當她翻完整本課程表後，才赫然發現那是去年的。這時我真想撞壁。錯過了好幾堂課，我很確定我竟然「惡」夢成真。她建議我留張字條給這些任課的老師，並於下次出席時解釋原因。我照做了，幸好未發生我所擔心的事——慘遭退學。

從這次的經驗中，我了解到，過度

隨手筆記

想一想你所犯過最大的錯誤。不須擔心你寫的是什麼，儘管加以誇大。假裝你真的爲此感到驕傲，然後寫下你從錯誤中學到什麼。在你的觀念中，犯錯和失敗有何差別？你可以用什麼方法，將最近所犯的一個錯誤轉化爲學習或改進的機會？

的擔心會使我的恐懼成真。我現在已經學會適當地看待自己的恐懼和憂慮。

? 當你犯了和 Rose 一樣的錯誤時，你如何處理？你寧可怎麼做？

崎嶇的大學路

Jenny Mohr

我是個 21 歲的媽媽，育有一名 2 歲大的女兒，我現在剛要升大三。我原是越南難民，已經在美國住了 14 年。在環境中求生存一直是我生活的目標。

許多夜裡，我思索著發生在我身上的種種往事，並自問為何自己仍然躊躇不前。在高中時，我有一個美好的前景，並希望畢業後馬上進大學。我多數的時間都在社區裡服務、運動和參加學生聯誼會，未來看似相當光明。沒想到高三那年，我竟然懷孕了。

雖然我知道未做保護措施的性交會有懷孕之虞，但我想那應該不會發生在我身上。知道自己懷孕後，我在學校裡守口如瓶，那段期間，我陸續收到我所申請的學校所發出的入學通知，但我盼望進法學院的願望似乎落空了。不過，在一位教育機會專案（EOP）的人員協助下，他鼓勵我唸大學，並告訴我如何申請獎助學金。

雖然身懷六甲，我仍修了 15 個學分，且須面對所有眼前的課業挑戰。我的 EOP 輔導員監督我的進度，並鼓勵我繼續努力。他的勉勵有助於我全力邁向目標。第一學期結束後，當我收到信封裡的成績單時，我好興奮。我拿到了 4 個A、1 個 B，且登上榮譽榜。還有，在學期最後一週，我生了一個漂亮的女娃娃。因此，我決定繼續我的學業。這是我生命中第一次感覺自己是個贏家，不只一場，而是二場。

過去這三年裡，包括生產、渡過失敗的婚姻、以及解決經濟負擔，雖然歷經艱辛的處境，但我仍設法讓自己成長、成熟，像個母親、像個女人。雖然我所做的選擇常產生負面的結果，但我發現，天生內在的堅強，讓我突破苦痛，望向未來的美景。

? 你希望 Jenny 在 10 年內的生活過得如何？你認為她將會有多少成就？

肯定自己所做的每件事

Heidi Jo Corey

我記得所有那些縈繞在我腦海中的聲音對我說：「Heidi，你在欺騙誰？你根本不屬於這裡。你在高等教育中不會成功的。學習障礙、留級生、小學程度、不會拼字。大學是給聰明人唸的。你不能做假。你不夠聰明，且永遠不會變聰明。」

所以，一開始，我坐在課堂上感覺像個騙子，我想遲早他們會把我揭穿。我是如此地恐懼失敗，於是我採取極端的做法——過度學習每件事。我花數小時在原本只需花 30 分鐘的報告上，每份報告我都下過苦功。我甚至花兩小時的車程，開車回家讓我的父母親讀我的報告。每件事對我而言都工程浩大。但是，時間一久，大學校園變得像我家後院一般，而花在研讀和讀書會的無數時間也有了嶄獲。第一學期我登上榮譽榜，往後每個學期亦不例外。即使如此，我仍覺得當一名大學生並非易事。

我希望我能放輕鬆一點，我不後悔把所有的時間投注在課業上。現在我明白，只要我肯花心思，我就可以做任何事情。我只希望對自己說話仁慈些。我希望我不會在一開始就害怕。假如我必須改變一些事情或所有的錯誤，我還是會坦誠地說：「我不會那樣做。」我重視過去所有的經驗，那些全都是我自己的，且使我成為今天的我，我真的以我的生活為榮——包括錯誤和所有的事情。

? 你覺得最近在哪些事情上，自己像個「騙子」？你如何處理那種感覺？

構築願景

當你允許自己做夢，想像你希望成爲何種人、想要過何種生活，那麼你達到目標的機會將會增加，新的可能性也會醞釀滋生。唐吉訶德有句名言說道：「做不可能的夢」，很切合我們的主題。夢想並非儘想些理由來解釋你不能完成的事情，而是指擴大能完成的事情之可能性。

一旦你對於自己想成爲何種人、與別人以何種關係相處、以及期望在大學裡有哪些經歷等等，都有清晰的構想之後，你必須採取行動，將夢想化爲真。

一部改變我生命的電影

Gary Kerr

在我 25、6 歲時，第一次興起要回大學讀書的念頭。當時我正住在紐約，在心境上總覺得落寞孤單，工作上也一直無法獲得成就感。我覺得生命中失去了一些東西。我開始去當義工，但情況並未因此改善。有天晚上，我因為覺得空虛、一事無成，於是獨自去看了一場電影。那部電影改變了我的人生。那是一部陳述無家可歸的孩子如何在街頭求生存的記錄片。我深受感動，之後又去看了好幾遍。當時我並不瞭解到底電影中的哪些部份令我著迷，但最後一次再去看時，我突然很想幫助那羣困境中的孩子，而且我知道要幫助他們唯一的方法就是——回學校唸書並拿到學位。

雖然我重新設定了生命的目標，但在年近三十的年紀，再回到學校讀書並非易事。我認為自己處於劣勢，因為我年紀太大。我擔心自己的想法很難再像個學生，畢竟學生時代離我太遙遠了。然而，我發現，我的經驗在同儕之間佔了很大的優勢。我知道自己的方向，也知道自己要的是什麼。我還發現，我的生活在其他方面使我獲益良多。比起年輕的時候，現在我的注意力可以維持得更久，在課業上也有自我督促的能力。

有時我對於自己仍在學習感到有點氣餒（現在我已三十出頭），因為我的朋友在事業上都已小有成就，賺的錢也比我多。我打算繼續唸研究所，雖然有時候覺得這是一條無止盡的路，但是，如果我未返回學校的話，我想我仍舊在原地踏步。我也不斷提醒自己當初回到學校的動機。我想起那羣失落、孤單且幾乎快要被人遺忘的青少年。他們也許會被社會遺忘，但我絕不會忘記他們。

Chapter 1

? 你正在遲疑是否要完成你的學業嗎？是哪些問題造成的？

我創造了自己

Dr. Joanne Veal Gabbin

我差一點上不了大學。1963 年，我在巴爾的摩就讀的高中女校幾乎全是白人，老師和輔導員對於指導黑人女孩的經驗並不多，我家也沒有人唸過大學，我壓根兒不知道該如何申請進大學。在四月底的時候，我聽到學校廣播宣佈：有興趣進入摩根州立大學的學生請立刻至禮堂前集合。這所學校成立於 1867 年，是一所傳統的黑人大學，該校的入學主任來學校招生。當我填好入學表格時，我天真地以為招生季才剛開始呢！我不曉得大部份的同學都已申請到學校，並已收到獎學金的通知書。我也不知道摩根州立大學的來訪是學校為想上大學的黑人同學所安排的唯一一次申請大學的機會。不過，我很清楚，如果我錯過這次招生說明會，我就上不了大學了（至少當時是如此）。

那次的經驗，讓我了解在大學、研究所以及工作生涯上，如何經營我自己。我在高中時所感受到的孤立無援和盲目，讓我懂得在大學和研究所時找一位導師，他能了解我並鼓勵我向前邁進。原本，我期待有個和藹可親的人能幫我規劃學業，但漸漸地，我領悟到，我必須成為自己的學業、生活和未來的創造者。我了解到，自己的求學生涯乃受制於種族隔離的社會環境，但我下定決心，不再屈服於歧視或自己的不安全感之下。因此我積極投入校園生活中——辦學生報、參加辯論賽、姊妹會、畢業紀念冊的編輯、英語學會等。這些經驗使我獲得自信心，進而完成自己設定的目標。

現在，我在大學裡教英文，並擔任維吉尼亞州詹姆士·麥迪遜大學榮譽計劃（Honors Program）的負責人。我從走進我辦公室的學生身上肯定了我自己。有些大一新生帶著父母的期望和夢想來到學校，希望以後能過著比以前更好的生活；有些學生滿懷偉大志向，卻因自己的計劃不週而失敗；有些人則把大學生活當做探索之旅。不過，在決心、勇氣和想像之外，我更盼望學生們能找到自信心。我從經驗中得知，自信是所有大學生必備的條件。

? 你從這篇故事中，對於目標、勇氣和自信有何看法？你從「我必須成為自己的學業、生活和未來的創造者」這句話中獲得什麼啓示？

心像摹想

心像摹想（visualization）的力量是很驚人的。奧林匹克的運動員以它來提升自己的表現；癌症病患藉著它來促進身心的改變。心像摹想是在心中浮現一連串畫面的過程，很像看錄影帶一樣，換言之，即創造一些心像來代表你想成爲某種特定類型的人。現在花點時間摹想你自己的目標。一旦你確立了特定的目標，閉上眼睛，以你的想像力製作一部影片或錄影帶。即使你只花兩分鐘做這個動作，也能激發你找一個方法來達成目標。做完摹想之後，在你的筆記本上，寫下你將採取哪些步驟使美夢成真。

追求夢想

José Galvan

我的夢想是當一名高中老師。我很想幫助高中生，並告知他們有關大學的資訊。我不想看到許多拉丁裔的學生在學業上受挫，原因只是因為他們沒錢，尤其他們常常沒有適當的管道得知他們有哪些可利用的機會。我是進了社區大學之後，才知道其實自己有資格申請某些獎助學金。

? 你對學業抱持著夢想嗎？你擔心經濟的困難使你的夢想無法成真嗎？你如何獲得獎助學金的相關資訊，使你能繼續待在大學裡？

大家談

五年計劃

花幾分鐘的時間填一填下面的表格。寫出你未來五年的期望。然後至少跟一個人談一談你想走的方向。

我的資源＿＿＿＿＿＿＿＿＿＿＿＿＿＿

我想像自己將成為何種人＿＿＿＿＿＿＿

＿＿＿＿＿＿＿＿＿＿＿＿＿＿＿＿＿＿＿

我最想具備的能力＿＿＿＿＿＿＿＿＿＿

＿＿＿＿＿＿＿＿＿＿＿＿＿＿＿＿＿＿＿

我可能遇到的阻礙＿＿＿＿＿＿＿＿＿＿

＿＿＿＿＿＿＿＿＿＿＿＿＿＿＿＿＿＿＿

我必須採取的做法＿＿＿＿＿＿＿＿＿＿

＿＿＿＿＿＿＿＿＿＿＿＿＿＿＿＿＿＿＿

創造思考園地

放眼未來

對下列各個項目稍加思考，再選出你未能完成夢想的理由。

- ☐ 我不夠聰明。
- ☐ 我必須賺錢過活。
- ☐ 我沒有足夠的錢。
- ☐ 我天生的能力欠佳。
- ☐ 我缺乏良好的人際關係網。
- ☐ 我缺乏驅動力和意志力。
- ☐ 我不是個有創造力的人。
- ☐ 太多人對我抱著期望。

現在，加上其它可能阻礙你達成夢想的因素。

寫出一種你可以克服這些阻礙的方法。

____

現在，想像你正在大學的畢業典禮上。花幾分鐘閉上你的眼睛想一想：看見你自己戴上學士帽，並穿上學士服。當你走向講台、拿到文憑時，心中有何感想？

____

在來賓席中，有沒有你認識的人，他們怎麼看待你？

____

你有哪些話想告訴參加畢業典禮的人們？

____

____

Chapter 1

鼓勵我的人

Héctor Chávez

父親是最鼓勵我唸大學的人，他相信美國能提供學子們良好的教育。他領到全家的移民文件之後，我們便舉家從墨西哥搬到美國。他完全不懂英文，所以只能做些莊稼的工作。我最近也下田耕作一小段時間，我很清楚自己並不想做這些事。

我遇到最大的困難是如何挽回自尊心。在墨西哥，我是個優秀的學生，可是因為語言的障礙，剛來美國時，我只能拿到C或D的成績。

許多人都影響我進入大學，包括那些看不起我，並告訴我別不自量力的人，他們激勵我去證明他們是錯的，並使自己成為成功者。

? 你遭遇過 Héctor 的故事中相同的情節嗎？是誰或什麼事件激發你唸大學的決心？

投資你的教育

想想看，你準備投注多少時間和精力在學業上，使它變得有意義。這個問題將幫助你把教育想成投資，以及思考你如何從投資中獲益最多。

讓我們以金錢投資的角度來嚴密思考大學的課程。

首先，是你為了唸大學而失去的收入。假設你現在確定可獲得一份全職的工作，要唸大學就必須犧牲這份工作機會。

第二項金錢投資是你實際花在學費、書籍費及其它教育費用上的錢。算一算你每堂課的費用，你認為划得來嗎？如果選課選得好且按時上課，也許還值回票價，否則一旦缺課，每一次你所損失的金額，足可吃一頓豐盛的晚餐或看兩場電影哩！

除非你投入相對的時間和個人的努力於課業上，否則這裡所談的金錢投資可能不具任何意義。事實上，我們希望你能牢記「個人」投資更寬廣的觀念，問問自己：「你是否充分利用你所付費的資源呢？如果沒有，你要如何做才能從中獲得更多一些呢？或是你覺得未從課程中得到應得的東西，在這種情況下，你有哪些選擇呢？」

成本效益分析

成本效益分析是指，將投資的成本和獲得的效益加以比較。例如：你把接受大學教育的所有費用加起來，再比較你在教育中所獲得的總效益。在任何有利的投資中，效益必須大於成本。此處所考量的成本和效益並不單單從金錢的角度來衡量，也考慮個人在其他方面的付出，以及終生獲得的報酬。

大學教育的報酬有很多，有些和受教育的歷程有關，如學習的樂趣、個人成長的機會和結交朋友等，有些則和未來的收入及能自由地選擇有興趣的職業有關。

讀大學可能會使你花費不少的金錢和精力，也會佔去你從事熱愛活動的時間，但是，你愈能全心投資在這上面，你愈能從大學教育中獲益。尤其當你並不滿意目前的課業時，你應自問：你願意投資多少在你的學業上？你在等老師或其他人為你做某些事嗎？你願意盡多少的努力來改變你所不喜歡的事呢？

在大學裡，做個稱職的學生有哪些好處？長遠來看，大學教育很可能使你將來的經濟和個人的安全感更有保障。但從短期來看，如果你看不到任何益處，也許你應把時間花在別的地方。

批判思考園地

這是一項有利的投資嗎？

以下列步驟來計算你在大學教育中每堂課所投資的金錢。

步驟1：把你花在這學期中所有的費用加起來。（不包括那些不上大學也要付的錢，如房租。）

步驟2：把你每週上課的時數加起來，再乘上這學期的週數。

步驟3：將步驟1除以步驟2：

$$\frac{\text{每學期的總花費}}{\text{每學期的總上課時數}} = \text{每節課\_\_\_\_\_\_元}$$

你認為，你投資在學業上的時間、精力和努力，有哪些附加價值？你可以用每堂課多少錢的方式來表示嗎？如果不行，為什麼？____________________

____

你覺得你的金錢投資和你個人的投資都一致朝向你的目標嗎？或它們似乎背道而馳？你能做哪些改變呢？______________________________

____

我個人的契約書

我是＿＿＿＿＿＿，立下這份契約書，做為達到目標的一種保證。這份契約書適用於本學期，我可能會在追求目標的期間不斷做必要的修改。

我打算從過程中獲得某些特定的東西：＿＿＿＿＿＿＿＿＿＿＿＿＿＿＿＿＿＿＿＿＿＿＿＿＿＿＿＿＿＿＿＿

為達到目標，我願意做＿＿＿＿＿＿＿＿＿＿＿＿

其他我準備要做的事：

- □ 閱讀本書中批判思考園地與創造思考園地，並找出時間寫下問題的答案。
- □ 寫下研讀本書的感想。
- □ 提出問題並參與課堂討論。
- □ 不遲交作業。
- □ 主動參與課堂活動。
- □ 寫下學生生涯的點滴。
- □ 使自己成為本書的共同作者。

以下是三個（或更多）在本學期中我願意採取的特定步驟，希望自己能成為心目中理想的學生。

＿＿＿＿＿＿＿＿＿＿＿＿＿＿＿＿

＿＿＿＿＿＿＿＿＿＿＿＿＿＿＿＿

＿＿＿＿＿＿＿＿＿＿＿＿＿＿＿＿

＿＿＿＿＿＿＿＿＿＿＿＿＿＿＿＿

＿＿＿＿＿＿＿＿＿＿＿＿＿＿＿＿

姓名＿＿＿＿＿＿日期＿＿＿＿＿＿

見證人＿＿＿＿＿日期＿＿＿＿＿＿

隨手筆記

是什麼樣的火花照亮了你的夢想？你想從學業中獲得什麼？你要怎麼做才能使你的學業有意義？你願意做何種投資？

Chapter 1

未來的路

1. 回到本章開頭「認識現在的我」並重新思考那些問題。你的答案改變了嗎？你對於那些「不確定『？』」的回答有較清楚的答案嗎？在讀完本章之後，現在你可能會問自己哪些額外的問題？

2. 把你在本章所寫的「隨手筆記」加以延伸，寫一篇較長的文章，來陳述你的學生生涯。用心回顧本章其他學生的故事。你認同他們的觀點嗎？反省一下自己尚未成為好學生的原因，並指出可以幫助你進行改變的資源。想想你自己的經歷，寫下你學業中的轉捩點，不過並不須寫出全部的故事，只要寫出到目前為止，求學生涯中特殊的部份，這才是最有用的練習。

3. Cameron 建議，每天早上將你的鬧鐘設定提早半小時，並以意識流的方式寫三頁晨間筆記。每一天，你可以選定一種你自己抱持的負面想法，依直覺來寫，陳述它如何成為你的阻礙；如果你能抹滅這種想法，你的生活將會產生哪些改變？這本日記會是你挑戰這些負面想法很棒的開始，在整個學期中，留意你的想法，並且不間斷地記錄下來。

4. 找一張自己的照片。從照片中你覺得自己是什麼樣的人？將照片影印下來，貼在你的日記上，並敘述照片中的故事。

5. 研究一下本章的插圖。挑選一段未加圖示的段落，試著畫出一張圖表做爲該段落的摘要。

6. 完成「我的個人契約書」之後，想想在這學期中，你願意做這些事的機率，而誰能夠支持你做這些事。在這個人的面前簽下這份契約書，並請對方也簽名。和他討論你能夠堅守契約的方法，例如遭遇挫折時，你該怎麼做。這種方式是希望你能將願意做的事清楚地明文規定，使你在實行的過程中獲益最多。當你持續進行這項工作時，定期回顧這份契約書，並想想自己正在做的事。隨著時光的推進，你可以做一些改變，即修正或增加某些約定，以達成自己的目標。

第二章
價值觀、目標和個人特質

- ☑ 為你的價值觀充電
- ☑ 建立個人唸大學的目標
- ☑ 你屬於哪一類的人？
- ☑ 多元智能——多元學習型態
- ☑ 「行動」才是關鍵

引航

本章將協助你省思你的價值觀和目標，並利用它們讓你贏在起跑點上。你也許不知道，你最想學習的事物和個人的價值觀及目標密切相關，而設定實際的目標又是主動學習的必要條件。

本章也將深入探討不同的人格類型及學習型態。你會發現，不僅學習的路線四通八達，學習及智能的種類更是五花八門。本章將幫助你了解如何爲自己定位，以及如何讓自己產生學習的動力。並藉此了解你自己的優點和個人特質如何協助你達到個人所設定的大學目標。

認識現在的我

現在花幾分鐘檢查你的想法。答案無對錯之分，亦無分數高低之別。我們的目的是鼓勵你仔細思考你有哪些特殊的想法和做法，並使你更注意它們。完成後，想想看在你的答案中，你發現了哪些固定類型？到了本章最後，我們將請你再回過頭來看你的回答。

你屬於下列每則敘述中所描述的人嗎？請在____中填上「○」、「×」或「？」（不確定）。

1.____我大部份的價值觀都和父母類似。
2.____我自認自己知道在生命中真正想要的是什麼。
3.____我讓別人來影響我的行爲勝過我自己做決定。
4.____我的目標在過去幾年內做了多次改變。
5.____我的價值觀在過去幾年內做過多次修正。
6.____我希望大學能幫助我更了解什麼是我最重視的。
7.____我喜歡此刻生活的方向。
8.____我盡己所能做每件事。
9.____我了解自己的學習型態，也知道在不同的課程環境中如何調整。
10.____我不知道該如何訂定實際的目標。

逐步了解你自己

「我是誰？」這個問題很難有適切的答案。連最了解自己生命潛能的人都會不斷地問：「我是誰？我正要往何處去？我如何到達目的地？」當舊觀念對你已失去意義時，你不妨趁此時機考慮轉換新觀念。你可以決定改變正在做的事或修正自己的定位。「我正要往何處去？」這個問題關係著你一生的計劃，以及你預定如何到達目的地的方法。在這個過程中，你可以滿懷希望地思考一些值得努力追求的長程計劃，它們也許和過去你所秉持的目標不同；你也可以考慮擬訂一些朝向長期目標邁進的短程計劃。

為你的價值觀充電

價值觀是影響你爲人處事的核心信念。理想上，你應該選擇性地接受某些核心的價值觀，而不是讓它們強加諸在你身上。一般說來，價值觀是你認爲對你最重要的信念，所以應該針對你自己來量身裁製。如果你的價值觀以此方式內化，以及如果你肯爲此負責，那麼它們將深深影響你的生活方式。如果你抱持的價值觀就像穿上一套不合身的衣服一般，那麼它們可能無法爲你提供行動的方針。

我們的目的並非告訴你應該重視什麼，而是要讓你更清楚你的價值觀，以及它們如何影響你每天的所做所為。我們認為，反省每日的生活，並選擇可做為行動方針的價值觀，對你是很重要的。一旦你能夠明確地指出，那麼要調整你的價值觀便容易多了。

Lt. Colonel Ron Coley 教我們如何探討自己正在做的事及其原因。他的自我評量三步驟是對自己坦誠的好方法：

1.什麼才是我應該做的事？

2.我正在做該做的事嗎？

3.我有適切的理由做這些事嗎？

一點點不同

Jerry Corey

導引我日常生活的主要價值觀之一是：渴望自己以及別人的生命能有一點點不同。多年以來，我身為大學教授、作家、心理學家以及諮商顧問且樂此不疲，主要是因為透過這些工作我發現了影響別人生涯的方法。雖然對於學生們在生涯中所做的改變，我不敢居功，但知道自己在他們追求理想的過程中曾發揮功用，我便感到心滿意足。在過去的34年當中，許多學生告訴我，我灌輸給他們的觀念，能激發他們創造願景並努力達成目標。

對我而言，工作是表達自我及實現夢想的一種方法。對於單單傳授知識，我並不是很有興趣，我的目標是希望學生從我的教導中充實其生命。我主要的工作就是讓我的學生們誠實地審視自己的價值觀及目標，確定他們遵循的方向是出於自己的意志。

? 如果要用一篇短文寫出你主要的願景，你想寫什麼？

創造思考園地

確認你的價值觀

你有許多價值觀，每一個都有助於定義「你是誰」。有時候你的某些價值觀可能會相互矛盾，在這種情況下，你會優先考慮哪一個？下面的測驗目的是幫助你確認自己的核心價值觀。請以 1～4 標出每一項的重要程度。（4＝非常重要；3＝重要；2＝有點重要；1＝不重要。）

____ 友誼
____ 家庭生活
____ 安全感
____ 金錢、物質生活無虞
____ 盡情享受休閒生活
____ 工作和事業生涯
____ 學習與受教育
____ 欣賞大自然
____ 競爭與獲勝
____ 與別人相互依賴合作
____ 愛別人及被愛
____ 掌控自己的生活
____ 獨立自主
____ 與上帝的關係
____ 自尊及自豪
____ 享受親密關係
____ 與朋友歡渡時光
____ 笑口常開和具有幽默感
____ 具有高智商和好奇心
____ 開放接受新的經驗
____ 冒險和追求個人成長
____ 參與社區事務
____ 被人讚賞及喜愛
____ 接受與克服挑戰
____ 克服達成目標的內在障礙
____ 克服達成目標的外在障礙
____ 勇氣
____ 同情心
____ 服務別人
____ 讓他人的生活有所不同
____ 具有生產力且擁有成就感
____ 擁有思考反省的獨處時間

寫出你重視的其他價值觀：____________________

____

接著圈選出三項你認為最重要的價值觀。它們出現在你每天的生活中嗎？你想做哪些改變讓它們融入你的日常生活中呢？

價值觀和阻礙

當你嘗試要貫徹你的價值觀時，可能會碰到哪些阻礙？例如，假設你認爲「盡情享受休閒生活」非常重要，但你卻抽不出時間來從事這些活動。你認爲是哪些原因讓你抽不出空來呢？

在生活中的哪些領域裡，你必須在矛盾的價值觀之間掙扎？例如，也許某項價值觀要求你必須工作來養活自己，而另一個價值觀卻告訴你必須全心投入學業。爲了保住工作，你可能要花更多的時間工作，這勢必使你讀書的時間減少。當你覺得價值觀之間有衝突時，你認爲有哪些選擇可以解決這種衝突？你可將這個問題應用在你覺得有某種衝突的領域上。

隨手筆記

試回答以下的一或二個問題。你在哪裡及如何獲得你那三項最主要的價值觀？你的行爲反映出這些價值觀是你最優先顧及的嗎？你想改變任何一件你正在做的事嗎？是哪一件事呢？你會如何開始採取步驟，使你的行爲和核心價值觀更一致？今天開始，你會採取哪些行動？

創造思考園地

大略寫出你的感想：

你最喜歡從事哪些對你而言最有意義的活動？

1. ____________________
2. ____________________
3. ____________________
4. ____________________

分別寫出你從事上述活動的頻率。

1. ____________________
2. ____________________
3. ____________________
4. ____________________

有任何人（或任何事）會阻礙你進行這些活動嗎？

1. ____________________
2. ____________________
3. ____________________
4. ____________________

你現在能採取哪些特定的步驟，來增加這些活動出現在你生活中的頻率？

1. ____________________
2. ____________________
3. ____________________
4. ____________________

Chapter 2

建立個人唸大學的目標

也許你很少想過要從大學或一般生活中獲得什麼。目標的確認、釐清及達成，必然和你的價值觀息息相關。許多人很難確定他們真正要的是什麼。如果你也如此的話，那麼首先問問你自己：

- ❑ 我現在正在做的事是我想做的嗎？
- ❑ 它反映出我的價值觀嗎？
- ❑ 我相信我有權利做我自己的選擇嗎？
- ❑ 從我正在做的事情中，我能找出意義嗎？
- ❑ 我較喜歡做些什麼？

你可以利用「較喜歡做些什麼」的想法來刺激你進行改變。「我目前正在做我真正想做的事」這句話對你有什麼啓示？了解自己的許多價值觀可以在你的大學生涯和日常生活中重新加以定義是很重要的。

如果你能爲自己訂定目標而非假手別人，那麼這個目標也許會更有意義。你很可能會因此發掘出自己的興趣，並找回自己的熱情。雖然期盼整個大學生活都能新鮮有趣是不切實際的，但你可以努力創造樂趣，尤其當你擁有目標時。

滾石不生苔

Héctor Chávez

雖然在整個受教育的過程中，我自己的夢想和目標曾經改變過，但這有助於我專注於做正確的事而不偏離正題。由於我冀望未來有所作為，它們就成了我待在學校裡最大的助力，這種感覺就像看見了隧道的另一端閃出亮光。

批判思考園地

訂立目標

設定目標並非一蹴可幾。設立和改變目標，需要持續地付出時間和努力。本練習可以幫助你在朝向目標邁進的途中變得更積極。

試回顧你在本章(P.34)所做關於價值觀的測驗，以及第一章(P.21)「五年計劃」單元中的答案。至少指出自己的一項長期教育目標，並在現階段會加以完成。(你的目標也許是只要畢業就好，也可以更特定一些)。

試說明在一年內或在現階段課業結束後，你希望達成的其他長期目標，例如：開始從事一份特別的工作、再進修或達到某種經濟能力。(儘可能詳細、特定)。

從上述的答案中，選出你最重要的長期目標。若「最重要的」目前還沒出現，則選一個你最想鎖定的目標。寫出至少三個短程目標以達成你的長程目標。同樣地，也儘可能詳細、特定。(例如：與其說獲得「好的成績」，不如指出你希望達到的分數等級。)

思考一下你的長期和短期目標，現在你最想在大學裡做些什麼事？

Chapter 2

誰需要它？

Greg Kuykendal

我在高中時真的很受大家歡迎。我是班上的小丑，總是能讓每個人發笑。我的怪癖是，讓大家都放下工作，而我仍能做完我的事。有些老師對我很感冒，認為我的行為太自私。

我認為我在中學時表現得相當出色。我的成績多在 B+至 C 之間，但我覺得，如果我想拿 A，我也做得到，只是我不須像他們那樣花許多時間就能拿 B 或 C，我又何苦呢？

我認為：「你們這些人需要上大學，我卻不需要。我很滑稽且受歡迎，可是你們不同，你們是傻瓜。那就是為什麼你們必須上大學，而我要去當演員的原因。」

我有一個最好的朋友，就是那種只會拿A的傻瓜。他跟我說：「老兄，為什麼你不停止遊手好閒，而好好考慮去讀大學呢？」他對自己的課業相當認真，既申請到州立大學也拿到獎學金。他說：「為什麼你不接受考試申請看看呢？」

我真的去嘗試了，但當我到了考場，我發現氣氛真是嚴肅，且沒有人跟你站在同一陣線上，你得憑自己的決心走進考場。也許這真的不是我想做的事。我的朋友說服我去，是因為他不想一個人赴試。但是最後我還是打了退堂鼓。

然後他又說服我去唸二專，他說：「當我一年賺 5 萬美金時，可別來向我借錢。」當時我心想：「對呀！我可不想有那麼一天！」

? 你從 Greg 的故事中，發現哪些關於目標和價值觀的問題呢？

從乾井中汲水

Kim Vander Dussen

當經濟拮据時，耐心和信心是我的兩大支柱。讀大學對我而言，是不可動搖的目標。我全心全力花了 6 年的時間才達到這個目標，而且我從未懈怠過。如果你對於學業及身為學生的態度並不認真，那麼金錢、時間和分數的壓力會讓你喘不過氣來。因為我非常重視我的課業，所以我總是能夠從看似乾涸的井中汲水上來。好比說我修了一些似乎應付不來的課程，但我的終極目標卻能督促著我不顧一切、勇往直前。

怎樣才算是好計劃？

我們大多數的人之所以無法達成目標，是因為我們的計劃設想得不夠週全，以至於窒礙難行。一旦你了解在你的生命中，什麼是你想要的，下一步就是設想如何獲得它。好的個人計劃應有具體的步驟，能引領你一步步朝目標邁進。為了使計劃順利進行，不妨參考下列的建議：

1. **使計劃簡單且容易遵循。**你的計劃須詳細地指出你將完成的工作，如此能讓你知道該計劃是否對你有用。
2. **設定實際且可達成的目標。**如果你的野心太大使計劃遙不可及，則你可能會遭受到挫敗。
3. **以正面的態度陳述你的計劃。**與其說你「不會」去做什麼，不如說你將會去做什麼。

4. **計劃的設計能讓你獨立執行。**別讓你的計劃受到別人的牽制。

5. **描述特定的行動步驟。**你要做的事愈明確，就愈能了解是否能夠完成。以一張進度表標示你的步驟。

6. **全力以赴。**以具體的行動致力於計劃的執行。

7. **重新思考你的計劃。**審視你的計劃進行得如何。特定的行動步驟有幫助嗎？當你的計劃付諸行動時，你有時可能必須加以修改。

計劃一個短期目標

試從「創造思考園地」的練習中選定一個短期目標，並根據上述7個步驟擬訂與執行一個計劃來達成此目標。別忘了將你的行動拆成數個特定的步驟。記錄開始及完成每一步驟的日期。設計一份書面計劃表，這樣一來你可以攜帶或貼在醒目的地方。當每個步驟完成後，即可在上面做個記號。

隨手筆記

當你發覺自己達成日標時，回頭看看你在第一章的「五年計劃」(P.21)單元中所做的回答。寫下一些對你而言，最重要的長期計劃，並指出在你往較大目標努力的過程中可以完成的短期目標。

Living & Learning

從身繫囹圄到步入大學

Bob Johnson

今年，我將決定欲攻讀的研究所科系，這件事並不稀奇，除非你和我來自同一個地方。四年前我第四度出獄，對未來感到很茫然。我沒有人脈、社會技能或甚至可伸出援手的朋友。一位假釋官建議我去讀書，我一笑置之，不過我還是開始考慮：何不將我的生活經驗和正式教育結合起來，讓自己能夠自立更生？

由於我獲得膳宿的補助而無須工作，接著就是申請進入大學及經濟援助。當我懷疑本身的能力時，有一位新朋友陪伴我、鼓勵我。第一次排在隊伍中時，我發覺自己和身旁的年輕人差距甚遠，我知道我不屬於這裡，但我對自己許下承諾，而且更生保護會也買了書本、衣服及一輛腳踏車給我。人們告訴我，我可以做得到，我只是對自己信心不足。

第一學期除了課業之外，我還獲得了許多其他的經驗。我不滿意我的過去及現在 44 歲的高齡。而且我似乎只在意我無法做到的事，而忽略了我能夠完成的其他事。

人們對我過去的評判有時是不公平的，但我必須體諒他們並不了解我經歷過的掙扎。

畢竟，我也曾經對整個社會批判過，而我的看法也不盡然是公正的。在學校裡只要我肯接受，就會有許多人幫助我。有一句簡單的話確實對我的學習很有助益，然而我以前從未用過，那句話就是：我需要幫忙。很簡單吧！

? Bob 的阻礙是什麼？他如何克服這些阻礙呢？你看得出他缺乏自信嗎？Bob 最後終於能請求別人的協助。當你需要協助時，你會要求別人幫你嗎？

回流生的心路歷程

Jill Ferris Wiley

我記得，十二年後重新回到學校的第一天，我很害怕。我心中充滿疑問——我會是班上最老的學生嗎(我 32 歲了)？別人會喜歡我嗎？我交得到朋友嗎？最重要的是，我能充分利用時間和金錢嗎？這次我要如何做？18 歲時，我在大學裡混得厲害，我擔心這次又會畢不了業。我想辦法讓自己成為積極的學生。上課時，坐在教室前面，這對我而言是一大改變。

我主動發問並參與課堂討論。我勇於提出自己的觀點並分享相關的經驗。我發起讀書會，藉此接觸和結交到許多新朋友，讀書也更有效率。我還找來導師和教授們輪流提供協助及建議給我們。

我在學校的「女性中心」當實習生，這是很有意義的經驗。我領導一個協助成人回流生的團體。我與其它女性分享我的經歷，譬如：如何在學業、家庭和工作中找到平衡點。女性中心也提供了許多團體和計劃，使我可以學到我真正想學的東西——從女性藝術家、作家和思想家，一直到改善記憶方法或克服數學恐懼症的研習會等等。

有幾個學期，為了調整課業、實習工作、家庭生活以及工作進度，所以不得不當個兼職學生。有時我覺得很氣餒且欲振乏力。我接受朋友們情感上的支持，而且我相信我能完成學業。

不可諱言的，我認為我最大的助力就是——讓自己看見目標並自信能夠達成。

? Jill 的短期和長期目標是什麼？她的阻礙又是什麼？是哪些問題讓你很難看清較大的目標？

你屬於哪一類的人？

就像每個人各有不同的價值觀一樣，每個人也都有不同的人格。藉由認識你的人格特質，你將較容易發展出自己的學習型態。

一些有趣的人格類型研究來自 John Holland 博士的啓發。他發現，某些價值觀和人格類型很適合某些工作環境。他將價值觀和人格類型歸納成六種基本類型：

- ❑ 務實型
- ❑ 研究型
- ❑ 藝術型
- ❑ 社交型
- ❑ 商業型
- ❑ 守規型

在這一節裡，我們將解釋 Holland 的研究，並探討如何應用在你身上。如果你願意將大學生涯視爲未來幾年內最重要的工作，那麼這就會很有意義。

如果你變得更了解自己是何種人，你可利用這些資訊來修正你的大學目標，也可以利用它們來發展出更有效能的計劃和策略。

Holland 認爲，一個人的人格和工作環境是否相符相當重要。當你看完這六種人格類型之後，找出最適合你的一種。大部份的人不會恰好只適合一種，而會同時具有數種特質。事實上，這些類型往往結伴集群，解釋著你如何看這個世界以及你和別人所形成的關係。

Holland 的六角形人格模式

六種人格類型在六角形當中，都跟相鄰的類型有較多相同的特性，跟相隔一格的類型只有些許相同的特性，和對面的類型則相當不同。如果你熟讀這六角形的解釋，則對於這些類型之間的關係將會更加清楚。

覺得自己類似六角形中的兩種或三種類型且類型不相鄰的人，可能發現自己很難調和這些類型的解釋中產生衝突的部分。請記住，這裡所提供的描述，只針對純粹的類型，而且很少人會僅僅符合其中的一種。若數種類型適合你，它們便可能包含不相容的要素。在運用這些人格類型的解析時，你可以且應該從中減少不相容的要素。

Holland 的六種人格類型

仔細閱讀各種類型，並在每一項特性前用鉛筆做記號。凡是看起來很像你自己的，畫個（＋），完全不像你的畫（－），其他的留空白。

務實型

- ◪ 喜好戶外、機械及體育類的活動、嗜好及職業。
- ◪ 喜歡從事和事物、動物有關的工作，而不喜歡和理念、資料或人有關的工作。
- ◪ 往往具有機械和運動員的能力。
- ◪ 喜歡建造、塑造、重新建構和修理東西。

- 喜歡使用設備和機器。
- 喜歡看到有形的結果。
- 是個有毅力、勤勉的人。
- 缺乏創造力和原創性。
- 較喜歡用熟悉的方法做事並建立固定模式。
- 以絕對的觀點思考。
- 不喜歡模稜兩可。
- 較不喜歡處理抽象、理論和哲學的議題。
- 是個唯物論、傳統和保守的人。
- 沒有很好的人際關係和語言溝通技巧。
- 當焦點匯聚在自己身上時會很不自在。
- 很難表達自己的情感。
- 別人認為他很害羞。

研究型

- 天生好奇且好問。
- 必須了解、解釋及預測身邊發生的事。
- 具有科學精神。
- 對於非科學、過度簡化或超自然的解釋，抱持悲觀、批判的態度。
- 對於正在做的事能全神貫注、心無旁騖。
- 獨立自主且喜歡單槍匹馬做事。
- 不喜歡管人也不喜歡被管。
- 以理論和解析的觀點看事情且勇於解決抽象、含糊的問題及狀況。
- 具有創造力和原創性。
- 常難以接受傳統的態度及價值觀。
- 逃避那種受到外在規定束縛的高結構化情境。
- 處事按部就班、精確及有條理。
- 對於自己的智力很有信心。
- 在社交場合常覺得困窘。

- 缺乏領導能力和說服技巧。
- 在人際關係方面拘謹與形式化。
- 通常不做情感的表達。
- 可能讓人覺得不太友善。

藝術型

- 是個有創造力、善表達、有原創性、天真及有個性的人。
- 喜歡與眾不同並努力做個卓絕出眾的人。
- 喜歡以文字、音樂、媒體和身體（如表演和舞蹈）創造新事物來表達自己的人格。
- 希望得到眾人的目光和讚賞，對於批評很敏感。
- 在衣著、言行舉止上傾向於無拘無束、不循傳統。
- 喜歡在無人監督的情況下工作。
- 處事較衝動。
- 非常重視美及審美的品味。
- 較情緒化且心思複雜。
- 喜歡抽象的工作及非結構化的情境。
- 在高度秩序化和系統化的情境中很難表現出色。
- 尋求別人的接納和讚美。
- 覺得親密的人際關係有壓力而避免之。
- 主要透過藝術間接與別人交流以彌補疏離感。
- 常自我省思。

社交型

- 是個友善、熱心、外向、合作的人。
- 喜歡與人為伍。
- 能了解及洞察別人的情感和問題。
- 喜歡扮演幫助別人的角色，如教師、調停者、顧問或諮商員。
- 善於表達自己並在人群中具有說服力。

- ◪ 喜歡當焦點人物並樂於處在團體的中心位置。
- ◪ 對於生活及與人相處都很敏感、理想化和謹慎。
- ◪ 喜歡處理哲學問題，如人生、宗教及道德的本質和目的。
- ◪ 不喜歡從事與機器或資料有關的工作，或是結構嚴密、反覆不變的任務。
- ◪ 和別人相處融洽並能自然地表達情感。
- ◪ 待人處事很圓滑，別人都認為他很仁慈、樂於助人和貼心。

商業型

- ◪ 外向、自信、有說服力、樂觀。
- ◪ 喜歡組織、領導、管理及控制團體活動以達到個人或組織的目標。
- ◪ 胸懷雄心壯志且喜歡肩負責任。
- ◪ 相當重視地位、權力、金錢及物質財產。
- ◪ 喜歡控制局面。
- ◪ 在發起和監督活動時充滿活力和熱忱。
- ◪ 喜歡影響別人。
- ◪ 愛好冒險、有衝勁、行事武斷且言語具說服力。
- ◪ 樂於參與社交圈並喜歡與有名、有影響力的人往來。
- ◪ 喜歡旅行和探險，並常有新奇、昂貴的嗜好。
- ◪ 自認很受人歡迎。
- ◪ 不喜歡需要科學能力的活動以及有系統、理論化的思考。
- ◪ 避免從事需要注意細節及千篇一律的活動。

守規型

- ◪ 是個一板一眼、固執、腳踏實地的人。
- ◪ 喜歡做抄寫、計算等遵行固定程序的活動。

- ◪ 是個可依賴、有效率且盡責的人。
- ◪ 希望擁有隸屬於團體和組織的安全感且做個好成員。
- ◪ 具有身分地位的意識，但通常不渴望居於高層領導地位。
- ◪ 知道自己該做什麼事時，會感到很自在。
- ◪ 傾向於保守和遵循傳統。
- ◪ 遵循別人所期望的標準及他所認同的權威人士之領導。
- ◪ 喜歡在令人愉快的室內環境工作。
- ◪ 重視物質享受及財物。
- ◪ 有自制力並有節制地表達自己的情感。
- ◪ 避免緊張的人際關係，喜歡隨興的人際關係。
- ◪ 在熟識的人群中才會自在。
- ◪ 喜歡有計劃地行事，較不喜歡打破慣例。

大家談

你的人格類型所提供的資訊和你對自己的認識相符嗎？它對於你想學習的領域以及如何去學習，給予何種建議？對於你選擇科系又有哪些建議呢？

____

____

隨手筆記

指出你最欣賞自己的哪些人格特質。你如何善加利用它們。另外，指出一些你想剔除的特質，你會採取什麼方法去做？

批判思考園地

你屬於何種人格類型？

以下的練習將幫助你評估你的人格類型。它是由 Jim Morrow 設計並已經過測試。

1. 當你讀完六種人格類型後，請你在很像你自己的項目前畫（＋）號，非常不像你的項目前畫（－）號。如果你還沒做，請現在畫上。
2. 根據（＋）號、（－）號及各類型的一般描述，選出一種最像你的類型。雖然沒有一種類型可以完全準確地描述你這個人，但總有一個比其他類型看起來更適合你的。
3. 請在下頁記錄板上的第 1 欄第 1 行寫下你的人格類型名稱。
4. 六種類型中第二適合你的類型是哪一個？把它寫在第 2 行。以此類推，將六種適合你的類別排出順序。
5. 完成後，將你用鉛筆標上的記號擦掉，再拿給一個熟識你的朋友，請他仔細讀完陳述後，把像似你的類型排序，就像你所做的一樣。先不要讓他看到你自己所排的順序，等到他完成後再給他看。
6. 比較你自己和別人所排的順序。看看前二項或前三項的差異。

Holland 人格類型的簡短陳述及排序練習，並非評估個人人格的唯一方式。如果你對更完整的自我評估方法有興趣，我們強力推薦你做自我引導探索測驗（Self-Directed Search），它將說明你的人格和適合的職業或科系之間的關連性。學校的輔導中心可能會有更多的資料可供查詢。

你自己做的排名	好友為你做的排名
1 ________	1 ________
2 ________	2 ________
3 ________	3 ________
4 ________	4 ________
5 ________	5 ________
6 ________	6 ________

多元智能——多元學習型態

每個人最適合的學習方法和最容易學習的知識類型也會有差異。例如，「聽覺型學習者」以耳聽的方式較易了解及記住觀念，而「視覺型學習者」若能實際看見學習的內容，就能有效學習。盡你所能找出適合你自己的學習方式，如此一來，你將能在大學裡充分發揮你的學習能力。

在學習型態之差異的背後，可能潛藏了基本的智能差異；智能木身並非僅指「智商」，而是指一組能力。

Howard Gardner 的多元智能理論指出，至少有 7 種不同的智能類型存在著：

- ❑ 文字／語言
- ❑ 邏輯／數學
- ❑ 視覺／空間
- ❑ 音樂／韻律
- ❑ 身體／動態美學
- ❑ 個人內在
- ❑ 人際關係

傳統的學校教育方式－－教學方法、作業及考試－－通常都只針對文字／語言和邏輯／數學這兩項能力而設計。然而其他的智能和學習型態，對於在生活中獲得成功也可能同樣重要。

這個含意是很深遠的。例如，假設你在邏輯／數學的學習方面表現不佳，你不應認為自己不夠聰明；你可能在其他領域比天生有數學細胞的人更傑出。再者，如果你不擅長某種學習型態或某種智能類型，你可以藉由你擅長的智能類型去學習同樣的教材。把大學視為發揮你的才能及改善你所有學習技巧的場所，將使你的大學生涯更成功、更有意義。

讓我們分別來看看這 7 種智能。當你往下閱讀時，像上面做 Holland 人格類型的測驗一樣，畫上（＋）號或（－）號。

Gardner 的七種智能

文字／語言型學習者

- ◪ 有相當敏銳的聽力。
- ◪ 熱衷閱讀和寫作。
- ◪ 喜歡玩文字遊戲。
- ◪ 擅長記名字、日期和地點。

- ◪ 容易讓別人了解他的觀點。

邏輯／數學型學習者：

- ◪ 喜歡探索事物的模式和關係。
- ◪ 喜歡循序漸進地進行活動。
- ◪ 很可能喜歡數學，對不懂的事物會加以實驗印證。
- ◪ 認為解決問題和使用邏輯推理很有趣。為視覺／空間型學習者：
- ◪ 很適合接觸視覺藝術、地圖、圖表及圖形。
- ◪ 常以意象和圖畫思考。
- ◪ 可想像出事物清晰的模樣。
- ◪ 常能輕而易舉地完成拼圖。

音樂／韻律型學習者：

- ◪ 對週遭的聲音很敏感。
- ◪ 熱愛音樂且喜歡邊讀書邊聽音樂。
- ◪ 能夠欣賞音調和旋律。
- ◪ 可能喜歡唱歌給自己聽。

身體／動態美學型學習者：

- ◪ 透過身體的感覺來處理知識。
- ◪ 能有技巧地運用肢體。
- ◪ 肢體具有很好的平衡感和協調性。
- ◪ 雙手靈巧。
- ◪ 能夠製作精細的物品。
- ◪ 需要活動和表演的機會。
- ◪ 在體育活動和實習課上反應最佳。

個人內在型學習者：

- ◪ 較喜歡躲到自己內在的世界。
- ◪ 喜歡獨處。

- ◪ 清楚自己的優點、缺點和情感。
- ◪ 傾向於進行創造性思考和獨立思考。
- ◪ 喜歡思考抽象的觀念。
- ◪ 常具有獨立、自信、有決心及動機強烈等特質。
- ◪ 較喜歡獨自工作而不喜歡團體合作。
- ◪ 當討論到爭議性的主題時，可能會堅持己見。

人際關係型學習者：

- ◪ 喜歡處於人群中。
- ◪ 擁有許多朋友並積極參與社交活動。
- ◪ 藉由合作、分享及融入團體可達最佳學習效果。

因此，智能不是單一項目，而是複雜、多元化的一組能力。你可能在某一主要領域有傑出的才能，或你可能同時擁有幾種優異的智能。你也可能同時擁有數種次要的智能——無論如何，每一種都和你的學習型態密不可分。

大家談

Holland 的人格類型 Gardner 的智能類型之間有哪些一致性？如果你根據 Holland 的架構，了解某人屬於某種人格類型，你想，你能預測他的何種智能最強嗎？Holland 和 Gardner 在分析人的方法上有哪些不同？

認識（RIMI）羅傑多元智能指數

找出你的智能之本質，對你而言是很有用的。你的最佳學習方法和七種智能類型如何組合息息相關。

你的優勢智能有哪些？

羅傑多元智能指數是由 Brigham Young 大學的 Keith Rogers 博士所設計，可用來準確指出你的優勢智能。這項測驗大約需時 15 分鐘。RIMI 後面的說明可讓你計算並解釋你的分數。

羅傑多元智能指數

說明：在每句陳述後面適當的方格內打 V。仔細想想你的認知、信念、偏好、行為及經驗。別猶豫太久，儘管往下做。答案沒有對錯、好壞或預設立場。儘可能用你的直覺去做。重點在於認識真正的你，而不是你「應該」為別人怎麼做。（代碼意義：1=幾乎不；2=偶爾；3=有時；4=通常；5=幾乎總是）。

	1	2	3	4	5
1. 我對於用字的直接和間接意義非常小心謹慎。	□	□	□	□	□
2. 我欣賞各式各樣的音樂。	□	□	□	□	□
3. 人們遇到數學或計算上的問題都會來向我求助。	□	□	□	□	□
4. 在我的腦海中，我可以想像出清晰、精確的畫面。	□	□	□	□	□
5. 我的肢體動作非常協調。	□	□	□	□	□
6. 我知道自己所持的信念以及行動背後的理由。	□	□	□	□	□

	1	2	3	4	5
7. 我了解別人的情緒、脾氣、價值觀及意向。	□	□	□	□	□
8. 我可以用言語或文字有自信地表達自己。	□	□	□	□	□
9. 我知道基本樂理，如和聲、和弦與音階。	□	□	□	□	□
10. 當我遇到問題時，我會用邏輯、分析、逐步的程序來解決。	□	□	□	□	□
11. 我有很好的方向感。	□	□	□	□	□
12. 我能夠巧妙地操作用具，例如剪刀、球類、榔頭、解剖刀、畫筆、縫針、鉗子等。	□	□	□	□	□
13. 我對於自己的了解有助於我在生活中做出明智的決定。	□	□	□	□	□
14. 我能夠影響別人接受我自己的信念、偏好和想法。	□	□	□	□	□
15. 我的文法觀念很強。	□	□	□	□	□
16. 我喜歡作曲或從事音樂創作。	□	□	□	□	□
17. 我在接受事實、理由和原理時，抱持嚴密、懷疑的態度。	□	□	□	□	□
18. 我擅長拼圖和閱讀說明書、服裝圖樣及建築藍圖。	□	□	□	□	□
19. 我在體能活動上有過人的表現，如舞蹈、運動等。	□	□	□	□	□
20. 我了解自己的性情，這有助於我可以決定是否要參與某些場合。	□	□	□	□	□
21. 我想要從事「助人」的行業，如教師、治療師或諮商員；或是當政治或宗教領袖。	□	□	□	□	□

	1	2	3	4	5
22.我能夠用口語或文字去影響或說服別人。	□	□	□	□	□
23.我熱愛表演音樂，例如在觀眾前演唱或彈奏樂器。	□	□	□	□	□
24.我尋求對現實世界的科學化解釋。	□	□	□	□	□
25.我能夠輕易且準確地看地圖。	□	□	□	□	□
26.我的雙手技藝可媲美電氣技師、裁縫師、水電工、機械技工、木匠和組裝工人。	□	□	□	□	□
27.我了解在不同情境下，我的情感、情緒和信念會起錯綜複雜的變化。	□	□	□	□	□
28.我有能力擔任調解者，幫別人或團體解決問題。	□	□	□	□	□
29.我對聲音、韻律、音調及聲韻(尤其是詩詞)非常敏銳。	□	□	□	□	□
30.我有很好的節奏感。					
31.我想從事像化學家、工程師、物理學家、天文學家或數學家的工作。	□	□	□	□	□
32.我能夠製做空間世界的圖像，如繪畫、雕塑、設計草圖或畫地圖。	□	□	□	□	□
33.我在體能活動中可紓解壓力、獲得滿足。	□	□	□	□	□
34.我的內在自我是力量和復甦的最終來源。	□	□	□	□	□
35.即使別人試著隱藏其動機，我仍能了解他們的意圖。	□	□	□	□	□
36.我喜歡閱讀各類書籍，而且是經常性的。	□	□	□	□	□

	1	2	3	4	5
37.我有很好的音感。	□	□	□	□	□
38.在處理數字時，我能獲得滿足感。	□	□	□	□	□
39.若我能親自體驗學習的對象，我喜歡以實地的方法學習。	□	□	□	□	□
40.我身體的反射動作和反應敏捷又準確。	□	□	□	□	□
41.我對自己的觀點很有自信且不易受別人左右。	□	□	□	□	□
42.我和一群人在一起時能夠感到自在、有自信。	□	□	□	□	□
43.我以寫作爲主要的溝通方式。	□	□	□	□	□
44.音樂會影響我的情緒和思維。	□	□	□	□	□
45.我比較喜歡有明確「對」、「錯」答案的問題。	□	□	□	□	□
46.我可以精準地推測距離和其他測量值。	□	□	□	□	□
47.我在擲球或射箭、射擊、打高爾夫球時都能準確命中目標。	□	□	□	□	□
48.我對自己的情感、信念、態度和情緒都能負責。	□	□	□	□	□
49.我有一大夥好朋友。	□	□	□	□	□

評估 RIMI

你在 RIMI 中所得到的分數和你對自己的瞭解相符嗎？爲什麼？________________________________

____

____

多元智能分數

說明：下表中，方格的題號和上面問卷的題號相同。請你將每一題所勾的數字填入下表。然後將各行的數字相加並在底下寫上總分，這就是你在該項智能的分數，其意義請參閱表格下方的解釋。

文字／語言型	音樂／韻律型	邏輯／數學型	視覺／空間型	身體／動態美學型	個人內在型	人際關係型
1☐	2☐	3☐	4☐	5☐	6☐	7☐
8☐	9☐	10☐	11☐	12☐	13☐	14☐
15☐	16☐	17☐	18☐	19☐	20☐	21☐
22☐	23☐	24☐	25☐	26☐	27☐	28☐
29☐	30☐	31☐	32☐	33☐	34☐	35☐
36☐	37☐	38☐	39☐	40☐	41☐	42☐
43☐	44☐	45☐	46☐	47☐	48☐	49☐
總分						

分數的意義

我們每個人多多少少都同時擁有這七種智能，而且全都可以加強。不過，每個人偏愛和利用某種智能的能力是有差別的。以下我們以低、中、高三種水準來解釋分數的意義。

分數	偏好和／或能力的強度
7～15	**低強度：**你傾向於「逃避」它，而且當你必須運用它時可能會感到不舒服。你對它的偏好屬於第三順位。這項智能應該不是你最喜歡的。多數的情況下，你缺乏自信且會想盡辦法逃避該項智能密集地使用。你在這方面的能力可能略嫌不足。除非你有非比尋常的動機，否則想要獲得這方面的技術能力可能會遭受挫敗或需要相當多的努力。所有的智能，包括這一項，都可以在你的一生中加以提高。
16～26	**中強度：**你傾向於「接受」它或稍微能輕鬆自在地運用它。你對它的偏好屬於第二順位。你可以憑自己的意願，決定是否採用這項智能。雖然你接受它，但未必較喜歡使用；可是，另一方面來說，你也不見得會避免運用它。這可能是因爲你在該方面的能力尚未發展完全，或因爲你對該項智能只有中度的偏好。你的能力也可能在中等程度。你獲得這方面的技術能力之可能性頗高，但可能也需要付出相當的心力。
27～35	**高強度：**你傾向於「偏愛」它並能輕鬆熟練地運用它。你對它的偏好屬於第一順位。你非常喜愛運用這項智能。運用它時充滿樂趣，你對它感到興奮、有興趣，甚至著迷。只要有機會，你通常會選擇它。每個人都知道你喜愛它。若你善加發展這項智能，你的能力也許會相當好。和中、低強度比較起來，要成爲這方面的專業人士應可如願，且不須花太多力氣。

聰明的讀書方法

你可以利用自己的學習偏好，來改善你在大學的學習情形。跟其他人一樣，你在這七種不同的智能領域中，也會有顯著的差異。

如果你的音樂智能特別高，你也許在讀書時聽聽背景音樂反而能夠更專心，或如果你的人際關係智能特別強，那麼你參加讀書會的效果會比一個人埋首苦讀來得好。如果你的肢體／動態美學智能較高，則尋找管道參加體育活動，或以身體語言來學習或許較明智。

如果你的視覺能力強，則你以看圖片和製作圖表來學習，會比靜靜聽課的效果好。若你主要是語言型的學習者，你喜歡讀、寫和說故事，那麼你以閱讀和聆聽的方式可以學得最有效率。

七種學習型態

學習者類別	喜好	擅長	最佳學習方式
文字/語言型 「文字玩家」	閱讀 寫作 說故事	背誦姓名、 地點、日期 和瑣事	說、聽和看文字
邏輯/數學型 「每事問」	做實驗 力求理解 與數字爲伍 問問題 探索固定模 式和關連性	數學 理則學 邏輯 解決問題	分門別類 運用抽象的模式和 關連性

學習者類別	喜好	擅長	最佳學習方式
視覺/空間型 「想像家」	繪畫、建構、 設計和創造 事物 做白日夢 看圖片、幻燈片 看電影	想像事物 察覺變化 走迷宮和拼圖 看地圖和圖表	視覺化 夢想 利用心像摹想 運用顏色和圖片
音樂/韻律型 「音樂愛好者」	唱歌或哼調子 聽音樂 彈奏樂器 對音樂起反應	自然學會聲音 記住旋律 留意音調和 韻律符合節拍	韻律 旋律 音樂
肢體/動態 美學型 「行動派」	四處走動 觸摸和說話 利用身體語言	肢體活動 (運動、舞蹈、 表演) 工藝	觸摸 活動 和空間交互作用 透過身體的感官處 理知識
人際關係型 「社交高手」	有許多朋友 和人交談 參與團體活 動	了解別人 領導別人 組織 溝通 利用人際關係 調停衝突	分享 比較 交際 合作 晤談
個人內在型 「個人風格」	單槍匹馬行事 追求個人嗜好	了解自己 能專注於內心 的感覺與夢想 跟著感覺走 追求興趣和目標 富創意	個人化的計劃 自調進度的學習 擁有個人的空間 單獨工作

大家談

你喜歡做哪些事？你的專長是什麼？你最好的學習方式爲何？你在小學和中學時，最喜歡的科目是什麼？

根據你的 RIMI 測驗結果和其他的知識，提出至少三項你可以用來增進學習效果的方法，尤其針對你在大學裡正在修習或即將要修習的課程。

隨手筆記

你認爲你在大學裡追求的目標，和你的人格、你最擅長的學習方式以及你真正的興趣一致嗎？

你在大學裡可以利用哪些方式，使你的最佳智能得以發揮？

你要如何才能成爲一個更主動的學習者？

行動才是關鍵

無論你屬於何種人格類型或智能類型，你都能成爲一名更主動的學習者。你可能覺得大學很有挑戰性，因爲這是第一次除了證明你記得書上寫的和老師說的之外，還有更多工作要做。你可能必須自己決定如何從某些證據中獲得結論，並決定研究的方向。當你的問題尙未得到明確答案之前，它也可以懸而未決。你也許已經習慣於服從權威，但是現在，你應該學習如何透過問題來思考，並找出你修課的意義。

下面的指導方針，可以幫助你在課業上變得更主動與積極：

1 **當你在聽課或閱讀時，找尋對你個人的意義。**身爲一名主動的學生，你可以用自己的方式選擇性地讀一本書，這將激發你的思考能力和閱讀情緒。爲你自己而讀書，並利用書中的習題、活動，將教材內容應用在你自己的生活中。

2 **克服恐懼。**主動學習必須經歷某些恐懼。例如，害怕坦誠剖析自己之後，發現情況很糟糕；對未知的事感到恐懼；擔心在老師和其他人面前顯得很愚笨；擔憂被人批評或取笑；以及甚至不敢公然表達你的看法。對於在班上主動地坦露自己感到有點害怕，是很自然的，因爲這可能涉及你過去未冒過的險。重要的是，你如何克服這些恐懼。我們希望你能坦然面對你的恐懼，儘管拿出你的勇氣，提升你的察覺能力。如此一來，你也開始爲自己拓展了選擇的範圍。

3 **決定你自己要什麼。**如果你花點時間與精神，想想你願意探討的問題，你便能從歷程中獲益良多。例如，花幾分鐘瀏覽本書的主題，並選出一些最令你感興趣的領域。當大家在討論這些主題時，你如何使自己融入？

4 **勇於冒險。**如果你選擇把自己完全投資在課業上，則對於生活的衝擊，應先有心理準備。你可能發現自己正在改變。當你發覺你的好友們並不欣賞你的改變，他們喜歡原來的你，這時你也許會感到很震驚。大學或許能讓你改變得很順利。當你改變時，你必須預料到你的人際關係也會跟著變化。

5 **建立信任感。**若你想以更有意義的方式參與一門課程，信任感是必要的條件。你可以率先建立信任的氣氛，否則就須等著別人來開頭。建立信任感的方法之一，就是找一位導師，和他討論阻礙你完全投入課程的心理因素。

6 **分享你的想法和意見。**向別人說出你的想法，是更深入了解自己的方法之一。雖然以坦露個人心聲的方式和不太熟悉的人交談，對你而言可能是全新的經驗，而且可能令你不自在，但你因此可以比在大部分的社交場合中說得更多。你必須耐心學習這種新的溝通技巧，也必須激勵自己以有意義的方式坦露自己。舉例來說，要說出身爲學生的疑慮或新生階段所經歷的孤獨感，可能必須鼓起勇氣。

7 **主動傾聽。**你可以培養出傾聽別人的技巧，在溝通時不要儘想著你應如何回話。想了解別人如何談論你，第一步即仔細地傾聽——既不必全盤接受，也不須一概否定。

8 **爲自己思考。**只有你自己能夠選擇要獨立思考或讓別人爲你思考、爲你做決定。許多人都無法找回自己的能力，變得依賴別人來導引其生活，及爲自己做決定。如果你重視爲自己思考和做決定，那麼你必須了解，無論是其他同學或導師都無權主導你的生活。

9 **避免負面的自證預言。**藉著去除那些你爲自己的行爲方式所貼上的標籤或別人所做的歸類，你將能夠提升進行改變的能力。若你一開始即假定自己愚昧、沒希望或無趣，你很可能就會以這些方式來表現你自己。太多人一直活在過去裡。如果你覺得過去的經歷限制了你，那麼不妨重寫你的故事。允許自己相信你可以有特別的改變，是啓動改變的關鍵。一旦你體驗到自己的不同，別人也會感受到不同的你。

10 **在課堂外實習所學。**從書本或課程中學得最多的方法之一是，找機會將所學應用在日常生活中。你可以和自己訂一份特定的契約，詳述你想做哪些事。你可以實驗新的行爲，使你朝向你想要的改變。

大學與生涯

假如你正在思考未來可能從事的行業，那麼回想看看進大學對你有何意義，將會很有助益。無庸置疑的，你在大學裡處事的方法、態度和未來的生涯規劃一定有某種關連。

若你肯定大學經驗對你的意義性，也同意你在創造此意義性時自己所扮演的角色，那麼未來你很可能會負起使你的生涯令你滿意的責任。假如你現在習慣做得比一般學生所做的還多，則你大學畢業後，在工作上也會表現優異。如果在學生時代，你就害怕犯錯且不敢在班上發表意見，你可能會把這種習性帶到工作中。在大學裡，你若擔心自己的果斷敢言會影響你的分數，則畢業後，你很可能在工作中優柔寡斷。試想想如何將現在的你，轉換成你想成爲的人。

未來的路

請選擇對你有意義的活動。專注在那些可幫助你確認目標和價值觀的活動上。

1. 回顧你在「認識現在的我」單元中的答案。你想要修改原先的回答嗎？有任何「？」（不確定）的答案可以改成「○」或「×」嗎？
2. 試討論你的人格類型和主動學習之間的關連性。有哪些學習策略對你有用呢？
3. 試著把自己寫成主動積極的人。你在哪些領域上較主動？在哪些領域較被動？你想在哪些方面，爲你的生活負起更多的責任？
4. 確認你的人格類型。你是怎樣的人對於你較偏好的學習方式有哪些涵義？找一個人格和你相似的人，比較你們的興趣和解決問題的方式。請你做 Holland 的人格類型測驗，也請一位熟識你的朋友為你做一遍。你對自己的看法和別人對你的看法一致嗎？

5. 如果你尚未做 RIMI 的自我評估，現在請你做一遍。從這項評估中，你學到了什麼？你能夠把你目前在大學裡的學習方法，調整為你最擅長的學習型態嗎？

6. 思索及討論你進大學的目標。一旦你畢業後，你最希望能夠談論哪些大學經驗？你最盼望完成什麼？

一旦你確認這個主要目標，想想看，為達成此目標，你現在可以開始採取哪些作法。利用(P.28)的指導方針，設計和執行一個針對短期目標的計劃，此項短期目標跟你的主要目標是相關的。你也可以和一位朋友聯合起來，彼此協助對方發展計劃。

第三章
時間管理

- ☑ 時間不夠用
- ☑ 你如何利用時間？
- ☑ 製做「行事」表
- ☑ 分配時間
- ☑ 你的問題出在哪裡？
- ☑ 拖拖拉拉問題多
- ☑ 金錢管理

引航

本章將要談如何管理好你的時間，進而能從生活中獲得你想要的東西。很多方法都可以讓你更有效率地利用時間，尤其當你對於安排時間、過規律生活有興趣的話。

本章所要討論的第一步驟，即製作和利用「行事」表；接著討論如何設定計劃和進度表來完成目標。我們也要激發你詳察自己拖延時間的行爲模式，並指出如何加以改變。

管理時間和管理金錢有甚多相似之處，只要你學會其中之一，便能相互類推。

認識現在的我

花點時間評估你是否善用你的時間。根據你自己的情況，填上「○」、「×」或「？」(不確定)

1.____我有一堆事要做，而且沒辦法在短時間內完成。
2.____我有重要的事務纏身，所以日子過得並不輕鬆。
3.____我有完美主義傾向，對我完成的事情從不滿意。
4.____我在學業和社交生活之間很難取得平衡點。
5.____我的生活中有很多阻礙。
6.____我通常知道在預定的期限內要完成哪些目標。
7.____當我讀書或從事勞心工作時，需要經常休息。
8.____我常常不曉得自己的時間花在何處。
9.____我把自己的時間管理得很好。
10.____我認為訂進度表很浪費時間。

時間不夠用

時間乃永恆不變的資源。時間的流逝永不停息，我們大多數的人都覺得時間太少。目前為止，也沒有人想得出如何把時間倒入容器中保存起來，等到需要時才拿出來用。我們所能做的頂多是學習如何最有效地利用時間。

在第二章，我們曾鼓勵你指出一些你想遵循的價值觀。一旦你清楚自己想要什麼、重視什麼，就能更容易地將時間分配在不同的活動上。管理時間的首要原則是，藉著訂定短期和長期的目標，確認你真正想要的東西。你實行地愈徹底，就擁有愈多自由的時間。

雖然你無法很精確地將時間做個預算，但你確實需要一套方法來安排時間，尤其當你必須周旋在讀書、上課、工作或從事戶外活動當中時。本章將提供許多策略給你，而你也可以發展出最適合自己的方法。

批判思考園地

你的長期目標是什麼？

花幾分鐘回顧你在第二章所做的練習。哪些重要的目標和價值觀支持你持續下去？試描述一下在你完成大學教育之前，你希望成爲怎樣的人？

和中學相反？

在中學時期，大部分的時間都很有規律。你每天從早上 8 點到下午 3 點都待在學校裡，可能一星期只花數小時做家庭作業和讀書(指美國學生的情形)。在大學卻恰恰相反——你一星期可能只上三、四天的課，總共只有 10～15 小時，但課外研讀的時間卻可能大大增加。

大學剛開始時，看似上課時數少，但實際上卻要花更多的時間。好比說，你每上一小時的課，可能得在課後花二小時來研讀。若你每星期上 15 小時的課，而且至少花 30 小時在研讀和做作業上，那麼你每週共花 45 個小時在課業上，而且還不包括你花在通勤的時間。當然，時數的多寡還須看你所修的課程，以及你能否有效率地利用時間而定，而每週所花的時數也不盡相同。另外，假使你希望擁有課業外的生活，那麼你還必須計入個人生活和社交生活或打工的時間。

上緊發條

Linda Lorenat

我不知道我對大學有什麼期望，但誰又了解呢？大學完全不像高中，你為了應付一個小考，的確須花超過 5 分鐘的時間來準備。學業和社交生活讓我每晚都通宵熬夜。清晨三、四點不睡覺是常有的事。你很快就會知道要修晚一點上的課，免得遲到。

上緊發條

Andrea Chidsey

在大學裡，你沒有像在高中時那麼多的限制。你必須為自己負責。假使你缺課，也不會有校方人員打電話到你家。就算你整晚不回家，媽媽也不會生氣地坐在沙發上等你。在多數的情況下，你唯一必須交待的人就是你自己。

上緊發條

Brian Harris

我發現，最好的讀書方法就是跟上上課的進度。雖然這似乎是很稀鬆平常的事，但我敢打賭，絕大多數的大學生都會拖到最後一秒鐘才唸書。

? 自從你上大學後，你如何利用時間—你有了哪些改變？

你如何利用時間？

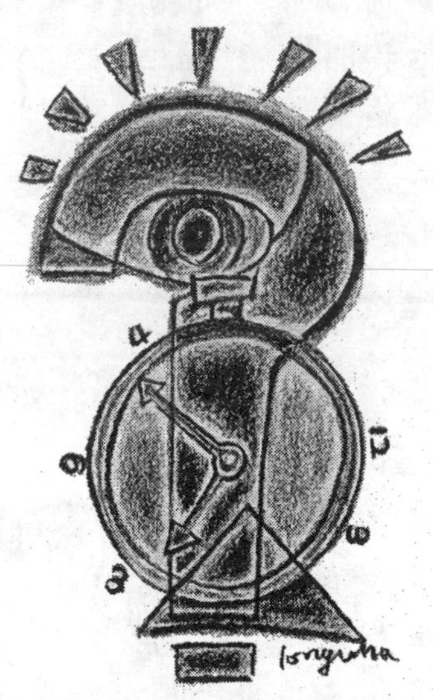

做個研究，檢查你自己如何利用時間。要嚴格點！記錄至少一週(最好是二週)內的活動，看看你將時間花到哪裡去了。帶本小記事本在身上，寫下每隔一小時內你所完成的事。一週後，總結你花在個人、社交、工作和課業活動上的時間。然後問問自己下列問題：

- ❑ 我以自己希望的方式利用時間嗎？
- ❑ 我做到「今日事，今日畢」嗎？
- ❑ 我覺得事情做得很倉促嗎？
- ❑ 我能將必須做的事和喜歡做的事分別安排妥當嗎？
- ❑ 我這個星期要如何利用時間才會比上星期好？
- ❑ 我花太多時間看電視嗎？

Chapter 3

大家談

你能預測某一種 Holland 人格類型的人，會傾向於以某種特定的方式管理時間嗎？你發現你自己的人格類型和你如何管理時間之間有何關連嗎？班上其他人又如何呢？

你現在把時間管理得很好嗎？你想做哪些改變來善用你的時間呢？

貓頭鷹

Pattie Kovars

雖然我們全家人都是早起的鳥兒，但我卻是一隻夜貓子。我發現夜晚是我完成工作最佳的時刻。我喜歡深夜時分，因為萬物都回歸平靜，而我也能趁此時刻寫作。在夜晚。我感到心靈較寧靜，做事也更能專心，同時，壓力全無。當我在晚上讀我的報告時，我總是很驚訝它們唸起來真是棒極了！

? 你留意過自己的作息嗎？你如何利用它呢？

批判思考園地

每日的生理週期

人類的身體往往遵循著固定的週期，因此可以決定一個人的智能和體能在何時處於最佳狀態。下表顯示多數人的週期性，你的週期可能有所不同。試填入你自己的情況。

一天的時間	一般活動高峰期	時間	你的活動高峰期
9至中午	心智表現的巔峰期，適於做複雜的思考、決定。	______	______
12~1PM	思考力降低。一頓高蛋白、低脂、低卡路里的午餐有助於提升你的精神。	______	______
1~2PM	午後身體最適宜活動。不妨做做瑜珈、伸展操、體操。	______	______
3~5PM	對多數人而言，這是讀書、學習或上課的好時機。	______	______
4點左右	對多數人而言，這是以雙手做事的適當時間，如手工藝、打字或學彈鋼琴。	______	______

一天的時間	一般活動高峰期	時間	你的活動高峰期
5 點左右	感覺最敏銳，可以聽莫札特的音樂，聞玫瑰花香或嚐嚐魚子醬。	______	______
6~10PM	身體處於運動高峰。反應時間和協調性達到最高水準。	______	______
11~4AM	睡眠時間。當夜幕低垂，多數人可以安然入睡。	______	______
4~6AM	心智作用最遲緩。最好別開車。	______	______
7~8AM	性賀爾蒙通常達到巔峰。	______	______

製做「行事」表

創造思考園地

現在花幾分鐘作答。在你寫下答案之前，先閉上眼睛思考每一則問題：

下一個小時你計劃要完成什麼事？

下一週呢？

接下來的四個月呢？

接下來的四到五年呢？

簡單、有效率

有一個簡單又有效率的時間管理策略：很快地將每天要做的事列一張表。儘可能在 10 分鐘內寫好，也儘可能包含所有你希望完成的事。然後以A、B、C列出優先順序——A是今天最重要的事，C是可以今天做，也可以延到改天再做的事，B是其他。如有必要可隨時更換順序。製做「行事」表並排出優先順序之目的是——使你的生活更輕鬆，而非要你一天到晚盯著時鐘看。當一天快過去時，將你已完成的事打「∨」並製做明天的「行事」表。

你也可以製做長期的行事表，甚至做年度計劃表。在此計劃中，先做一張表，排定學校放假的月份裡寫作的優先順序。這張表有助於你決定在特定期間內接受額外的活動是否恰當。你將發現，如果不做這張長期行事表，很容易就讓較不重要的工作偷去最重要的工作所需之時間。

當然，你不須詳盡地擬訂「行事」表也能做事，重點是，以你希望的方式善用你的時間。找出排定目標之優先順序及安排工作的方法，如此你才能控制你的時間，而且不會受到必須要做的事情之牽制。

Marty Block 的建議

「我做事欠缺條理，常半途而廢且拖拖拉拉。」

建議：每天做一張行事表，持續做二個星期。如果沒有用就先暫停。周末也要做。若你在週末能花幾小時把份內的雜事做好，這能幫你減輕下個星期的壓力。

「我做了一大堆事，可是好像最重要的事都沒做。」

建議：利用「ＡＢＣ」策略（P.78）

「我很少有一段充裕的時間可以做重要的工作，所以我習慣把它們延後做。」

建議：把Ａ級的工作再細分（每項 20 到 30 分鐘）。由於Ａ級工作常須花較長的時間，所以人們容易拖延。

「我常忽略期限在一星期以上的計劃。」

建議：設計一張長期的ＡＢＣ行事表。把所有事情的起訖時間記在月曆上。首先，標出完成的日期，再以另一支色筆標示你開始做這些計劃的日子。爲了分攤你的負擔，與其做一件Ｃ級的工作，不如做一部份Ａ級的工作。

「即使我很關心重要的長期計劃，但我似乎仍要等到最後關頭才會著手去做。」

建議：交互使用長期的行事表和每日的行事表。把起訖日期標在日行事表上，並使用ＡＢＣ法。

批判思考園地

先別往下讀，現在動手做你今天的ＡＢＣ表。另外做一張下一周的行事表。

母親／妻子／學生／上班族

Jill Ferris Wiley

好幾次當我打算撰寫某一堂課的報告時，女兒卻跑來要求我唸故事書給她聽。很多時候一下班回家，我就要做晚餐、洗衣服，然後精疲力盡地讀書。有時女兒的學校作業需要我幫忙，或她的女童軍團需要我到當地的超級市場賣餅乾。我真希望一天能多增加幾小時的時間。

我在一週當中會預留特定的幾天做家庭作業，而且通常只專心做這件事。我的朋友在學期中不太能碰到我。這些都是我自己的選擇。軋了這麼多角色及安排優先順序的經驗，讓我更加重視我的學業。在學期中扮演這麼多角色，使我頗為自豪，因為我同時盡到了職業婦女、母親、學生和妻子的職責。

? 你在生活中須變換哪些角色？當你扮演的角色超出你能掌握的情況下，你會怎麼做？

大家談

你在某些特定的日子裡會有太多的事讓你做不完嗎？當你製做行事表時，你陳述得夠明確嗎？你如何讓行事表發揮最大的功效？

分配時間

雖然學校是你生活的重心，而你大部份的時間、精力也都投注在上面，但基本的週進度表仍不失爲管理時間最好的工具。一旦你拿到每週的課程和活動表，你便能詳盡地加以安排。下頁有一張週進度表，是由一名有兼差工作的全職學生所擬的，請以它爲範本，填入你的一週計劃。

週計劃表　　　　姓名＿＿＿＿＿＿

	Sun	Mon	Tue	Wed	Thu	Fri	Sat
6:00							
7:00							
8:00							
9:00							
10:00							
11:00							
12:00							
1:00							
2:00							
3:00							
4:00							
5:00							
6:00							
7:00							
8:00							
9:00							
10:00							
11:00							

如何擬進度表

- ❑ 首先排定固定事項，如上課、工作時間等等。然後把讀書時間和其他活動補上。
- ❑ 把閱讀時間排在上課前，並安排時間在課後儘快複習講義、筆記。也別忘了挪出時間定期整理、複習你的筆記。
- ❑ 先預想自己精力旺盛的時段，然後把困難和優先的任務排上去。
- ❑ 確定你是「早起的鳥兒」還是「夜貓子」。然後把進度表調整到你工作效率最高和干擾最少的時段。
- ❑ 爲你自己和預期不到的事情預留一些剩餘的時間。複習一週來的功課（可以跟讀書會或同伴一起做），這可以防止你積壓整學期的課業，不至於等到期末考前幾天才來做。
- ❑ 至少以二星期的時間測試你的計劃，看看它的功效如何，並適時加以修改。計劃的目的是幫助你管理生活而不是絆住自己。你應該要了解，破除舊習慣並建立新的、 更有用的習慣是須花時間的。
- ❑ 設計一個長期的行事表，包含所有主要的計劃、考試和這學期其他重要的日子。把所有工作的完成日期記在學期行事曆或進度表上，然後用另一支色筆標上你想開始著手進行的日期。

其他可以安排時間的方法

在你完成週進度表後，可以在月曆上標出考試、寫報告和其他重要事件的起訖日期。書店裡可能有賣單張的年曆，你可以把它貼在牆上。

個人記事本

很多學生和專業人士都會用一本個人記事本來安排時間。使用記事本可以讓你在學校和工作上更能掌握時間。記事本在書店和辦公用品店都有販售。它是由許多不同形式的表格組合而成。

你的問題出在哪裡？

創造思考園地

若能認清你在時間管理上的問題，你便能減輕生活上的壓力。在讀完下面每一句引言後，寫下你立即的反應。

「即使我工作很長一段時間，我似乎也沒把重要的工作做完。」

____

____

「我知道計劃的完成日期，但我總要拖到最後關頭，才會逼迫自己去完成它。」

____

____

「我很難開口要求別人幫忙。」

____

____

「我發現，如果我希望事情不出差錯，我得親自去做。」

____

____

預見未預期的事情

Leticia Sequra

我在時間管理上遇到最大的問題是，未在進度表上預留時間給未預期的事件。我每天的行程都排得滿滿的，而且在某些時候我還要應別人的要求幫他們做事。在我的日程表上，我沒有留給自己很多剩餘的時間，以至於最後壓力無窮。

妥協

Gary Kerr

我必須調整我的時間，才能平衡讀書和工作的時間。我一星期通常工作25~30個小時，我發覺，自己實在無法承擔全職學生的課業。剛開始我還應付得了，但長久下來，我精疲力盡。事實上，在我進度表上的雜務有增無減。一年後，我發現無論成績或健康情況都直線滑落。所以，我刪減了進度表上四分之三的活動，不過仍維持相同的工作時數。起初我有點沮喪，因為這意味著我要花更長的時間才能畢業，而這個目標本來就夠遙遠的了。但很快地，我發覺自己的成績和體力都往上爬升了。

? 你認為 Gary 的妥協是明智的抉擇嗎？你曾做過何種妥協呢？

從容度日的九種方法

1. 思考長期目標。將達成目標的步驟排出優先順序。
2. 將長期目標拆成較小的目標。逐日逐週做計劃。如果你能將今天計劃好，那麼你明天會輕鬆許多。
3. 不要一次嚐試要做完每件事。若你希望在特定的一天完成一些事，請先衡量實際狀況。
4. 別立刻允諾同時做一件以上的事。你大可拒絕某些計劃或要求。說「不」並不是什麼嚴重的事。
5. 設計一張進度表。調整自己的步調，儘量避免把太多事情拖到最後才來做。
6. 善用壓力對你有利，有時候壓力有助於你在期限內完成計劃。
7. 別執意事必躬親。若有其他人也參與，可將工作分攤。
8. 別太繃緊每一根神經。每天排出時間來休閒、運動、沉思、社交和玩樂。
9. 挪出你需要的用餐和睡眠時間。把吃飯、睡覺這些活動排在計劃表中，這會使你更清楚你還有多少時間做其他活動。

創造思考園地

在「從容度日的九種方法」中，你已經做到哪些？你想實際融入生活中的又有哪些？從今天起，你可以做哪些改變呢？

____

____

運動的狂熱份子

Mark Vaught

身為大學裡的運動選手，我最大的問題之一就是——排定我的時間優先順序並試著在運動、學業和朋友之間取得平衡。我犯的錯誤是，把運動擺在第一順位，新朋友和隊友第二，學業則是最後。如今我打算繼續唸研究所，卻受到成績的影響，只因為我不夠重視我的課業。

? 你把運動放在第一位嗎？這會影響你的未來嗎？更好還是更壞？

多多益善

Shanlee Smith

我唸大學時，讀書之餘，我還參加姊妹會和交男朋友。我發現我做的事愈多，我愈能安排我的時間，因為必須做的事愈多，愈迫使我做好計劃，因此我沒有很多時間可以浪費。試著把大計劃或報告拆成較小、較易處理的部份來做，便能階段性地完成它。別讓大計劃把你淹沒囉！

? 如果你還有許多事要做，這會影響你做事的方式嗎？

大家談

第 83 頁中哪些敘述和你的情況相同？採取哪些具體的行動，可以解決問題？你如何分辨自己是否有進步？

我們每個人都知道這回事，都做過這件事，也因此遇到過麻煩。事實上，我們還發誓絕不再犯……

拖拖拉拉問題多

當你已經做了某種準備，則偶爾把事情拖到明天、或下星期、或下個月再做，還算情有可原，但如果你把計劃拖到心情好的時候才進行，則不僅進度延後，該做的事也會多到壓得你喘不過氣來。

有很多原因可以解釋爲什麼你把最好今天該做完的事延後再做。舉例來說，學校要你交學期報告，期限是在學期結束前一週，若遲交會扣分。雖然你想早點著手進行，免得快到最後期限時，才來熬夜趕工，但是你發現，自己還是遲遲未做。下列哪一個拖延的原因最符合你的情況呢？

缺乏動機：報告的主題無法引起你的興趣，這很容易在一開始就把它擱置一旁。

害怕失敗：如果你擔心自己的報告會做得很爛，你便可能會拖延它。拖延戰術可能是你逃避失敗的一種方法，因爲你在某特定的領域缺乏才能。

自我挫敗的內心對話：「既然這份報告一開始就拖了，等一段時間後再做也無所謂。」「我真是笨，不知道早點到圖書館找資料，我想我永遠都完成不了這份報告了。」「我覺得被打敗了，我根本不知道從何做起。」

一次一口

Brandi Baldasano

我嘗試利用所有零碎的時間。我發現，我能夠在 15 分鐘內做完許多事，因為我清楚自己只有幾分鐘，所以非常專心地做事。這些小單位的時間加起來，竟超過一個星期內排定的工作時間。

設定小目標，似乎有助於我紓解壓力。我以月曆為指標，寫下每天我想完成的學校課業，以保持進度。

批判思考園地

探討你的拖延戰術

1. 爲什麼你會拖延？

___

___

2. 你會遇到什麼樣的麻煩？

___

___

___

3. 你願意如何改變這種情況？

___

___

___

Chapter 3

拖延大王

Galo Arboleda

我是個拖延大王。我喜歡把每件事拖到最後一分鐘才做，我也因此付出代價——常會緊張、焦慮。我常說，要革除這種惡習，但不久我又熬夜寫報告，或為準備考試才來唸書。我試著解決這個問題——提早做作業，至少先做好四分之一，或甚至二分之一，因此我不需像從前一樣整晚不睡。不過，我還是在最後關頭才做完全部，而且總是能拿A或B的成績。我猜，在壓力下，我才可以把事情做得更好。

改善你的拖延習慣

1 **誠實地問自己**：你正在從事的工作，是否真的對你很重要？最好的方法可能就是，停止孜孜不倦地做某件無意義的事，把時間留給正事。

2 **承認自己很難適時地完成工作**。一旦你了解自己有此類問題，你可以決定是否要做必要的改變。

3 **在今天專心地把計劃的一小部份完成**。把浩大的計劃拆成小部份來進行。譬如，列出寫學期報告必須採取的步驟，並給自己一個時限，完成這些步驟。當你完成一個步驟時，給自己一些獎勵吧！

4 **想像你自己終於完成了計劃，甚至看到了分數和教授的評語**。你想努力獲得什麼樣的分數？你最想贏得老師什麼樣的評語？

5 **寫下計劃中，各階段的起訖日期。**和一位朋友訂下契約書，保證自己會遵守這份進度表。定期向你的朋友報告進度。

6 **和教授面談，說出你的困難處。**若你覺得信心不足、不確定如何進行、發覺內心存在負面的想法，或覺得需要有人導引你寫報告時，可以嘗試請教授協助，請教他們是否願意事先瀏覽你的筆記或報告的草稿，並給你一些意見，看看該如何改進，這將可讓你的教授知道，你有心做好這件事。大部份的老師都會試著幫助你，使你的報告進行得更順利。

7 **若你開始著手進行後，遭遇困難或覺得氣餒的話，與其讓時光流逝，不如一天努力 10 至 15 分鐘，從事計劃的某一部份。**即使做幾分鐘，也比什麼都不做好。在你的日記中，寫出你的困難，並剖析實際狀況，這會對你很有幫助。也可以和一位朋友，討論這個短暫性阻礙的原因。

除塵專家

Gary Kerr

在準備寫報告前，我總會先將書桌整理出一個工作的空間，然後打開電腦暖機，再把所有需要的書，整整齊齊地擺在旁邊。接著泡一大壺咖啡（香醇的咖啡豆、質地細緻、味道甘美濃烈），這樣，我才能撐過嚴格的考驗，而不致昏昏欲睡。當所有的事都準備好時，我坐在書桌前，把手指放在鍵盤上，然後目光呆滯地瞪著電腦螢幕看。

通常在這段沉思冥想的時間裡，我會發覺，電腦螢幕上有灰塵，然後，我的眼睛開始掃描書桌，我發現它也有灰塵。突然間，我發現自己已一手拿抹布，一手握清潔劑，開始擦拭書桌。當然，我不會善罷干休。我走到書櫥、衣櫃、床頭几和窗台邊順便擦一擦。我還不想就此打住，在我要放回抹布的途中，我注意到浴室也該刷洗了…地板也該拖一拖…藥櫃也需要清理一下。

一轉眼，我又在清洗爐子、洗窗戶，再把清潔用具整理好。然而，當我重新佈置好客廳的家具時，我知道該剎住了。此刻，我意識到我整整浪費了一天，現在又是吃晚飯和上床睡覺的時候了。寫報告，嗯…明天再說吧。

? 這故事聽起來很熟悉嗎？

隨手筆記

描述一下，你如何刻意地安排時間，以配合短期和長期計劃。你必須處理哪些問題？你又可以採取哪些步驟？

拖延大師有妙方

David Hussey

我的拖延工夫，不比任何人遜色。所謂萬事起頭難，我發現，先將資料準備好很有用。所以，假使當天晚上我有報告要寫，在晚餐前，我會把所有的研究資料整理好，並把紙筆備妥放在書桌上。等我吃完飯回來，我只要坐下來，便可開始工作了。

拖延大師有妙方

Leticia Sequra

拖延是我一直必須應付的問題。為了克服它，我都自己把交作業的期限提早。這個方法，對我似乎很有用。

拖延大師有妙方

Liz Barton

在工作、學校、孩子和運動之間，我沒有時間可以讓我耽擱。我的座右銘是——竭盡所能完成工作；即使這意味著我得將門鎖上，讓孩子暫時遠離我。

金錢管理

Ben Franklin 曾告誡一位年輕的貿易商人:「記住！時間就是金錢。」也許這句話並非完全正確，但是，金錢真的像時間一樣，是一種必須有效管理的資源，否則，當它溜走時，是不會為你留下任何好處的。幸運的是，你在本章學到善用時間的原則，也可直接用來管理金錢。根據你花錢的方式，可得知你心中的優先順序、目標和價值觀。把這個觀念反轉過來，若你清楚心中的優先順列，那麼，你將能更輕鬆地決定如何使用你的金錢。

看好你的錢財

一旦你的目標確定了，管理金錢的基本問題就是，達到收支持續平衡。在學習管理你的時間時，第一步即追蹤你把時間花在什麼地方。同樣地，在管理財務資源方面，第一步就是決定你的錢該往何處花。

開銷

一開始先觀察你的開銷，至少為期一個月。隨身攜帶一小張便條紙，簡單寫下你每天的花費。再來，把每日的開銷記錄，轉換成你在家裡記錄的每月開支。你有很多開銷都是固定的（例如房租或褓姆費），你可以直接記在月報表上。

為了對你的開銷，有更完整的概念，你也必須做季報表，例如：學費、汽車保險費、或在學期開始時需要的一大筆錢。

你的開銷記錄，能夠使你決定，你對目前自己的消費習慣是否滿意。依據你的記錄，你可以自問：我花的錢，使我達成最重要的目標嗎？如果沒有，你想做何改變？

財源

把你所有的財源加起來，包括儲蓄和收入，這將有助於決定每個月全部的財源，以及可以運用的數量（財源總和除以預算的月數）。一旦你對自己的財務狀況瞭如指掌，你對於自己實際上能夠負擔的金額，將更有概念。

設計一張類似下面的表格，把你這學年的開銷和財源加起來（依據你現在由父母資助、自給自足、或甚至要資助別人的情況，機動調整收支項目）。有些個人記事本，也有記錄預算的表格。

今年的財源

儲蓄、公債、父母親給的禮金等等，加上每個月工作的收入或其他來源（乘以這學年的月份數）

總和： $______

今年的開銷

定期的大筆開銷

學費
雜費
書籍費
食宿費（若事先預付）
保險費
其他

總定期開銷： $______

每月固定開銷

房租、水電費
電話費
餐費
置裝及洗衣費
交通運輸費
娛樂費
小孩托兒所學雜費
其他

每月總開銷：

$______ × 本學年月份＝ $______

總開銷： $______

預算平衡

下一步，比較財源和開銷。你全年的財源夠支付開銷嗎？每個月都達到收支平衡嗎？你的總預算反映著你的目標嗎？你必須做何種調整呢？

在編列預算時，謹記一條一般性原則：花的錢別超過賺的錢。如果你發現，流出去的錢比進來的錢多，你有二個選擇：減少你的花費、增加你的財源或雙管齊下。

賺更多

大部份的大學生都有兼差工作。若你現在還沒有工作，一星期打工幾小時，並不會使你的分數降低。你可以到學生就業輔導中心，去看看有否張貼工作機會。若你必須長時間工作，才能維持你的學業，你也許必須減少課業負擔，計劃花更多年的時間完成學業。在你承擔更多工作前，要先學會取捨。

借貸

如果你是借錢來投資學業的話，有限度的借貸並不是一件壞事。長遠來看，你所受的教育可以提高你的工作能力。如果你借錢，是爲了支付你現在無法負擔的生活方式，那麼你可能要好好思索一下你的長期目標。也許畢業時，欠了一堆債務非你所願；因爲債務將使你很難繼續唸研究所，或很難去做你最有興趣的職業。

有一句古老的諺語說；「如果一件事聽起來好得太離譜，可要小心別上當。」這句話很適用於信用卡的情形。如果你平常每個月能償清，且不必付循環利息，那麼信用卡的確很好用；但若你長期處於負債狀態，信用卡會讓你虧損連連。使用信用卡容易透支，而且信用卡公司通常都訂出很高的利率，很快就會把你的財務拖垮（一件 50 美元的牛仔外套，如果你不快點還清欠款的話，可能會變成二、三倍的價錢）。

比較理想的借款方式是，借學生貸款。你可以到學生輔導中心，詢問相關事宜。學生貸款可幫助你渡過難關。但是，就像信用卡一般，如果未予以有限度的使用，它對你的損害便多過幫助，因爲它最後也是必須償還的。

把你的借貸金額，限制在必要的開銷之內，並記住你借了多少錢。如果你現在借的錢，需要每月攤還，你可以把這些費用寫在月開銷的表格中。

時間與金錢

Greg Kuykendall

在唸二專時，我打工養活我自己，也修滿學分。我在葛蘭特汽車公司上班，負責修理輪胎。我丟掉這份差事，是因為我搭乘大眾運輸系統，而老師有時會等到課程最後，才發下次的作業。我心急地要搭 6:10 的公車，偏偏他還在滔滔不絕地講個不停。

我的經理知道我不是故意遲到，但其他人都在抱怨。若我遲到的話，另一個人就必須延後 10 分鐘才能休息，老闆會問他：「你不是該休息了嗎？」他會說：「沒辦法，因為 Greg 還沒到。」

當我到時，我就說：「好吧，我會再多待個 10 分鐘。」但對於那位無法去吃午餐的先生，這並沒有多大幫助。

經理是個好人，但他很有原則。他覺得，如果你說 8 點上班，就該 8 點到，而且 15 分鐘的午餐時間不能延後。

當他要炒我魷魚時，我很想哭。因為好幾次，我真的努力要準時到達，可是卻徒勞無功。我覺得很沮喪。

後來，我找到另外一份工作，賺的錢比以前多一些，然後我開始注意那些有車的同學。在我們這個年齡，是開始約會的年紀，當我說：「我會搭公車到」時，我覺得自己有點難為情。

? 你能指出，故事中 Greg 的問題嗎？他可以做哪些事來改善自身的情況？

未來的路

當你的積習難改時，千萬別放棄。你在學習如何善用時間的同時，一定會遇到難題，可是之後，你將了解一個計劃要花多少時間，突發事件可能會佔用掉你留下來讀書的時間，或其他外在因素可能會破壞你的計劃。

要對自己有耐心，並忍受一些小錯誤。要學會時間管理的技巧，是要花點工夫的。你也許在腦海中，聽見熟悉的聲音告訴你：你讀書或寫作業的動作太慢，你永遠都不會把事情做完。學習反駁這些負面的內心對話。

1. 以四天的時間，記錄你如何利用時間。依照第 82 頁的指示記錄你一天的活動。從 1（非常低）到 5（非常高）標示你在一天當中不同時段的精神狀況。你一天當中的尖峰期在何時？把它寫下來，並說說你如何善用你的時間。

2. 選擇一種表格以及安排進度表的方法。你可以影印或使用第 81 頁的基本週進度表，或買一本個人記事本，在活頁紙上，設計你自己的記錄表，或者使用任何一種，你覺得攜帶最方便的方式。

3. 列出一些你想拖延的工作。找出它們的共同點，在每項工作的旁邊，寫下耽擱的負面結果，再寫出完成這些工作後的正面效益。

4. 列出一些你固定會拖延的活動，然後下定決心在某一天及時做完其中的一件。例如，你通常會因爲看電視而耽誤工作，那麼告訴你自己，當天絕不看電視。若你真的必須看，就把節目錄下來，改天再看，做爲你完成工作的報酬。參考第 89~90 頁的建議。

5. 減少一星期中某些不重要的活動，並看看結果如何。又有哪些事，是你想多花點時間做的？你可以用哪些方法，來調整計劃表上的時間，以便做更多你想做的事？

6. 以第二章設定目標的方法，來解決你愛拖延的問題。或利用這些步驟，來改進你的時間管理方法。

7. 再看一次「認識現在的我」單元中的問題。你現在想修改任何答案嗎？

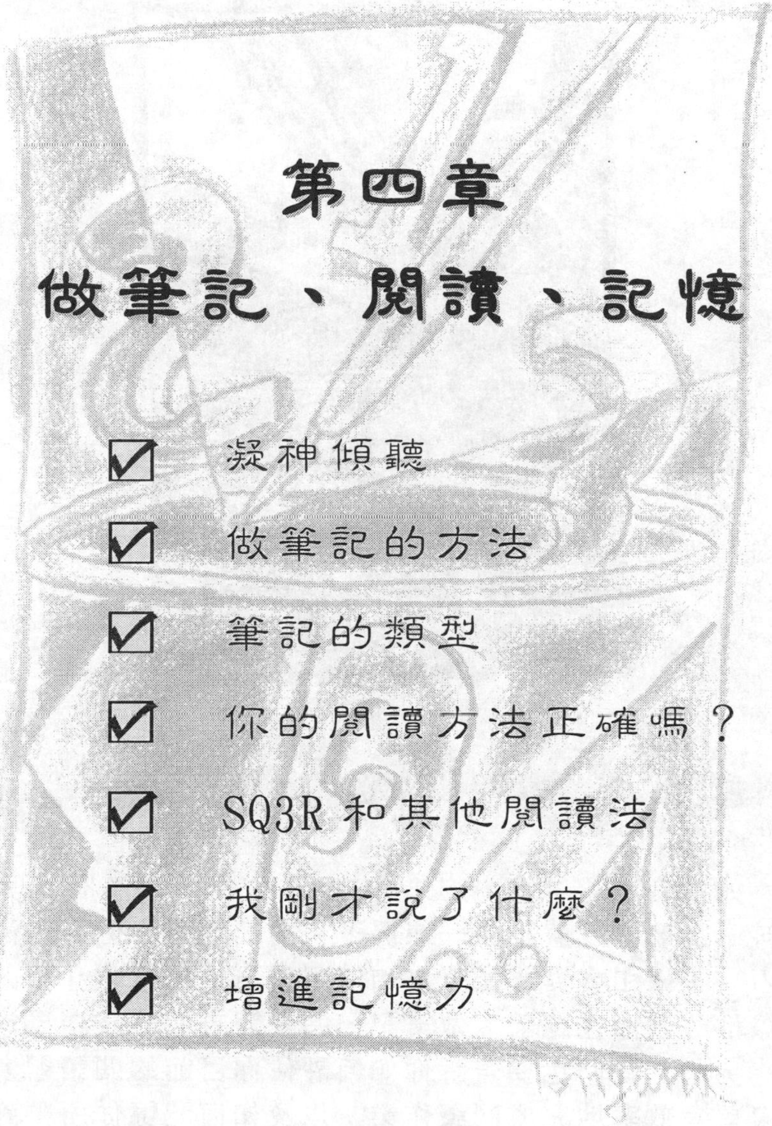

第四章

做筆記、閱讀、記憶

- ☑ 凝神傾聽
- ☑ 做筆記的方法
- ☑ 筆記的類型
- ☑ 你的閱讀方法正確嗎？
- ☑ SQ3R 和其他閱讀法
- ☑ 我剛才說了什麼？
- ☑ 增進記憶力

引航

如果有一名木匠上工時技巧不熟練，也沒有工具和材料，那麼他就蓋不成一棟房子。同樣地，一個人也需要技巧、設備和文具才能蒐集和使用資訊。本章將介紹如何實際地改善你在聽講、做筆記、閱讀等方面的技巧。

另外，我們也要告訴你如何評估你目前的閱讀習慣、如何更有效率地完成閱讀作業、以及如何記憶你所聽到或讀到的內容。

認識現在的我

判斷下列敘述是否符合你的情況，請寫上「○」、「×」或「？」(不確定)。

1.____我喜歡做筆記。
2.____在課堂上，如果我有疑問或腦海中突然有很好的想法，我會舉手發言。
3.____我通常會在課後馬上複習我的筆記。
4.____我通常會等到考前一天才開始複習。
5.____在課堂上大多數的時間裡，我都不知道該記下哪些東西。
6.____我有很好的讀書環境。
7.____我一向熱衷閱讀。
8.____當我閱讀時，我會在課本上畫重點。
9.____我在閱讀前沒有預先瀏覽的習慣。
10.____我不太會記憶資訊。

整體而言，你在聽課或閱讀上的學習情況好嗎？你在課堂學習方面有一套明確、完整的方法嗎？在閱讀方面呢？

凝神傾聽

幾乎每個人都會說話，但不見得每人都能凝神傾聽。傾聽的能力是一種藝術，也是一種技巧。傾聽需要專心一意，每個人都可以透過耐心和練習來發展這項能力。有些人誤解了別人的想法，只因為光聽見別人說話，卻沒有用心去聽，這兩者是有差別的：聆聽意味著專心、注意別人所發出的訊息。

有一個改善聆聽技巧的方法，即在傾聽別人之前，反省一下你是否很容易受到教室外面雜音的影響。試找出你在聽別人說話時的內在和外在干擾。

一次消除一個障礙

如果你想聽清楚別人說的話，你必須先把干擾消除掉。你也許不同意對方說的每一句話，但假如你沒有全神貫注地傾聽，你便很難發問或討論任何觀點。

假如你須費力地理解老師的授課內容，別怕讓他們知道你在這方面有困難。藉著一次解決一個障礙，你將能夠逐漸改善聽講方面的態度和技巧，進而提升理解力。

創造思考園地

當你聽講時，你最常碰到的內在和外在干擾是什麼？針對下圖中的每一欄，思考某種你可以採取的步驟去克服它。

內在障礙	你可以怎麼做？

外在障礙	你可以怎麼做？

你上課時的聽講模式

你注意到你在課堂上和課堂外的傾聽與專注的習慣有何不同嗎？當你跟三十多（或三百多）位學生同坐在教室裡時，心境感覺如何？你覺得自己比走進教室前更專注嗎？還是注意力較分散？你會覺得自己失去控制，任由老師在台上講演，你卻在台下呆坐 50 分鐘嗎？

在上課前，你看過上次的筆記，知道上一堂課有哪些問題今天要解答的嗎？當老師開始講課時，你期望聽到什麼？你的坐姿如何？那會影響你聽課嗎？

主動積極的聽課

- ❑ 課前預習
- ❑ 全神貫注聽講
- ❑ 敞開心胸
- ❑ 努力抓住講師的意圖
- ❑ 觀察口頭語言及身體語言
- ❑ 把心留在教室裡
- ❑ 注意講師，別只顧著想你待會兒要說的話
- ❑ 頭腦保持清醒
- ❑ 避免抨擊和批評
- ❑ 總結講師的內容
- ❑ 若有不懂之處立即請教講師

提高注意力

假如你希望能夠全神貫注地傾聽，那麼最重要的就是把握眼前的時光，這是培養注意力的要素。許多人沒有活在當下，因爲他們沉浸在對過去和未來的想法中。雖然

很難控制或阻止這些想法進入你的腦海中，可是你也不必邀請它們登堂入室。若你發現自己正在胡思亂想，趕快把自己拉回到教室。最好的方法就是，當你的注意力渙散時，能夠發覺自己的狀態，然後逐漸地把注意力帶回課堂上。你可能必須多練習幾次才會有效果。

保持注意力的第一步是，注意自己何時開始分心。除了接受自己會分心的事實外，更要學習如何把自己拉回當前的任務中，慢慢一步一步地，將你的注意力拉回到你身旁的環境和人群上。

找出目前你能夠專注在單一主題上的理想時段。對某些主題你也許能維持長時間的注意力，但對另一些主題專注的程度或許非常有限。你在專注和聆聽時的態度，取決於你認爲眼前的事情重不重要。因此，無論你正在從事什麼工作，應設法創造出能讓你全心投入的企圖心。

此處列出三種能提高課堂注意力的作法：

- ❑ 很快地寫出會讓你分心的事情。把它們記下來，承諾自己下課後再去做。
- ❑ 改變你的生理狀態。坐正、深呼吸幾次、感覺你自己充滿活力、並注意你的姿勢。
- ❑ 在心中檢討老師所說的話。思考你認爲可以探索的問題或想弄懂的癥結。對這些儘管舉手發問。

分心的結果

Kara Garner

我已準備好要在上統計學時，吸收老師所教授的所有內容，但在大約 40 分鐘到 90 分鐘的後半堂課上，我失去一切興趣。我的大腦想著那一天晚上有多少書要唸。當我再度回到課堂上時，我已經錯過老師示範如何做家庭作業的例題了。

? Kara會分心可能是哪些原因造成的？有什麼解決之道？

做筆記的方法

你的大學教授可能不會很在意你接收或記住多少他們說過的話；他們也許只講結果，而把導致結果的過程留給你去處理。

學習和記憶某件事最好的方法之一就是，做一份很好的筆記。若你學會如何有效地做筆記，你的理解力和記憶力都會同時增長。對學生而言，筆記就像外科醫生的解剖刀或廚師所需的鹽巴一樣，都是不可或缺的要物。假如你每堂課都做了相當完整、有系統的筆記，而且把你讀過的部份做上記號，那麼你已經做到了兩個掌控焦慮的步驟，使你在考前準備時不致於亂無頭緒。

彩色的筆記

Corwyn Arthurs

我喜歡在抄筆記的過程中發揮一點創造力。我使用許多不同顏色的紙和螢光筆。我總是在上每堂課時，備妥兩隻以上不同顏色的筆，作為抄筆記之用。

如何有效率地做課堂筆記

1 **課前預習**。假如你的腦海中已具備了跟主題有關的重要概念，那麼你將發現，在討論時你很容易傾聽和進入狀況。在上課前，先查好課本中生字的定義。把預習時遇到的問題帶到課堂上。即使你對於上課時發問可能覺得不自在，我們仍要鼓勵你驅策自己提出問題，以釐清觀念。若你沒有時間預習，至少也要先瀏覽過一次，看看主要的標題、摘要以及其他重要的部份。在上課前做一名主動的學生，將使你從課堂中獲益更多。

2 **調整好心理上的準備**。在每次上課前，花幾分鐘複習上一堂課所抄的筆記。並參閱你的授課進度表，看看這次上課的範圍，如此一來，你便已準備好可以主動參與課程了。如果時間允許，不妨早點到教室，以免匆忙倉促、疲於奔命。儘量坐到教室的前排，這樣不但方便你聽和看，當你舉手時，老師也較能注意到你。

3 **攜帶做筆記的工具**。在上課時，帶著課程大綱及講義是很好的習慣。當然，課本是不可或缺的要件，更別忘了帶一本筆記本。你可以針對每個科目準備一本筆記本，也可以將一本活頁筆記本拆成好幾部份，分別在每堂課上使用。一邊套以螺旋彈簧的筆記本輕巧方便，但活頁簿可以讓你插入額外增加的頁面、講義以及其他教材。

4 **抱持主動的心態**。如果你能夠問自己：「哪些是我想記住的重點？」那麼要做一份有意義的筆記就容易多了。你可以先整理出一個大架構，然後再把吻合的素材一一嵌入。與其記錄那些看似無意義的細節，不如努力找出該科目對你個人的意義。例如，若你正在上健康教育課，做筆記時就要尋找那些可以應用到你自己健康上的觀念。

別太期望所有的老師都會很有趣。避免被「無聊」牽著鼻子走，對你可能真的是一大挑戰。但如果你能找到方法，使你提起勁來與創造出興趣，那麼你等於賦予了自己權力。如果你提出問題並思考你聽到的內容，你就不會覺得時間漫長，上課無趣了。若你仍然羞於在課堂上發問，那麼就把問題寫下來，下課後和同學、朋友討論，或到老師的辦公室請教他。

5 **心無旁騖。**當你提高專注與意在當下的能力之後，凝神傾聽就會容易多了。增進注意力的方法之一是，在你分心時抓住自己，並拉回到現實狀況中。你可以自問：現在我在想什麼、感覺什麼和做什麼。大部份的人之所以會失神，是因爲我們會去思索過去的情況或預想未來的境遇。對當前的時光提高警覺性，對自己是一種鍛練。

6 **別在森林裡迷失方向。**筆記的種類依不同的課程而定。有些課程需要記錄詳盡的細節，而有些課程也許只需要記錄重要的觀念即可。有時候學生會犯一個錯誤，即嘗試把老師的每一字每一句都記下來。他們會在森林中迷路，是因爲他們的視線被每一棵樹吸引。所以，學習傾聽重要的觀念，並記錄主旨和重點，應是較明智的做法。能幫助你記住重點的筆記才是有用。

7 **上課時注意各種提示。**老師會提醒你注意重點，例如：

"「這之間主要的不同點在於…」"

"「另一個重要的特質是…」"

“「其理論基礎為…」”
“「這個會考。」”
“「想想看…」”
“「你們認為…怎麼樣？」”
“「這一點相當重要。」”

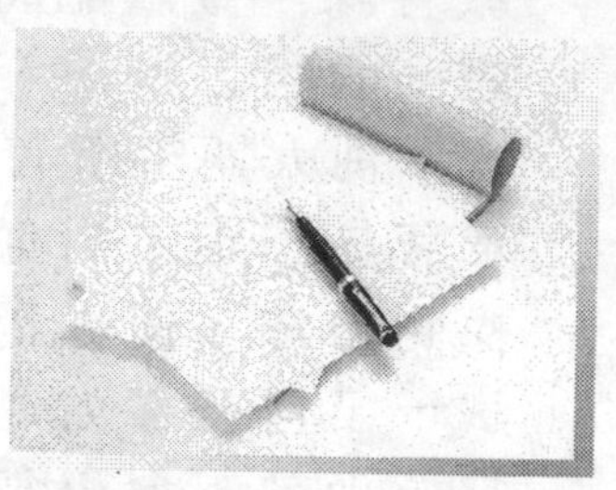

老師的聲調和抑揚頓挫也會給你一些重點的暗示。

做份好筆記的小建議

- ❑ 寫上日期。
- ❑ 新的主題和授課內容從新的一頁開始記錄起。
- ❑ 將頁數編號，才不會弄亂次序。
- ❑ 只使用一面抄筆記，以便將來容易閱讀和整理。
- ❑ 簡單扼要－－一個片語或成語和一個完整句子的功能是相同的。
- ❑ 以自己的話來下結論和敘述內容。
- ❑ 以不同的色筆抄筆記，可方便整理。
- ❑ 利用速記符號和縮寫字可節省時間。
- ❑ 在左邊界處留點空白。你可以回過頭，在這個「回憶」欄中寫上關鍵字、結語和問題。
- ❑ 在主要的重點之間留些空間，以便將來加入新的觀點、閱讀後做摘記、提出問題並記下更多的細節。
- ❑ 如果你看不懂自己寫的東西，應把速度放慢。
- ❑ 讓你的方法配合你的學習型態。
- ❑ 如果你發覺自己聽課時開始分心，應逐漸將思緒拉回教室中。

速記符號

和	&	相對於	vs
關於	re:	約略	~
編號	#	正面的、好的	+
負面的、壞的	−	同意	☺
不同意	☹	等於	=
不等於	≠	大於	>
小於	<	有…	w/
沒有…	w/o	應該是	s/b
不是	nx	不~	dx
不能	cx	換句話說	i.e.
例如	e.g.	因此	∴
因爲	∵	相似於	//
改變	△	非常重要	*
有疑問	?	完全不懂	???!!
考試會考	Ⓣ		

漸入佳境

David Hussey

自從我跳級上大學後，做筆記的數量大幅增加。我發現，有組織的大綱形式會比照單全收的方式來得有用許多。剛開始的幾個月，我抄了一大堆龐雜的內容，事後又須努力辨識。但很快地，我就學會一邊聽教授講課，一邊以大綱形式做筆記。我認為這個方法省時又省力。

大家談

提出 6 至 8 個其他可以在抄筆記時節省時間的速記符號和縮寫。最好能和一群朋友交流分享。

筆記的種類

整理筆記有很多種不同的方法，你都可以嘗試看看，以找出最適合你的方法和適用的課程。你可以結合數種策略而形成個人做筆記的方式。這項工具可以讓你順利完成大學學業，而且做筆記的技巧，在你畢業後的生涯中也會是一項有價值的資產。

較理想的筆記具備三個條件：

1. 凸顯重要觀念。
2. 以例證、解釋和細目補充重要觀念。
3. 將關鍵的觀念往下分成其他次要的概念。

大部份的大綱系統之基本策略都很簡單：將主要觀念寫在左邊；然後在右邊寫上輔助的觀念及細目。

改進筆記技巧的第一步是採用大綱形式。綱要圖解則是另一種在課堂上抄筆記的方法，或也可以用於複習。

綱要圖解

綱要圖解有助於在課後濃縮和複習筆記，你可以設計其他圖表來歸納學科中的大觀念，以及歸納你的閱讀心得。你可以根據學科的內容，把主題寫在一頁的中央位置，然後在其他方向引出相關資訊。

不用則廢

挪出一些時間於課後瀏覽你的筆記。研究顯示，如果在課後 24 小時內複習筆記，記憶效果最好。即使你無法做到這點，也一定要在下一堂課之前複習一遍。若你不想費心在上課前翻閱或研讀你的筆記，那麼學期尚未結束，你可能就把學過的東西忘掉一大半了。

- ❑ 檢查你寫的內容是否精確。若有不明確處，設法加以釐清，或於上課時發問。
- ❑ 將筆記做一番整理。在課後儘早整理。把看起來無用的資訊刪除掉，同時，將速記部份謄清楚，以免將來不易辨認。
- ❑ 在邊界處加上提示的字眼或關鍵問題。如果你在邊界處預留了空白，則你複習筆記時，只須花幾分鐘就可以在這一欄上立刻記下你的想法。
- ❑ 大聲背誦筆記中的重點。
- ❑ 擬出綱要。把筆記整理出主要重點和次要重點，以方便閱讀。
- ❑ 修訂筆記。將筆記打字或重寫，不但方便複習，並可隨時增添資訊、條目或例證，以幫助記憶。抄寫一次的效果，抵得上閱讀十次。
- ❑ 加入課本的資訊。你可以用不同的色筆來區分課堂筆記和課本資訊。在你的筆記本中記上精簡的線索和課本的頁碼，以便能立刻查到課本中重要的長篇資訊。
- ❑ 舉出你自己的例證。這將能測試你對教材的理解程度和應用能力。

- 製做綱要圖解。這是精簡資料、方便複習和研讀的好方法。
- 比較自己和別人做的筆記有何不同。影印別人的筆記，和你自己的合併起來。這將使你對同一議題有更多的觀點、補足你遺漏的部份、以及幫助你改進做筆記方面的缺失。
- 經常複習筆記。別等到臨考前才複習。
- 做成快速記憶卡。當你有零碎的五或十分鐘時，可將隨身攜帶的卡片拿出來複習。

重謄我的筆記

Corwyn Arthurs

我會在下課後，以文字處理機重謄一遍課堂筆記，並加上額外的註解。我會設法將筆記格式化，就好像要和同學分享一般。當我這麼做時，我比較不會漏掉那些我認為當時雖了解、但不久可能會遺忘的資訊。此外，課後馬上整理筆記，使我較容易修補筆記中不完整的地方，而且更能夠長時間記住。

輔助方法

當你想在課堂上用隨身聽錄音時，可以先和老師商量（務必先徵求老師的同意）。

上課錄音並不是要取代抄筆記，或讓你上課時能思考其他事情，而是讓你不必太專注於細微末節，多去注意相關的一般觀念和問題。這也可以幫助你改進做筆記的技巧，因爲你可以反覆檢查筆記的完整性和正確性。如果你是通學生，也可以利用通車的時間重聽一次課。

不過，也須注意，別淪爲只錄音而不做筆記。因爲事後才聽錄音帶，會耗費你好幾個小時的時間。

錄音機也是寫作時很好的工具，尤其當你猶疑不決該寫什麼時。將想法傾吐到錄音機裡，或許可以找出一個方向，或產生相關問題和解決方法。

勤能補拙

Peb Tompkins

由於我有聽覺障礙，所以在上課時需要別人幫我抄筆記。有些課，我甚至找不到自願幫忙的人。若課堂上可使用錄音機便無所謂，但有些不能錄音的課，問題就大了。

有些教授說話較小聲，不易聽見，我必須坐得很靠近他們，並在第一堂課時就須告訴他們我的困難。大多數的同學在問問題或發表評論時，往往輕聲細語，我通常都聽不見他們的發言。因為聽障的緣故，做筆記對我而言相當困難。在能夠錄音的課堂上，我先寫一部份聽得見的筆記，回家後再聽錄音，把空白處填滿。不能錄音的課，便向同學求助。

然後，我會用電腦重謄一遍所有的筆記，並在左邊留一塊 3 吋的空白。當教授在複習教材或我出席讀書會時，我就可以在這個位置加上評註；在教授發給同學的學習指引上，我也是這麼做的。

? 偶爾在課堂上錄音，對你有哪些益處？又有哪些問題和缺點呢？

大家談

當你上一門有趣的課並做筆記時，會有何種心境？和較無趣的課比較有什麼不同？往後你會如何改進？

批判思考園地

你的閱讀觀

你是否把閱讀和學習結合在一起呢？父母親曾唸書給你聽嗎？你還記住童年時，學習閱讀的經驗嗎？

你如何閱讀？

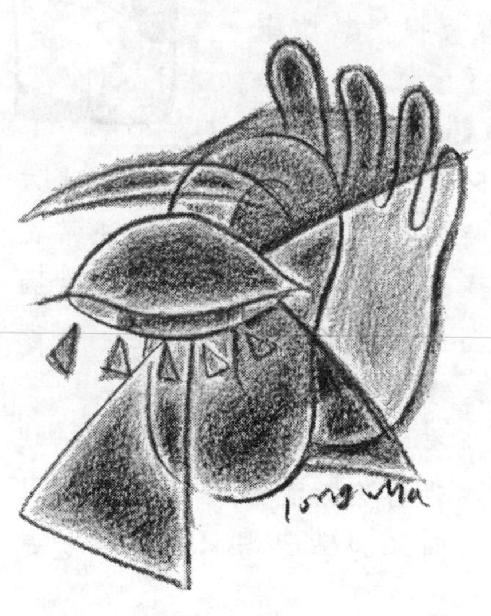

大體說來，閱讀能力將決定你在大學裡是否會成功，但如果你在閱讀方面不如你喜歡做的事那麼行，並不表示你從此前途黯淡。你可以改善你在閱讀速度、理解力以及閱讀時記憶資訊的能力。

不管你過去的經驗如何，培養閱讀的興趣永遠不嫌太晚。你若能成爲主動的閱讀者，對你的幫助會非常大。在被動的閱讀中，你只是費力地閱讀資訊，鮮少能與書本互動；在主動的閱讀時，你同時能進行思考和互動，因此當你完成一份指定閱讀的作業時，你便能以自己的話將讀過的精華部份表達出來。

問問你自己目前的閱讀方法：你會事先預訂閱讀時間嗎？事前的週詳計劃，能幫助你在閱讀時專心。儘可能針對每個科目，在上課前排訂你的閱讀時間表，如此一來，事先的閱讀將使你從上課中獲益良多。

當你針對指定的閱讀作業設定目標時，切勿好高騖遠。如果你發現，當你想閱讀卻無法集中精神時，也許是你忽視了你能夠專心的時限。對每個人而言，有些科目和有些作者的著作較難讀懂，所以你必須針對個別科目，決定一次要閱讀多少時間，使你仍能維持良好的理解力。養成在固定時數內進行閱讀的習慣，然後稍做休息以恢復你的注意力。接著設立目標，逐漸增加你能夠專心的時間及減少休息的時間。

你正在練習一種包含預習和做筆記的閱讀法嗎？我們在此將建議你嘗試ＳＱ３Ｒ閱讀法（見 P.117）

床上書蠹

Brandi Baldasane

對於所有需要大量閱讀的科目，我會以章為單位，設計研讀清單(study sheets)。這種方法使我能將所有必須閱讀的內容減至最少。即使只是每天在床上複習我的研讀清單，就能使我考試時毫無怯意。我發現，考前的晚上，我不必再強記一切，因為我已採取主動的作法學習了那些知識。

奮發學閱讀

Heidi Jo Corey

我差一點不去上第一堂的表演課，因為一想到必須大聲朗誦，我就無法接受。閱讀在我的記憶中，一直是我個人奮鬥的重點之一。

回溯幼稚園我學習閱讀的階段，我還記得和閱讀小組的成員坐在冰冷的地板上。被分到這組最差的閱讀小組，意味著我們必須讀一些簡單的押韻字，如「風」、「松」和「鐘」。這些字對我並無意義，它們似乎只是浮現在一頁頁黃色紙張上的字；圖畫也是冷冰冰的線條，沒有任何色彩。其他小朋友都使用精裝本的書，裡頭有故事，而且有彩色圖畫。我的黃頁小書就像是所有孩子都看得到的特殊標記，我似乎被貼上標籤。我記得，我很討厭這些書，並試著把它們藏起來不讓其他人看見。甚至上幼稚園中班時，我仍未讀到故事書。從小我在雙語的環境中成長，當我剛進幼稚園時，說德語的時間多過說英語。我說話時往往兩種語言混在一起說。有時小朋友會嘲笑我，所以我變得退縮且沈默寡言。當我唸大班時，我才開始讀到第一則故事，此時其他小朋友已經在讀更大本更難的書了，結果這本故事書又成了我的另一個標記。

最後，父母親幫我報名參加閱讀遊戲的治療課程。我在那兒學習閱讀技巧，而且是一對一的專人指導。我確定這對我相當有幫助，但我感覺自己身在一個孤單的處境中。這是我再一次覺得自己與別人不同，我對其他小朋友隱瞞這個事實，我不想讓他們知道為什麼下課後我不能跟他們出去玩。我覺得自己很愚笨而且簡直像是遭到遺棄的人。

如今，由於我的嗜好，我常常處於必須大聲誦讀的情境。

在劇場中，我必須唸腳本、劇本及獨白。我可以唸，我喜歡唸，而且我唸得很好。但是，當我大聲朗誦時，心頭仍會蒙上一層陰影。我相信這是為什麼我可以很快記住台詞的原因之一，因為我不相信自己可以一次就把台詞記住，非得把它們深深印入腦海中才安心。即使我對大聲誦讀的恐懼感聽起來有點可笑，但我發現，自己心中仍然時有掙扎。事實上，並不是閱讀的技巧絆住我，而是我內在的聲音和縈繞在我心中不愉快的回憶阻礙了我。例如，有一次當我大聲讀腳本時，突然間有個聲音告訴我：「不行！我正在大聲朗誦。大家都在注視著我。我腦筋一團亂了。我快忘記下一個字了。」我發覺自己開始結巴，接著我內心負面的聲音愈來愈佔上風。很快地，我發現，我其至看不清楚劇本中的文字，它們似乎跳出了紙張，胡亂飛舞著，很像我小時候看黃頁小書時的感覺。因為我變得緊張兮兮，竟然開始顛三倒四地讀著台詞，結果使我覺得自己更愚蠢。

現在，當我開始出現這種負面的思考模式時，我便學習阻止這種內在聲音的產生。我做一個深呼吸，並告訴自己：我做得到。我放慢速度，幾乎慢得誇張，但在攝影機前是察覺不到的。過去的閱讀練習，此時對我也有幫助。我瞥一眼劇本上的文字，然後很快地搜尋、鎖定某件眼前的東西，再把這些文字唸出來。這個練習的目的是，訓練目光攫取最多的文字。我練習愈多次，自己就愈有信心，讓我讀起書來更加順利無礙。綜上所述，我了解自己真正的閱讀障礙與閱讀技巧較無關，關鍵在於我對於自己的信心。

SQ3R

ＳＱ３Ｒ法是針對閱讀課文所設計的一種主動、有系統的學習方法。ＳＱ３Ｒ是指：

瀏覽（Survey）
質疑（Question）
閱讀（Read）
背誦（Recite）
複習（Review）

這個方法是由 Francis Robinson 所提出，他是一位心理學家，在第二次世界大戰期間協助軍中人員就讀大學速成班。這個方法一開始似乎有點不便，但每種新的技巧都需要時間慢慢地去習慣。長遠來看，它不但能節省時間且能讓你在考試時表現更好。我們現在就開始吧！

SQ3R和其他閱讀法

瀏覽將要閱讀的資訊

當你剛拿到一本須費時閱讀的書時，儘量去熟悉它。即使花 10 分鐘瀏覽和掃描一本書，也能讓你有心理準備並促進理解。瀏覽整本書，可以採取下列步驟：

1 **閱讀序言。**若你尚未閱讀本書的序言，現在至少花點時間翻閱它，你將會變得更熟悉本書的內容和目的。序言就像是一張地圖，顯示該書的目的和方針。

2 **從目錄中了解全書的組織架構。**同樣地，參閱本書的目錄，看看書中的主題如何編排。

3 **瀏覽研習輔助物。**有些教科書裡會提供：章節目標、每章共同的組織結構、圖表、活動、摘要以及專有名詞索引等。

4 **思考如何「書」盡其用。**有些作者會提供一連串的指示。在你開始要進行閱讀之前，應先瀏覽這些閱讀建議。你曾經利用過它們嗎？

5 **當你開始要看一本書之前，先掌握閱讀的目的。**暫且不管那本書是否為學校所指定，問問自己：「為什麼我要讀它？」找出一種方式，將你讀到的東西應用到你的目標和經驗上。想想看，你對於這門科目已了解多少？除非你能找到閱讀的目的，否則你讀到的東西很容易就消逝無蹤。花點時間使自己和作者能有某種連繫也是值得的。

6 **將上述的要點應用到本書的每一章中。**一開始先快速翻閱，對內容產生初步的概念。接著思索章名的意義，再觀察各個標題，以了解每一章的佈局和構思。

7 **縱覽全章。**閱讀導論和結論，看一看標題，並探討主題之間的關連性。

8 **鎖定章節的每一項學習目標。**試著指出作者認為最值得學習的重點為何。

質疑

略讀過一章後，思考一些問題來激發你的好奇心，及幫助你集中注意力。若書中並無提供問題，你可以自擬，並在閱讀時找出答案。也可以將主要的標題改成問句。

在閱讀時，你問自己的問題視科目而定，例如：

社會科：標題是「全球愛滋病的危機」。這一章對於全球各地的情況說了些什麼？

生物科：「生物圈」這個字在這一章裡多次出現，到底什麼是生物圈？爲什麼那麼重要？

歷史科：本章要解釋蘇聯的瓦解。它提出了哪些特定的原因？

閱讀

現在你已瀏覽過一章並提出了一些問題，接下來，讀該章的第一節，讀完後你可以稍作休息，設法保持你的注意力。有些章節一口氣是唸不完的，不妨拆成幾個部份。算算你讀完該章約須花多少時間。注意你讀的頁數和所花的時間，這樣你便能估算讀完整本書需要多少時間。

在閱讀時，儘量主動畫線或在邊界空白處做筆記。讀完一節後，停下來想想你讀過的內容，然後試著回答自己和課本中所提出的問題。當有進步時給自己一點獎勵。

此外，最好能養成習慣，在邊界處很快地用自己的話記下一些重點。唯有能夠以自己的話重述讀到的內容時，你才知道自己確實已接獲書本所傳達的訊息。

再者，嘗試和作者對話。勇敢地提出你的想法和意見。如果你懷疑或不同意作者所言，儘管表達你的想法。在你的筆記本中，寫下不贊同的觀點，同時也指出你極爲同意之處。假如你在某方面有強烈的感受，你可考慮寫封信給作者。

背誦

如果你大聲唸出你所提出來的問題之答案，將會對你很有幫助。問問自己：

我現在對這個主題的看法如何？

我學到了什麼？

我能以摘要的方式重述讀過的內容嗎？

重覆是學習的基礎。重覆閱讀你看過的重要資訊。背誦則是監控理解程度的方法。假如你能夠以自己的話來背誦資訊，即表示你已領悟其中的意義。請記住，以個人的方式對自己敘述你剛讀過的內容，效果最好。

複習

讀完一章後，花點時間複習重點。統合重要資訊，再看一遍導論、摘要和標題。重讀摘要有助於更了解內容的來龍去脈。你也可以列出其他似乎特別重要和有趣的觀點，做爲摘要的補充。複習你在邊界處所寫的評註。看看內容和你第一次預習時是否又產生不同的意義。以你自己的話敘述主要的概念，測試你對內容的了解程度。將你提出的一些問題再過目一遍，看看現在你能否不看書便能回答出來。

教學相長

研習筆記中資訊的方法之一就是教導別人。當你教別人時，實際上你可能學得更多。單單閱讀筆記是較被動的做法，但如果你和其他同學討論，則能賦予內容新的意義。讀書會可提供你許多與他人交流的機會。倘若你尚未加入讀書會，找一位可以充當你學生的朋友；當你在教學時，你也同時學會了。

做記號

- 別怕在你的書上做記號。閱讀時，手上別忘了拿一枝原子筆或螢光筆；如果你使用螢光筆，則手邊隨時放一枝筆以便寫評註。動手寫字，會比做記號時的態度更主動些。你和書中的文字產生愈多互動——做記號、改寫和簡縮文字——你便愈能了解和記住重點。
- 在邊界或上方處寫上問題和評註。即使是一個字或一則成語，都能幫助你縮減一個段落的意義。假如你曾花些時間思考過你閱讀的內容，你便不須在考前重讀整個章節。
- 發明你專用的符號來標示重點。
- 將關鍵用語的定義做上記號。
- 把必須重讀的段落標上問號，直到完全了解爲止。

禁忌

Peg Tompkins

我算是老一輩的人，從小被教導不能毀損書本的外觀。在課本裡畫重點或做筆記，對我而言根本是不可能的事。當我第一次看見同學在他們書上畫重點時，感到相當錯愕。為了跟上別人，我必須強迫自己去做這件事。現在，我也會在邊界處寫筆記，並在重點處畫線，但是只限用鉛筆。雖然如此，有時我仍受童年觀念的束縛，認為這是不對的。

技巧需要花時間去學習

當你在閱讀時，若能主動參與，則比起單單閱讀會學得更多、更快。你不須嚴格遵守ＳＱ３Ｒ中的每一步驟。你可以選擇性地使用某些步驟。實際試驗看看哪種方式最能讓你主動參與。不同的科目可能需要不同的方法：好比讀數學課本讀歷史課本的方法並不相同。當你習慣成自然之後，就不會感到任何不便。

當我們討論時間管理時，我們鼓勵你，別因爲無法完全將你的時間計劃付諸行動而太快放棄。舊習慣是很頑強的。如果你堅持下去，也許會發現你可以擬訂一些策略來節省時間，以及有效地利用時間。同樣的原則亦適用在閱讀資訊上。維持注意力、增加專注的時間以及加快閱讀速度，都不是簡單的任務。如果你訓練自己採取一種有系統的方法來閱讀，你會發現它很有效。假如你曾經過運動計劃，你就會了解你必須逐漸鍛練出自己設定的耐力標準。也許規劃讀書時間和使用一些讀書技巧，會比你讀完一章的時間長，但卻會使你的閱讀時光多一點愉悅、少一些痛若。

閱讀時做筆記

你可以將上面討論做筆記的一些技巧應用在閱讀上。除了直接寫在課本上之外，另寫筆記也是值得的，以後兩者可以整埋在一起。

爲什麼閱讀教本時要做筆記呢？沒錯，這的確要花點時間，但這是讓你專注在教材上的方法之一。再者，由於做筆記可以精簡內容，因此當你爭取一分一秒來複習期末考的大範圍教材時，它就會變得很有用。

但也別做得太過頭。試著抓住重點即可。無論你採用何種筆記，都有助於讓你保持專心，在將來複習時也很有價值。做筆記的種類以及記錄細節的程度，應依據課程和課本而定。在上每堂課之前，應花一些時間複習上次的課堂筆記和該次上課前所做的閱讀筆記。

大家談

你目前的閱讀策略是什麼？你有任何有助於讀書的計劃嗎？你會在書上畫重點嗎？你在閱讀時會做筆記嗎？你想得出其他方法，可以改善你在聽課、做筆記以及透過閱讀來學習的能力嗎？

得高分法則

Christina Woodward

我終於了解如何在我用心準備的考試上拿高分。首先，我幾乎不拖延指定的閱讀作業，而且我很重視相關資訊的蒐集。接下來，用電腦打出課本中我畫上重點的大綱。我發現，大部份的教科書都採行標準的大綱模式。這項工作的目的是，有效地將一整章整理成 5、6 頁最重要的資訊。當遇有考試時，我只要拿出一本小巧的簿子來複習即可，裡頭有我自製的章節大綱和課堂筆記。

相信我，這真的很有用！

理想的工作環境

一處理想的工作環境可以增進生產效率。在你準備工作前，先找個可讓你的身心投入工作的地方。對工作環境感覺不錯，而且你也喜歡在那兒，這點很重要。不過，對某個人理想的環境，不見得也適合另一個人。例如，Jerry 喜歡在自己家裡關起門來工作；Cindy 喜歡坐在臥房的床上讀書；Heidi 則喜歡在圖書館靠窗邊的位置做事。

針對不同的工作，也可以有不同的工作環境。你可以選擇坐在公園裡、待在速食店或在家裡的書桌前，甚至等公車時讀書。如果你正想寫報告，則可以選擇校內圖書館、電算中心或校外一處怡人的場所。變換工作場所，有時能讓你保持高昂的興趣。

記住要注意場地的光線是否充足、所需要的資訊是否齊全以及隱密性是否足夠。後者也許不容易做到，但卻值得你去爭取。如果你和室友住在嘈雜的宿舍，或你在家中被孩子攪得團團轉，那麼要專心讀書幾乎不可能。這種情況下，你可能必須離開你的住處，到 K 書中心或圖書館。如果做不到這一點，你也必須騰出一些安靜的時間以及找一個你可以完成工作的地方。

坐擁圖書館

Linda Lorenat

我建議大家儘早學習利用圖書館做為讀書的場所。我以前犯的一個錯誤就是不常上圖書館，因為我認為把自己藏在角落裡會錯失良機。然而，若你真的要利用圖書館，請不要坐在每個人都找得到你的地方。等你完成許多事之後，你就可以輕鬆出門和從事社交活動了。如果你不須上班，白天讀書最棒了，因為沒人打擾你，然後晚上你就可以做你想做的事了。

大家談

你有理想的工作環境嗎？優點何在？或者缺少哪些要項？

我剛才說了什麼？

學習包含資料處理的三個階段：

觀察及接收輸入資訊
儲存及保存
抽取資訊

記憶力是我們儲存及抽取資訊的能力。藉由學習一些記憶的技巧，你便能加強記憶的能力，亦即容易記住你觀察的事物，並使你學到的東西記住更久。讓我們一起來想一想：

我們如何處理資訊？我們如何記憶？為什麼我們會忘記？

三大記憶系統

- ❑ **感官記憶**：指保留住你從感官立即接收到的資訊。視覺、聽覺、嗅覺、味覺和觸覺會將訊息傳至大腦。感官記憶是稍縱即逝的，前一個印象在幾秒鐘之後很快會被新的印象取代。
- ❑ **短期記憶（STM）**：暫時保留資訊，為時約 20~30 秒鐘。除非你繼續練習，否則你無法長久保存資訊。有些 STM 的項目會傳送到長期記憶中。
- ❑ **長期記憶（LTM）**：保留進一步處理過的資訊，且能儲存大量的資訊。儲存在 LTM 的資訊可維持數分鐘，甚至終生之久。長期記憶就像一間放滿檔案櫃的房間。你學習到的資訊會收納在特定的檔案夾和特定的抽屜裡。為方便抽取這些記憶，把它們分類，並放在正確的檔案夾中是很重要的，否則，當你要尋找一份資訊時，找到的機會將會很渺茫。

遺忘

人們為什麼會遺忘？是如何形成的？目前有好幾派解釋的理論。其中一派認為，雖然許多記憶存放在 LTM，但它們並不是隨時可取得的。如果資訊誤存資料庫，你便無法立即抽取出來。在放置資訊時，需要一些線索，使你意識到它的存在。假如你正在使用文字處理機，如果未輸入檔名，便無法抽取資訊。同樣地，在你的記憶中有很多東西彷彿都已「消失」掉，除非你能找到線索把這些資訊抓回來。

另一個遺忘的解釋是消退理論，即不用則廢的道理。根據這項理論，記憶刻在你腦中的痕跡，就像你多次走過草地所形成的小徑。當你不再走這條小徑時，雜草就會馬上埋沒它。你也許背了一些詩詞、公式或外語字彙，但是如果你許久不使用，它們就好像永久消失了一般。然而，你可能會很訝異，假如你再重學一次，很快就能記住好幾年沒練習的語言。

干擾理論是另一種解釋，係指當新資訊和舊資訊糾纏不清時，就會使記憶發生困難。除非你能區分它們，否則它們可能就會相互干擾。

這些理論的主旨是：就像學習一般，記憶也是一種主動、而非被動的過程。你對自己的記憶握有大部份的主導權，而且可以訓練自己記住更多你所觀察和學習到的事物。你可以擬訂特別的策略來增進你的記憶力。

了解你如何記憶

在第二章，我們討論過個人的多重智能及不同的學習型態。你偏好的學習方式和你最容易記憶及處理資訊的方法是息息相關的。在此，我們討論三種學習的一般方法：

1. 藉由耳聽及傾聽（聽覺型）。
2. 藉由目視及觀察（視覺型）。
3. 藉由動手做及親身參與（身體力行型）。

假如你是聽覺型的學習者，那麼聽取資訊並說出來對你便很重要。換句話說，你較偏好經由聽課以及討論你所聽見的內容來學習，你也許在聽過指定閱讀的教材後再閱讀，效果會更好。或許你上課時錄音，之後再聽一遍，效果也不錯；或者你也可以買有聲書，在家裡、車上、或散步時聆聽。誦讀資訊以及教導別人你所擁有的知識，對你也是很有用的學習方法。

假如你是視覺型的學習者，你會偏好藉由閱讀、看錄影帶、以及觀察來學習。想像畫面是很重要的學習途徑。你很可能在讀過教材後再聽課，獲益會較大。除了書面文字外，經由看圖片以及將學到的東西構成圖像，也可以達到較好的學習成效。你可以利用文字處理機、書本以及其他為喚起記憶所設計的視覺學習工具。當你準備考試時，可能會發現重寫筆記、參考圖片、設計圖表和畫成圖解等方法很有幫助。

假如你是身體力行型的學習者，你會偏向動手做、親身參與來學習。經由實驗以及想出各種解決問題的方法，可以學得最好。身為一名身體力行型的學習者，如果你的電腦、汽車、錄影機出問題，你可能缺乏耐性去翻閱使用說明書，你往往會運用各種小工具，親自找出毛病所在。透過動作、實地試驗、角色扮演、材料運用、即興演出、做遊戲以及參與研習會等方式，你將可學到並記憶最多的資訊。

一則現代的格言指出：人們能記住百分之二十他們聽到的，百分之七十五他們看到的，以及百分之九十他們做過的。這個說法似乎暗示著，聽覺型的學習者處於劣勢，其實不然。這則格言隱藏的涵義應該是：參與的感官愈多，記憶力會愈強。為了最有效率地學習，儘可能多嘗試利用各種感官的學習模式。假如你將自己的學習限制在僅僅聽課而已，則忘記的機會是很大的。相對之下，如果你抱持主動的態度傾聽，並將你理解的內容用自己的話語表達出來，那麼，你在學習和記憶方面的勝算便會大幅增加。

換言之，結合聽、看、做這三種方式，你可能會學得最好。舉例來說，書寫和朗誦有助於記憶，將資訊圖示出來也是不錯的辦法。若再加上一些顏色，使重要的部份突顯出來，就更有助於記憶了。

增進記憶力

增進記憶力的策略，很多都是根據學習法則。想一想你要如何應用它們。

1. **如果你想記住某件事，儘管努力去做。**你的態度是關鍵因素。你必須了解自己是主導記憶的人；而且對於一個主動的學習者而言，學習的潛能是無窮的。別告訴自己你記不住。事實上，你一定可以記住。

2. **專心一意，把心留在當下。**如果你預想明天要做的事，或回想昨天發生的事，就會心不在焉。專注在你此時的思考、感受或正在做的事情上面，你將更能觀察入微，達到事半功倍的學習效果。

3. **安排一天的時間，使能支援你所有的需求。**照顧好自己的健康，能讓你處於記憶力良好的狀態。找出自己一天當中最佳的讀書時段。「一日之計在於晨」適合某些人，但有些人在夜深人靜時較不易分心。此外，你也要排入用餐、運動以及休閒的時間。均衡的生活，會比整天埋首苦讀更有效率。

4. **將分心的可能性減到最低。**在閱讀或聽課時，努力減少分心的機會。一心多用通常會使你覺得每件事都七零八落且困擾不已。注意你做事情的方法，也許有助於解決上述的問題。

5. **放輕鬆並集中精神。**在開始工作前，專注在你想要完成的事情上。做幾個深呼吸。試著閉上眼睛，想像你學到新事物時的感覺。告訴自己，要全神貫注在你將要進行的事情上，並決定哪些事情值得記下來。

6. **把工作拆成小單位。**將一段長時間打散，因爲分段學習會比集中學習更有效率。把你的讀書時段打散，有助於提升你的學習動機、延緩遺忘的時間、並避免過重的壓力。三分鐘的休息時間，可以讓你恢復注意力，所以別忘了，「休息是爲了走更遠的路」。

7. **爲你正在做的事創造趣味。**如果你覺得某堂課很無聊，那麼設法將它和有趣的事情串連起來。主動的學習者會找出方法，使需要專心投入的工作能引起其興趣。

8. **以有意義的方式整理資訊。**假如資訊看似雜亂無章，別一股勁兒背誦零散的內容，應以有意義的方式做某種分類。將你已知的知識和正在學習的知識連貫起來。利用各種不同的方法，例如設計一張綱要圖解或大綱，來了解各部份和整體的關係。如果你確實理解正在研讀的內容，那麼你便能夠以幫助記憶的方式將資訊分類、整理。

9. **利用心像和視覺摹想法。**將你正在學習的東西製做成圖片、表格或漫畫。無論你是實際畫在紙上，或在腦海中虛擬實景，你都能使教材更生動，進而有利於記憶。專心地營造這些畫面和想像，使它們根植在你的記憶中。

10. **儘情發揮個人風格。**當你在學習和複習時，別忘了五到——眼到、心到、耳到、手到、腳到。假設你正在準備美國史考試中有關內戰的部份，不妨在你的腦海中想像當時的畫面，並以綱要圖解法將重要的事件和人物推演出來；或付諸行動，例如若有參加讀書會，試著演出當時的情景。除了儘可能利用及結合你的感官之外，以最適合你的學習型態來達成任務。

11. **以書寫來記憶。**人們較容易記住他們做過的事，寫字就是其中一種。寫字時，你的肢體和心智都會用上，同時，比起聽和讀，書寫會觸動大腦中不同的部位。試著在做摘要時，以你自己的話寫出，以及自擬問題後再寫出答案。

12. **朗誦。**朗誦不只是大聲唸出來而已，重點是，閱讀完一小段資訊後，能以自己的話重述。朗誦的好處在於，它需要你的親身參與、能提升你的學習動機以及對於你知道的事提供回饋。一直朗誦直到你不須看筆記就能記起資訊，是個不錯的做法。當你大聲唸出時－－無論獨自一人或和別人一齊－－儘量加入你自己的創意。你的朗讀愈生動、誇張，你便愈容易記住。例如，你可以將學習的內容編成一首歌來唱、站在落地鏡前對著自己說話，或從教材中編一齣短劇演給某人看。

儘情大膽地演出吧！

13. **複習。**假如你不複習新資訊，很快就會忘記大半。在學習後愈快複習，便愈能夠記住。利用索引卡寫下關鍵問題與答案或專有名詞與定義，你可以隨身攜帶，並利用零碎的時間複習。即使是短暫的複習，對考試也會有幫助。

14. **熟能生巧。**反覆背誦是記憶的不二法門。練習愈多次，記憶愈清楚。想想音樂家、運動員或演員，需要多少次的練習才會有成就。有了練習，才能提供整合記憶所需要的時間。凝聚記憶是要花些時間的。

15. **過度學習。**過度學習意指即使已學會某些教材，你仍然繼續研讀。即使你認爲你已經懂了，但還是要求自己反覆練習。當你複習過已學會的事情時，你可以減少遺忘的機會及記住較久。過度學習也可以幫你解決考試焦慮症。

隨手筆記

複習上述加強記
技巧。有哪些技
你已經在使用
又有哪些你想試
？

不可置信

Alan Venable

我最近讀了一本令人覺得不可思議的書，書名叫「記憶家的頭腦」，敘述一個能精確記住數以千計數字的人，舉凡過去大小事發生的月份和年份他都能如數家珍。測試過他的心理學家，基本上找不到他的記憶容量之上限，也測驗不出他能記住多久的年限。每當我想起這個人，我就告訴自己：「Alan，你絕對可以記住超過現在一千倍以上的資訊。你只是必須了解，你現在要記住的事情對你很重要，你要利用一些巧妙的技巧去記住它。」

單字重要？單字不重要？

Greg Kuykendall

在高中時，別人一直告訴我，記單字很重要，可是我認為：「跟我沒關係，我不需要。我可能會成為喜劇演員或什麼的。我只須能讓人們發笑，我要當一名演員。」記單字的工作就留給別人去做吧！

有一天，我突然認真地想了解更多事，我決定要讀書。一遇到不懂的字，我就查字典。當我開始這麼做時，我才知道這些字都很重要。通常，查過字典並學到這個單字之後，就會去注意你聽到這個單字的次數，但如果你不了解它的意義，就不會特別去注意。

我開發了一種記單字的方法，它很老套卻很管用。方法就是寫它個四、五次，查清楚正確的發音並唸出來。我會查字典找出定義，有時甚至也將定義寫個四、五次。而且我也會記住教授如何解釋它。我很擅長回想，我能記住老師在說到這個字時如何使用它。

我以愈多的方式去學習一個字，它就愈深植我的腦海。往後，透過其中任一種方法，我就能從記憶中將它抓出來。

大家談

你覺得自己在記憶事件和名字的能力如何？你會說你自己很健忘嗎？在考前，你會告訴自己說，你記不住讀過的東西嗎？試著從記憶力的觀點，和他人比較各自的優點和缺點。

你是聽覺型、視覺型、還是身體力行型的學習者？想一些方法調整你的讀書方式，以達最佳的學習效果。在學習和記憶時，你如何運用「五到」？

增進記憶的技巧

大多數的記憶訣竅不外乎在你已知道的事情和你想記住的事情之間，創造人爲的連結關係。

記人名的妙方

記住老師和其他同學的名字，對你的人際關係很有幫助。你也可以利用下面的方法來記歷史人物的名字：

- ❏ 刻意記住某人的名字。
- ❏ 當他們自我介紹時，在心理大聲覆誦他們的名字。
- ❏ 當你聽到人名時，把它寫下來。
- ❏ 將這個人的模樣印在你的腦海中。
- ❏ 把這個人和他的名字編成一個好玩的故事。
- ❏ 「哇！糟糕，已經忘記了！」承認你不記得他的名字，再問對方一遍。
- ❏ 重覆上述步驟。

未來的路

1. 回到 P.101「認識現在的我」單元中。有哪些答案是你想改變的？

2. 找一整天的時間，主動聆聽每一位你遇到的人所講的話。注意他們說話時的眼神和手勢。觀察他們和你說話時的態度。即使在你說話時，仍繼續「傾聽」他們，亦即你說的話如何影響他們。剛開始，你可能會覺得不自在，但這種方法可以讓你更了解自己和別人。在你的筆記中寫下你的經驗。

3. 若你想擬定一些行動計劃來改善你做筆記的技巧，可以考慮下列的建議：
   - ❏ 以一週的時間觀察你在課堂上聽課的習慣。將你的觀察記錄下來。注意你的身體：姿勢、呼吸以及體能狀態。試著以主動聆聽或回答，與老師產生直接的交流。嘗試看看假如你多注意老師的眼神，老師是否也會更注意你。鼓勵自己每堂課至少舉手發問一次，或在討論時提出評論。你在聽課以及做筆記的做法方面，有沒有想改變的地方？試擬一份計劃出來。

- ❑ 找一些已經在大學裡待一年以上的學生。問問他們如何做一份有效率的筆記。找幾位曾修過你正要上的某門課程的人，看看他們是否願意借你筆記，這樣，你便能事先研讀這些資訊。
- ❑ 在老師的辦公室時間約見他們，徵詢他們對你做的筆記之看法。
- ❑ 重讀你在某堂課所抄的筆記。瀏覽過後，思考你如何使它們更具效用。根據你在本章所學的，試著將一些做筆記的方法應用到每一堂課上，爲期一週，看看是否有效。
- ❑ 把你的筆記帶到班上和某位同學交換。瀏覽彼此所做的筆記並討論之。

4. 連續數週在課堂上錄音，作爲你做筆記和閱讀的輔助工具。專心聽錄音帶，看你能夠學到哪些做筆記更有效率的作法。

5. 將本章某一部份的內容畫成綱要圖解。以不同的色筆標出各個部份。

6. 下次你坐下來讀書時，觀察自己的注意力：你如何處置外界的干擾？你會讓別人打擾你嗎？你如何分心的？你如何讓自己更專心？在筆記上，將上述答案寫下來。

7. 檢閱一下你的週進度表。你通常會把閱讀時間排在下一次上課前不久嗎？根據你對自己的注意力之巔峰時間的了解，你會利用這段時間研讀最難的課程嗎？請在你的進度表中，做最有利的規劃。

8. 試著對於指定閱讀的教材採行ＳＱ３Ｒ法。寫下每一次閱讀總共花多少時間，再除以總頁數，看看每小時你能夠讀幾頁。參考這個數字，估算下一週你需要多少時間來閱讀。安排時間並持續追蹤你完成了多少。在你嘗試ＳＱ３Ｒ法至少一星期之後，考慮加以修正以配合你的學習型態。

9. 如果你總是讀不完指定的閱讀作業，不妨求助學習輔導中心或其他校內的資源，測驗出你的閱讀速度。詢問有關可以增進閱讀速度和理解力的課程。

10. 至少指出你在做筆記、閱讀或背誦時，所遇到的一項困難。在你的筆記中描述一下這項問題。你何時發現它的？它給你什麼感覺？當它出現時，你會怎麼做？如果你可以克服它，你認為自己會變成如何不同的學生？做個計劃來克服它。

11. 以一週的時間觀察老師期望你們記住的教材。徵詢老師的意見，看看如何記住那些會考的教材內容。在你的日記中，記下一些為了增進記憶力應採取的步驟。

12. 花數週的時間，盡你所能去記住班上同學的名字。鼓勵自己去接近同學並自我介紹。利用 P.136 的建議，記住他的名字或有關他們的事情。當你再看到他們時，叫出他們的名字，並告訴他們你記住哪些關於他們的事。也別忘了記住所有教授的全名。

13. 以至少一週的時間測試記憶技巧，做為幫助你背誦課堂筆記或閱讀筆記資訊的方法。

14. 重讀一次（P.112）Corwyn Arthurs的故事，看看她如何利用電腦做爲她讀書的工具。你能夠應用她的哪些想法在自己的例行事務上？如果你已經有一部個人電腦，你是否會利用它來學習和整理你閱讀過的資訊及筆記呢？和幾個朋友討論大家利用電腦輔助學習的方法，吸取一些新的想法。

15. 如果你還沒有電腦，可以詢問那些已經在使用電腦來輔助學習的人。考慮馬上買一部電腦吧！你覺得筆記型電腦會對你特別有幫助嗎？

第五章

表達你懂了多少：測驗、寫報告及課堂討論

- ☑ 怯場
- ☑ 事前準備
- ☑ 讀書會
- ☑ 考前計劃
- ☑ 上場囉！
- ☑ 反省時間
- ☑ 消除寫報告及課堂討論的障礙
- ☑ 分數所代表的意義

引航

你花在蒐集資料上的時間，就像演員進行瞭解某齣戲碼的涵義，然後背台詞、排演，直到變成自然反應所花費的時間是一樣的。將所學實際派上用場，就是布幕升起的表演時刻。他們有信心自己在練習及預演中所下的功夫，將在舞台上大放光采。同樣地，你在寫報告、課堂討論、考試、或在讀書會擔任分派到的工作中，也是表達你懂了多少的時候。

本章將引導你，如何有效率地讀書，以準備應試，並協助你克服考試所產生的焦慮。我們也邀請你，共同檢視你在寫報告或討論中表現自己時所遇到的障礙，並給你一些消除這些障礙的建議。

Chapter 5

認識現在的我

現在花幾分鐘，留意你現在對於學校考試、寫報告以及課堂討論的看法。在每一句敘述前面的空格中填上「○」、「×」或「？」(不確定)。

1.____在大部份的考試中，我都會極度焦慮。
2.____在考前，我通常會拼命強記可能會考的內容。
3.____在大多數的課程中，我都能趕上進度，並定時複習
4.____我非常擔心得不到好成績。
5.____我傾向於以考試的表現，來決定我身爲一名學生的價值。
6.____我覺得組讀書會的構想，聽起來棒極了。
7.____當我感覺有壓力時，我會爲考試做最佳的準備。
8.____我負面的內心對話，會影響我的考試成績。
9.____過去，我的成績一向優良，所以我可以從事所有生活中我想做的事。
10.____當考期將近時，我會變得很有效率。

在你的經驗中，老師在測試你時，做得到公平和有效這兩點嗎?老師所給的成績公止嗎?你認爲，在準備應試方面，你需要改善哪些技巧呢?

怯場

「怯場」是日常生活中的障礙，同時也會影響你的學校成績。假如你發覺，自己過於在意要表現給別人看，那麼你可以反問自己，這是否是你想要做的？你的目標可能不切實際，例如要博取所有人一致的讚賞，或每件事都要做到某人眼中「完美」的境地。這樣的期望可能會使你陷入挫折感，因爲你的表現取決於別人以某種特定的觀點來看你。其實，與其爲別人的期望來表現，不如考慮按照自己的想法去行動。

大多數的人都會擔心，自己的表現是否理想。假如能控制自己的情緒，則焦慮實際上將對你有利。例如若完全不擔心考試，其實跟過度憂慮一樣，長期來看都是有害的。某種程度的焦慮，可以激發你的潛力，並帶給你動力。

重點是，儘可能使自己冷靜下來，以一種有所準備的態度來面對挑戰，並告訴自己，你可以達到最佳的表現。當然，以考試而言，這表示，你能夠定期研讀及複習你的筆記。如果你趕得上進度，那麼你已擁有很大的優勢，能夠在需要時運用這些資料。也許你無法徹底放鬆，也無法讓自己樂在考試中，此時你可以利用一些方法，來減低不必要的焦慮。

唸台詞？饒了我吧！

Brad Ryberg

過去，我有很嚴重的怯場症。有一次我參加教堂的歌舞劇，我把一句台詞完全唸反了。當時我真想不演了，因為我緊張得要命！我開始胡說八道：「好！讓我想想！」、「等一下，我知道！」這些話反而使情況更加糟糕。觀眾們根本不知道台詞被改得面目全非。事後我羞愧極了。好長一段時間，我都覺得很懊惱。內心的對話絲毫無法幫助我正確地記台詞，只會更加阻礙我的思考罷了。

後來，我想通了，與其如此恐懼下去，我早就應該對自己說：我太沉默了，老是被動地等下一個人唸台詞。這種內心的論理，在應考時也伴隨著我—當你思緒煩雜時，千萬別驚慌，你應堅持下去。把心思放在當前和未來，別再眷戀過去。

? 你認為在舞台上表演，和在學校應試，有哪些相似處？又有哪些相異處？

敵人還是朋友？

Heidi Jo Corey

有位表演課的老師曾告訴我：「恐懼是你最好的朋友：它令人討厭，卻也會使你免於溺斃。」基本上，他的意思就是，擁抱恐懼並將它轉換成能量的來源。當我坐在觀眾席或上台表演時，總會有一股恐懼存在心中。假如它不存在的話，我也會害怕，因為那意味著腎上腺素也消失了。

經由時間的鍛練，以及不斷地練習，我已經學會化恐懼為建設性的力量。我不僅學會如何接受心中的恐懼感，現在，我也能夠輕鬆地看待它，並重視其力量。方法是，先做個深呼吸，接著放輕鬆，我知道做完之後，我的身體和心理都做好準備了。

學習和你的恐懼做朋友，也許它能救你上岸呢！

? 上次你覺得害怕是在什麼時候？你如何掌控恐懼感？

克服造成焦慮的負面想法

注意你對自己所說的話。留意你的內在對話，是對自己有益或有害。假如你找出了你給自己的負面訊息，你可以自行消除它們。

負面想法：「我必須在考試中表現優良，如果我表現不佳，我就不適合再唸大學了。」⟶**「我只要盡力，並表達我懂了多少就好了。」**

負面想法：「我必須拿到全班最高分。」⟶**「我不會擔心分數。身爲人的價值並非取決於此。」**

負面想法：「無論我多用功，我都無法在考試時表現優良。」⟶**「我不會爲失敗找藉口。以前考試的失敗，並不表示這次也如此。」**

負面想法：「假如這次考試被當，我會使老師和父母失望。」⟶**「老師及父母對我的期望，並非只看考試成績。」**

負面想法：「假如我這次考差了，我就真的太愚笨了。」⟶**「沒有一場考試，可以真正測量出我的能力。」**

察覺你正在進行負面的思考，是克服它的第一步。試著誇大這些想法，告訴自己你所能想到的最糟情況：「我會被學校開除。我的家人及朋友會不要我。我將無家可歸，住在大破紙箱裡」。幽默可以促使你，以較實際的觀點看事情。

爲了根絕負面的思考，你必須學習如何不斷地反駁限制個人表現的自我批評，並以建設性的訊息取代之，這需要花點時間、反覆練習及保持耐性。

自制力

Bob Johnson

我的考試焦慮症，已降低到適可的程度。我修過的兩門課都曾教導放鬆的技巧，我發覺，自己已能在數秒內終止緊張。我喜歡在應試時，有某種程度的焦慮，但要在我尚能清楚思考的容許範圍內。負面的自我對話，是目前我最擔心的事，但我已能注意到這一點，並能在發生時儘早停止。我有自信，當我更能掌控自己及自己的能力時，我將更能應付這名「殺手」。

大家談

你如何處理怯場的毛病？你是以考試的成績，來衡量自己的價值嗎？或以你寫報告及討論時的表現來決定？對於在校表現的憂慮，如何影響你？找出一些會增加你的考試焦慮之自我對話。你可以做哪些反駁性的聲明？

隨手筆記

哪些怯場的方式，有時會成為你在日常生活或學校的相關活動中的阻礙？

做好充分的準備

批判思考園地

你如何做好準備？

你在準備考試方面做得如何？如果你並不滿意目前的習慣，邁向成功的第一步，就是坦承以告。將你現在的行事作風做成一覽表，會是一個好的開始。針對以下的問題，寫下你的答案。同時至少提出一個額外的問題並加以評論。

「我會盡全力去掌握考試所涵蓋的範圍嗎？」
「在開始做考前複習之前，我能夠趕上進度，並曾溫習過筆記嗎？」
「我會計劃花許多時間，爲考試做準備嗎？」
「我在多久以前，會開始將考試一事放在心中？」
「我在行事曆中，安排了讀書的時間表嗎？」

如果你費盡心力，才能勉強趕上課程進度，或弄懂某一學科，那麼你可以採取一些措施來幫助自己。先找出學校中可獲得的支援。千萬別等到進度落後時，才來尋求協助。尋求協助並非弱者的象徵；這表示，你願意努力排除學業旅程中的路障。

假如你展開行動並與老師接觸，也許你會訝異你所得到的協助。主動告訴他們，你的讀書方法，並讓他們知道，你希望獲得他們的建議。你也可以向其他教職員尋求協助，如圖書館管理員及行政人員。即使你覺得這麼做有點尷尬，也別害怕開口要求你所需要的協助。

回到未來

Bob Johnson

經過了21個年頭，我踏進了大學校園，當時，我懷著既興奮又期待的心情，直到我走進圖書館，並詢問書目索引卡後，才發現一切都已改觀。我詢問的年輕女圖書館員，她以相當好玩的表情看著我，然後指向一排機器。我的心情沈了下來，佇立了幾分鐘，看著恐怖的電腦瞪著我。這些是我的惡夢，我立刻驚覺，從我高中畢業到現在，已有好長一段時間了。

我必定顯得茫然不知所措。其中有位圖書館員走向我，並問我是否需要協助。我向她解釋，隔如此多年後，我試著返校就讀，但卻不知該從何處著手。這位親切的館員，笑著要我跟著她做。她引領我到一部機器前坐下，整個下午教我如何使用這些資料處理怪物。我一直詢問她，是否確定我不會損毀某樣東西或消除所有資料，並一再求證沒有方法可達到這種破壞時才安心。我現在仍持續學習操作這些機器，但電腦螢幕似乎仍在嘲笑我，就像它們是有生命的動物一般。我相信有一天，我會調適過來，並學會熟練地操縱這些新奇的發明。

? 你能夠尋求必要的協助，使自己的學業更順利嗎？你知道你的學校提供哪些協助嗎？

應考

Jawad Hajawad

為考試做充分準備，對我而言，是個漫長、艱辛的過程。一開始，我將每一章先讀兩遍，然後以自己的話將每一章重述一遍，這樣，我對於教材的內容，才會有較完整而深入的概念。考試前一天最難熬，我會感到全身不舒服，且寢食難安。

? 你會給 Jawad 哪些建議，教他渡過考試的前一天？

讀書會

別忽略了有時和其他人一起研究課業的重要性。讀書會是以分工合作及共同研究爲主旨，無關競爭。這個團體在你不知從何開始整理一堆資料時，可給予你所需要的鼓勵。你可以參加定期召開的讀書會，討論及學習教材的內容，或你可以在將近期末考時，組一個類似的團體，以準備考試。

在一個有共同承諾的團體中，成員可從彼此身上獲益良多。讀書會的優點之一是，能產生額外的壓力，使你遵守自己的承諾。因爲同意承擔團體所分派給你的工作，能幫助你趕上課程進度。放任自己怠惰是件很容易的事，但如果別人須仰賴你，情況就不同了。

讀書會之所以對你有助益，是因爲它鞭策你爲了教會組員某個單元或某個概念，而必須做好充分的準備。其他組員可能會提出你沒想到的問題，這將刺激你的思考。整個團體可幫助你塡補對某個學科所欠缺的知識。針對某個主題，讀書會也會給你不同的看法，因而常常能使你的觀點更加完整清晰。

加入讀書會，也是結交朋友的良好管道之一，或至少能克服你獨自努力時的孤獨感。讀書會除了可節省你的讀書時間，也常能使你覺得自己是團體的一份子。假如你有任何困難，你知道自己不是在孤軍奮戰。

在你班上仔細觀察，然後問一些看起來較積極進取的同學，看他們是否願意成爲讀書會的一員。讓他們知道，你真的希望他們加入。最好能尋找不同類型的同學，如此可以彼此學習各自的優點。找一些作息和你相似，且住在同一區的同學也較恰當。

有益的對話

Héctor Chávez

我發現，自己很難獨自一人坐在書桌前讀書。所以我總是嘗試在一個不斷和人對話的團體中讀書。這種方式可以讓我複習，並補足我遺漏的部份。讓別人分享我的知識，更有助於使我記住上課時學會的東西。

如果你組織讀書會，自然會有人加入

Heidi Jo Corey

由於我在做筆記方面的能力不佳，所以我成了讀書會的「精神導師」。我真的很不擅長快速地將想法記錄在紙上。我曾努力嘗試過，但筆記裡全是雜亂潦草的「狗趴字」。後來，我學會向同學借筆記，影印之後馬上還給他們。有時候，我甚至嘗試同時借兩份不同的筆記，並把它們拿來和自己的筆記做比較。然後，我會寫下綜合的觀點。再來，我會以色筆分類、畫重點、並製做綱要圖解。我明白，假如我必須整學年都看它們的話，它們就必須要有足夠的吸引力。大家都說我的筆記很漂亮，也會向我借去影印。

所以，到後來，我開始組織讀書會。我常說：「我發現你的筆記做得很好。我想向你借來影印。此外，我正在發起一個讀書會，你有興趣加入嗎？」大部份的人，都會懷著熱忱及謝意向我說「好！」我發現，有些做筆記一流的同學，並非最會唸書的學生。這些幫助過我的同學，我也會提供回饋給他們。

我的讀書會，剛開始人數不多，只有那些借我筆記的同學。在重新整理過各版本的筆記以及課本資料，再加上我的綱要圖解後，我將它影印給每一位組員。我的讀書會，經由口耳相傳，日漸出名，同學們現在都會自動來找我，希望成為這個讀書會的一員。

如何組織讀書會

組成團體時，該如何善用團體的時間？你們每個人想從這個團體中獲得什麼？每個人願意做哪些貢獻？設計一個可以善用聚會時間的流程表。假如你們的團體目標，不只是準備考試而已，則可以安排定期聚會，最好一週一次。每個人負責教導其他人不同的部份。你可以發給每位組員，一份簡要的講義內容，也許是關於你想引導組員複習之主題的摘要筆記。讀書會的會長，負責安排聚會的時間和地點。開會時，當天的主席，須督導每個人將焦點放在團體的目標上。這項任務在每次開會時，可由不同的人輪流擔任。

呈現資料的方法有許多種。帶點想像的遊戲不失爲學習真實事件的資料時，既有趣又有效的方式。生動活潑的練習——例如朗頌、歌唱或其他你們能夠設計出來的活動——都有助於讓組員以新的觀點記住資料。假如你擔心花在準備教導組員的時間太不值得，那麼請記住：最好的學習方法，就是教學。

當某一門課的閱讀資料相當龐雜時，讀書會就能發揮功能。大家分工合作，每個人分攤一部份的閱讀作業，分別做出書面的複習資料後，再影印給其他組員。雖然這不是理想的方式，但這是當你無法靠自己獨力完成時的另一選擇。

讀書會也可以充滿樂趣。事實上，如果你在團體聚會時，感覺不愉快，你可能會問「爲什麼」。也許你的讀書會只是單純地不適合你。如果是這種情況，可以考慮離開，加入另一個團體，或另組一新的團體，重點是組員要能夠合作無間。請記住，學習應該是充滿樂趣的！

如何經營讀書會

- ❑ 推選一位團體領導人（可輪流擔任）
- ❑ 要有樂趣
- ❑ 製作模擬考題
- ❑ 集思廣益共同討論考題
- ❑ 製作綱要圖解
- ❑ 製作索引卡
- ❑ 將所有資料做成講義
- ❑ 影印資料並交換
- ❑ 互相幫助完成報告，並予以校對
- ❑ 分派閱讀作業並寫成摘要
- ❑ 準備及講一堂完整的課
- ❑ 相互教學
- ❑ 發問
- ❑ 比較筆記；影印數份

讀書會如何做考前準備

1. **攜帶所有你需要的資料，以便做全盤複習。**包括你的筆記、講義及摘要。負責召集該次聚會的人，也許要影印某些資料給每位成員。
2. **複習並一起討論每個人的課堂筆記。**由每位同學各講述一部份，再由其他同學提出評論及補充。

3. **著重複習重要單字及定義。**

4. **假設你是出題人員，讓大家集思廣益共同討論你所提出的問題。**

5. **如果有的話，可以複習考古題。**討論寫出該答案的理由。並練習範例題。

6. **一起從每堂課及每篇閱讀作業中，找出重要觀念。**首先，將焦點放在最重要的概念，先掌握整個大架構。

7. **製作綱要圖解，以濃縮複習資料。**

8. **運用技巧，以協助記憶。**嘗試以綱要及快速記憶卡做爲工具。

9. **在考前，寫出你想問老師的問題。**組員中推選一人，負責監督看這些問題是否已在課堂上獲得答案。

害羞的團員

Joseph Powers

我實在是非常害羞，所以我選擇以幽默做為會見新朋友的方式。開學那天，我向座位附近的同學自我介紹。我讓他們知道，假如有人有興趣組成讀書會，也要將我算進去。我不認為自己有能力組織團體並經營之。

剛開始，我很緊張，我認為同學們會發現我什麼都不懂，因而不想和我一起研究功課。但出乎意料之外的，我並不孤單。許多組員和我的處境相同。我們有相同的感受，並學習如何彼此截長補短。當我在課堂上做筆記時，我有時會漏掉老師所講的一些話，在讀書會中，我通常能補上我所遺漏的部份，且能獲得關於該主題不同的觀點。而最令人高興的是，我的平均成績也從「中等」躍升為「優等」。

我在讀書會尋找的事物

Sara Laufer

我參加過最棒的讀書會是和一起修統計學的另一位同學所組成的二人讀書會。他的數學基礎比我好，因此在數學概念的理解上較強，而我有比他更好的記憶力及快速的回想能力。由於我們會各自帶來不同的東西，因此比起獨自一人埋首苦幹，我們兩人都互得其利。

大家談

你認為讀書會有哪些優缺點？你的評斷，是根據從前的經驗嗎？你認為，哪些因素是有效能的讀書會必備的要件？

隨手筆記

讀書會可以如何配合你未來的計劃？假如你想發起或加入讀書會，你必須採取哪些步驟？你何時會採取這些步驟？

考前的計劃

整個學期的課業是沒有人能代替你唸的。每日及每週複習你的筆記，將有助於整合及學習教材內容。當考期將近時，你應該：

1 **知道考試的確切日期。**這會讓你在考前數週，能依據天數做計劃，在你的行事曆上，以紅筆圈出考試日期，這樣才能避免你猛然驚覺考試的到臨。

2 **請老師提示及建議，如何準備這次的考試。**利用第 158 頁的「考試分析師」，做為詢問老師問題的指南。儘可能找出有關考試的疑問。在事前發現愈多問題，就愈能計劃出一個有效的讀書策略。

3 **假如各科的考試日期相近，則先處理較棘手的科目。**做到之後，你會發覺，後面的路可以走得較輕鬆。甚至你也可以暫時喘一口氣。

4 **訂定一個合乎實際的時間表。利用每日及每週的計劃表，來設計一個衝刺複習的時間表。**確定你挪出了充裕的時間，來複習每個科目，這樣可避免到時囫圇吞棗。

5 **計劃幾個衝刺複習的活動。**即使你已經有定時讀書的習慣，密集複習的工夫也很重要。這些活動至少在考試前三天就應進行。

6 **展開行動。**由於在期末時，整理、綜合大量的資料，似乎是件大工程，因此你可能會拖延這項工作。我們建議您，儘早擬好時間表，並展開行動，目的是避免在考前一晚通宵達旦，拼命強記大筆資料。

7 **讓自己做好心理準備。**方法有許多種，例如，將課程唸得滾瓜爛熟。在心裡想像自己在學習各個課程時，無論是課堂表現或考試成績都令人滿意。在你讀書時，別忘了充分的休息，這樣才能保持專心。還有，創造正面的自我對話，以取代負面的內心對話。

8 **製作網要圖解及大綱表。**假如你尚未重新整理筆記和在課本上畫重點，這個步驟可以彌補。瀏覽課程內容數遍後，做成一張大綱表。將你的閱讀筆記和課堂筆記對照參考。

9 **自我測驗。**找出可能考的題目，然後以充分的時間回答這些問題。假如你參加讀書會，這種練習會更有效。

10 **利用讀書會。**彼此爲對方做個小考，以及相互教學。並做一些振奮組員信心的事項。

11 **在考前複習筆記。**可能的話，在考前一小時，溫習你的筆記。這個練習可以減少遺忘的機會，將資料保留在短期記憶中。但是，也請記得，考前一小時內，要儘量放鬆心情。到最後一分鐘還在拼命用功，只會得到反效果。

12 **關心自己。**在考前幾天，開始注意自己的健康，如此你的身心才能達到最佳的狀態。飲食正常、睡眠充足，運動規律、偶爾做些休閒娛樂、並集中精神，那麼你已做好養精蓄銳的工作，隨時能發揮你的實力。考前一晚，是衝刺複習的時機，別在此時還找來新的閱讀資料，因爲這是你收割的時刻。畢竟，你不可能在一個晚上，種植及栽培出一整座花園吧！

考試分析師

參閱你的課程進度表，並回答以下的一些問題。其他不了解的問題，則詢問你的老師。把每一個已獲得答案的問題做上記號。

- ❑ 考試所涵蓋的範圍到哪裏?

- ❑ 考試的重點爲何?

- ❑ 試題是以申論、是非、選擇的型式出現，還是綜合題型? 如何配分?

- ❑ 如果是申論題，有哪些例題呢?

- ❑ 有多少考題?

- ❑ 考試時間有多長?

- ❑ 這次考試佔學期總分的比重是多少?

- ❑ 這次考試涵蓋的，是一般概念或實際的資料及細節?

- ❑ 考題主要是上課的內容還是閱讀資料，或者各半?

- ❑ 可以拿到模擬考題嗎? 到哪裡取得?

- ❑ 其他問題：

不同的考試策略

依照你是準備申論題或非申論題，來調整你的讀書型態。

申論題

將老師可能出題的要點做成綱要。在讀書會中，比較每個人的綱要，並整理出合併的綱要表。每人應貢獻各自的想法。練習做一些例題。將你的答案唸給其他組員聽，並參考其他人的意見。在快速記憶卡上，寫上可能考的題目，並以簡要的大綱回答，反覆練習之。

非申論題

假如是在讀書會中，大家可提供可能出的考題、相互考試、做模擬試題，並討論正確及不正確的答案。

申論題＋非申論題

在考前至少1～2天安排練習事宜。利用老師所提供的練習題，並運用綱要圖解、重要名詞表、摘要、快速記憶卡等。在考古題或課本、學生手冊、練習本中尋找例題。將整理好的例題，拿給老師看並徵詢其意見。將焦點放在需要花較多心思的部份。

所以，拖延進度到最後是你吃虧吧！整晚挑燈夜戰並非理想的方法，但如果你必須這麼做，以下的建議會對你有幫助。

想當夜貓子?

- ❑ 在早上拍一張自己的照片。
- ❑ 在開始奮戰之前，吃一頓營養點心。
- ❑ 如果你想喝咖啡，請記住太多的咖啡因會過度刺激而使你很難專心。
- ❑ 將干擾減至最低。
- ❑ 保持涼爽的氣溫。
- ❑ 坐在光線充足的書桌前
- ❑ 在你想打個盹、補充體力時，確定要設定好鬧鐘。

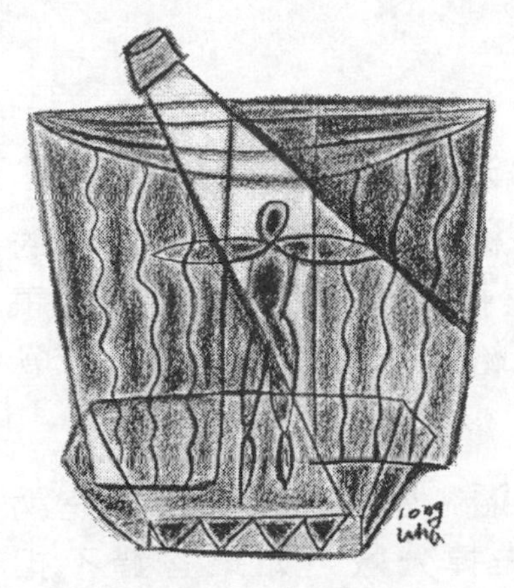

上場囉！

現在是考試的當天。走上舞台和「表現」的時候終於到了。就像演員一樣，你必須相信你的練習將會大放異彩；你在課業及心理上都做好了準備；你能掌控考試的焦慮，並採取一些措施來紓解壓力。祝你好運，希望你演出成功。

給自己時間，早一點到試場。沒有一件事比遇到塞車，或漫無目的地找停車位，然後匆忙趕到試場，更令人氣餒的。早點到試場，可以讓你放鬆心情，並集中注意力。避免在考前最後一分鐘還在複習，因爲這很可能會增添你的緊張而表現失常。

將所有考試的必需品帶齊。別成爲考試中途須外出買文具的糊塗考生。須準備的應考物品有：2B鉛筆、削鉛筆器、橡皮擦、原子筆、眼鏡、書本及筆記（如果是翻書考試的話)、手錶或小時鐘。

坐在位子上，閉上眼睛，並做幾個深呼吸。當你呼吸規律時，先養精蓄銳，並試著排除身邊的雜音。放輕鬆，告訴自己，你已做齊了你所能準備的工作。現在不是因未做到的事，來痛罵自己的時候。

一旦拿到考卷，持續控制自己的焦慮程度。假如你覺得全身緊張，花幾秒鐘深呼吸及集中精神。再花點時間瀏覽考卷，看看它所涵蓋的範圍，以及不同的題型需要哪種不同的答案。確定你知道考試時間有多長，大約計劃一下每部份你想花多少時間作答。

第一幕：非申論題

「非申論題」係指，老師認爲有個簡短、正確的答案，而你必須塡上一、二個字或從一組選項中選擇正確答案的題目（例如是非題、配合題、選擇題)。在回答特定問題之前，先將它們瀏覽一遍。這會給你一個概念，知道考卷上出了哪些題目以及其目的何在。接著，

- **仔細地閱讀說明，最好讀二遍。**學生常因懶得讀完說明，或匆匆瞥過這部份而失掉分數。如果答錯不扣分，則應確定你未遺漏任何作答的機會。
- **了解不同問題配分的比重。**預估你的時間，這樣你才能做完全部的題目。一開始，先回答看起來最簡單的題目。假如問題難倒你，別滯留不前。千萬別煩躁，繼續往下寫，稍後再回頭作答。
- **如果考卷上包含是非及選擇題，則先做是非題。**因爲這兩部份需時較短。一開始選擇你能較快回答完的問題，可以提升你的自信心，並讓你更能去迎接較困難的部份。

- ❑ **運用常識及邏輯。**借用其他的知識作答。如果一個問題不易理解，試著以你自己的話重述之。
- ❑ **從問題中，尋找另一題的答案。**某個題目陳述的方式，有時會是其他問題的答案的線索。
- ❑ **除非你很清楚修改答案的理由，否則別冒然行事。**第一次寫的答案通常是最好的。沒有比將對的答案改成錯的，令人更嘔的事了。
- ❑ **如果你將答案寫在答案卷上，要確定位置及題號都正確。**以 2B 鉛筆塗滿空格；太淡的色調會讓電腦讀不出來。假如你必須擦掉，務必擦乾淨，否則電腦可能視之爲錯誤的答案。
- ❑ **如果還有剩餘時間，檢查所有你完成的答案。**完全利用你的時間。善用每分每秒作答及檢查。

是非題

最好能快速回答這一類的題目。思考題意所敘述的情形大部份對或錯。有時一個問題會同時包含這兩種要素。注意像「總是」及「從未」這種字眼，因爲多數的事情都有例外，這類字眼意味著這個敘述很可能是錯的。其他的限定字眼，如：通常、大部份、有些及很少，則往往與正確的敘述有關。

選擇題

在選擇題的考試中，你的任務就是－－選出最好或最完整的答案。在你做出決定之前，應先看過所有的答案，再刪除不可能的選項。對於絕對的答案，抱持懷疑的態度，因爲真理很少是絕對的。有限定字眼的答案，像「大部份」、「通常」、「時常」等一般是正確的選項。「很少」並非指

「絕不」,「有時」也不代表「總是如此」。假如你被某個問題難倒了，將它做個記號，回頭再作答。

假如你不確定正確答案，先挑出那些不正確的選項。減少了選擇數目之後，你便增加了命中答案的機會。

第二幕：申論題

假如你熟悉課程內容，以下的建議可以幫助你，有效地組織及表達你的觀念。雖然在你開始下筆之前，要你先停下來思考這些步驟有點困難，但結果可能出乎意料的好。最重要的一點就是，組織你的文章，以方便老師評量及挑出你的重點。

- **先將所有的題目掃瞄一遍，使你對該試卷的範圍產生概念。**這有助於避免寫出某一問題的答案之後，卻發現與另一題較相關。以各題的分數比重，來分配你的時間。
- **確實閱讀作答說明，依照指示作答。**如果你並不很明確知道題目的要求，可向老師問清楚。針對題目的要求作答，千萬別答非所問。
- **注意時間並隨時調整步調，以完成整張考卷。**保留一些時間，最後檢閱一遍。
- **先回答最簡單的問題。**這會讓你在回答較難的題目時，更具信心。
- **在每個問題的關鍵字底下畫線。**並找出關鍵的指示字眼。
- **至少將你的重點做個簡短的綱要。**一開始，你可以趕快記下看到題目時，你能想到的觀念，然後更仔細地思考其他觀點。接著，很快地將它們組織起來，或標上序號，以便你能夠按順序寫出來。即使你有很好的想法，除非你將重點做成綱要，否則難免會有遺忘或遺漏之處。確定你的綱要符合問題的指示。

❑ **及早在答案中，提出你的立論觀點。**

❑ **精要地在開頭段落處陳述主要的觀念。**在結尾段落處，將所有的重點做個總結。

❑ **儘可能簡單明瞭表達你的觀點。**舉例時，要與你的觀點相關並具體陳述，別儘說一些抽象、籠統的描述。提出支持你觀點的理由。避免寫一些像「我覺得……」的句子，卻缺乏充分的證據。

❑ **寫出完整的答案，包括所有相關的資料。**

❑ **筆跡清晰易讀。**如果你的筆跡不易辨讀，閱卷者可能不會想仔細看你的答案。

❑ **在主要的段落之間，寫出轉折語。**檢查看看你的觀點是否合乎邏輯地串連起來。你可能也想重述及強調重要的觀點，此時應讓重點突顯出來。

❑ **以完整的句子完成各個段落。**

❑ **答案只寫在一面，並於每題之間留些空白。**這是預防要添加其他細節時，有空間可填入。

❑ **如果其他人提早交卷，別太緊張。**以對你最有利的方式利用時間。如果時間允許，重讀你的答案，看看你是否寫出你想表達的意思。你也許會想添加其他資料、例證或結論。若有時間，則校對錯別字及文法。檢查看看，你是否回答了問題的所有部份。

❑ **假如別人不斷奮筆疾書，你也別太擔心。**這並不意味著，他們懂得較多。

申論題恐懼症

Gary Kerr

對於選擇題，我從未遇過什麼問題，但我卻有很嚴重的申論題恐懼症。雖然我在作答時很有自信，但我的動作很慢，而且喜歡在作答前先擬草稿。當我必須在壓力下寫報告時，我會失去所有的才能，四肢也變得僵硬。我最害怕的情況，就是隨堂測驗。

現在怎麼辦?

Matt Heine

我在普通地質學這門課，遇到了一些問題。我們在科學會館上課，這是全校最冷的一間教室。班上有一百四十四名學生。到目前為止，我已累積了大量筆記，而且沒有家庭作業或測驗。我有卅頁的筆記，星期三就要考試了，我已經能預見這次考試，以及準備時將遇到的問題。

? 這則故事反映出何種問題? 你會給 Matt 何種建議?

大家談

第 162 至 165 頁的建議中，有哪些是你已經在考試時做到的? 有哪些又是你下次考試時，會考慮嘗試的?

反省時間

考試完後，你最不想做的事可能就是，坐下來做些有關考試的筆記。然而，在期中考後，花一些時間做這項工作，便能在期末考來臨時，節省許多時間。

大體而言，先前測驗中的考題，通常會再次出現在期末考中。假如你的老師不發回考卷，那麼，記住其主題及考型，將對你有幫助。利用像下一頁那樣的「考試救分員」技巧，迅速記下你所記得有關該考卷的內容。讓你的思維自由聯想，並列出所有你能記得的主題及考題。然後，看著你的筆記，將你記得出現在考卷上的部份圈起來。拿回考卷後，是你的讀書會成員聚會的大好時刻，大家可以共同討論改進的策略。

現在，若你已採取了這項步驟，儘你所能地放鬆心情。考完試後，計劃一些有趣的活動。讓自己喘口氣，並給自己適當的回饋。

老師可能不會發還非申論題的考卷，或者花時間在課堂上檢討。但是，許多老師會請學生在辦公室時間，到研究室討論其考試內容。這是很有幫助的，務必把握。請老師為你解答被扣分的原因，並討論往後你在課堂上應注意的事項。

你也可以保留試卷。找出你在這次考試中，表現出來的優點，並繼續維持下去。假如有缺點，評定自己在表達上出了哪些問題。你仔細讀完說明嗎？你有提出充分的證據，來支持你的論點嗎？請教你的老師，下次你該如何寫出更好的答案。

另外，如果這次的考試表現欠佳，你該怎麼辦呢？你可以詢問老師，你有哪些選擇。他們會把成績最差的學生當掉嗎？他們願意讓你在特殊情況下補考嗎？他們能夠對你的報告加分，以提高你的總成績嗎？請務必主動和老師討論補救措施，並設法減低得低分的影響。即便你得了低分，也要向老師表達你的憂慮，以及想改進的意圖。

一位老師的話

Jerry Corey

一位稱職的學生，會負責使其學生生涯更具意義。即使他們在課業上沒有問題。他們也常來找我面談，討論其進程，以及尋求精進課業的建議。當他們在某節課遇到困難時，也會主動尋求協助。他們願意和我接觸，做為促進學業進步的第一步。

當學生讓我知道，他們在我班上希望表現良好時，我也會對他們更感興趣。他們的動力也激勵我去協助他們。如果他們有個人問題，而且已影響到課堂表現時，我很願意當個聽眾，並給予建議，也可能推薦對當事人有益的學校資源。

我對於那些在期末考前一週來找我，並把他們的問題丟給我的學生，不太有耐性。當他們要求加分或其他建議時，我的答案通常是，他們來得太遲了。我不認為，拒絕援助那些不用功的學生，是我的不對。

考試救分員

科目／日期 ______________ 分數

分數有算錯嗎?

____

考試的重點

____

出題最多的章節

____

重要主題

____

____

哪些考題著重上課內容?

____

____

哪些考題著重閱讀資料?

____

____

你被扣分的是哪些題型？

____

____

隨興地寫出考試後的感想。記下你過度鑽研或缺乏練習的主題，並記錄在下次考試時，可協助你改進的線索。

____

____

____

____

批判思考園地

你的表達能力好嗎?

你在寫報告和討論方面的表達能力重要與否由你自己決定。你可以經由評估它們，開始加強你的技巧。請在每句敘述前填上「○」、「×」或「?」(不確定)。

1._____當我有報告要寫時，我就會為此悶悶不樂。
2._____面對一群人演講，令我心生畏懼。
3._____我不需花太多工夫，就能夠在寫報告及演講時表現自如。
4._____我擅長找靈感。
5._____在必須說話果斷的場合中，我會感到不自在。
6._____我通常會請另一位同學校對我的報告。
7._____我用電腦打報告。
8._____我最大的問題是，不知從何開始寫一篇文章或講一段話。
9._____我最大的問題是，不知該說些什麼。
10._____我的問題在文法及拼字上。

消除寫報告及課堂討論的障礙

你有權利表達自己的意見。你也許長這麼大，還不知道你有這項權利。人們可能會對你說:「閉嘴，你只管聽就對了。」或問:「你以為自己是誰，竟敢有意見。」或說:「只有別人對你說話時，你才能發言。」或者他們也會以詭譎的手段，偷偷地傷害你說話時的自信心。許多人很難相信，表達自己的想法或情感，是適當與正確的。

因此，他們學會保留自己的感想，殊不知如此一來，別人根本不知道他們是何種人。

不管是外在或內在，你都可以克服自我表達的障礙，甚至利用它們，做爲更有效地表達自己的動力。

假設你的英文作文課有一篇重要的報告要交，你的老師要求你選擇一個你覺得有足夠理由說服別人的主題。她希望你表達個人的意見，以理由和實例支持你的論點，並採取一個立場來討論此主題。你正坐在書桌前瞪著一張空白稿紙或電腦螢幕，盼望靈感乍現。兩小時後，在許多的胡思亂想及無數錯誤的開端後，電腦上一個字也沒出現，或者草稿紙幾乎仍然潔白完好如初。當你變得愈來愈焦慮時，儘可能抓住一些想法。在長時間掙扎後你終於鎖定一個你覺得有趣的主題。寫了兩行後，很快地你開始評斷你所寫的內容，且很篤定地說：「這根本就是拾人牙慧。我不知道要從何處開始。我只知道我寫不出這篇鬼報告！」是的，這就是所謂的「寫報告障礙」。即使有經驗的作家也常會遇到此類困擾。當你遭遇寫報告障礙時，別滯礙不前、原地踏步，這是完成作品的必經過程。

一旦你注意到一些阻礙性的思想，下一步你該怎麼做?

1 **與其告訴自己道篇文章必須一口氣寫完，不如讓寫報告的過程自然發展下去。**

2 **承認受到阻礙的明顯事實。**

3 **試著儘快寫出你覺得好像受到阻礙的情況。**別管你寫了些什麼，寫下你的困境及無要事可述的情況。事實上，退一步批評自己反讓你真正進入情況，例如你可以寫：

> 我已無計可施。就算我寫出了一些東西，也不令人印象深刻。這真是很難爲情的事。也許老師會問我：她是否可用我的文章做爲寫報告的「錯誤示範」。也許我應找槍手代寫這篇文章。搞不好的話，我還會被抓到，被退學，然後無臉見任何人。我現在坐困愁城，我想施展我的才氣，但腦中盡是無用之物。爲什麼這麼難？爲什麼別人似乎很容易就辦到？

恭禧！至少你已開始啓動寫報告的過程了。但可別把它納入你的文章中，把它當作暖身運動即可。你可能會發現，你能夠很容易地從寫出你的障礙，轉換成開始寫你真正的文章。

4 **確定你願意花多少時間在實際的撰寫上。**規定最短的時間，即使是十分鐘也可以。強迫自己擠一些東西出來，就算是一張綱要表也行，這就是起點！如果你決定在一整週每天分配二十分鐘來寫報告，這也是一個很好的開始。

5 **只要遇到困境，轉移目標做其他非實際寫報告的事。**有時閱讀相關主題的資料就可以激發出你的靈感。寫一篇報告通常不只是坐下來動筆而已，你可能必須去訪問某個人，或到圖書館去尋找書籍、文章，以獲得靈感及資料。有時也也需要做點放鬆的運動，或閉目養神一番。

6 **如果你正在動筆寫報告，儘管往下寫，別停下來校訂你所寫的內容。**在這個階段，別評判你寫了些什麼,也暫且不去管文法、拼字或標點符號。

7 **如果內心的對話阻礙了你的進行，寫下一些句子來描述你對自己所說的話。**克服及消弭內心的批評之聲。告訴自己，你正在寫的內容並非最後的完成品。你稍後會回頭校訂及修改。

8 **寫下你完成文章所要採取的步驟。**你要閱讀哪些資料，何時閱讀？你於何時會完成一頁大綱？何時打草稿？你會拿給另一位同學看，並徵詢其意見嗎？如果你陷入苦戰且毫無進展的話，你會去找老師討論你的難處嗎？如果你採取一連串較小的步驟，將整篇文章集結起來，並有足夠的時間讓你的構思成長茁壯，那麼這些種子將開始發芽滋長。你所要準備的就是土壤及耐心持續下去，但別揠苗助長。

創造思考園地

別退縮

想一想當你在課堂上想表達自己的意見，卻又退縮的時刻。你了解阻擋你發言的內在阻礙嗎（例如：認為你要說的話聽起來很蠢）？或班上的氣氛讓你很難表達自己的意見嗎？列出其他可能阻礙你的事項。

如果讓你能夠重返上述情況，你現在可能會怎麼做？

喘口氣

Linda Graveline

我曾想過在完成一個計劃之前，絕不稍做暫停。但在學校舉辦的「學習方法」座談會中，我學到當事情進行順利時，放下手邊的工作有時是有益的，因為當我返回工作時，我又充滿活力了。

完成任務

Jerry Corey

過去二十年來，我已寫過或與人合著過四十本書（包括修訂版在內）。雖然我已經是大家心目中成功的作家，但寫作對我來說無疑仍是艱苦的奮戰。有時候腦子裡擠不出一點東西來，有時候我的注意力被好幾個計劃瓜分著，而難以專注在同一件事情上。即使有二十年寫報告的功力，我仍然必須與最嚴厲的編輯─也就是我自己搏鬥。我一直致力於不讓自己因完美主義的想法而受阻。

有助於我完成一項著作的動力，就是我想達成任務的決心。接著我會設定一個踏實的計劃，以便完成鉅大的工程。我會將寫報告的計劃分割成較小的單位，然後在交稿期限前，分散我的工作，避免最後工作大塞車。

我真正的資產是和我一起合作的超強編輯羣。同時，我也學到身為一名作家，發展出堅強的自我有多重要。當我從編輯手上拿回稿件時，上面的記號就像被一隻腳上沾滿紅墨水的小雞亂走一通一般。我了解一位好的編輯的任務就是，協助作者清楚簡潔地表達觀念。對我而言，寫報告是一種團隊合作，需要奉獻及自我督促。我寫報告的過程大半是艱辛的，然而假若我承諾進行某個計劃，我就會設法完成它。

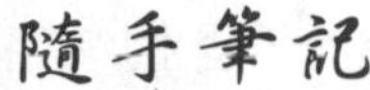

回憶一個特殊的時刻：你發現自己在寫報告或其他自我表達的計畫中遇到瓶頸。你可能告訴自己哪些話，以致於造成你的阻礙，使你滯礙不前？快速記下一些如何展開行動的想法。

你在寫報告的過程中曾經歷困難嗎？你認爲問題出在哪裡？

寫份好報告的簡單步驟

萬里之途始於首步。在寫一份報告時，開始動筆就是完成報告最重要的第一步。

1. 明白文章的訴求何在。確定你很清楚作業的細節。報告主要的目的爲何？老師希望你表達自己的想法到何種程度？你需要投入多少查詢資料的工作？在格式、體裁、長度方面有哪些要求？

2. **認清主題**。有時老師會派定主題，有時則給你一個廣泛的題目，讓你自己縮小範圍。有時則讓你自由選擇，目的是讓你深入研究你有興趣的主題。用心尋找適當的主題，這將會達到事半功倍的效果。將主題範圍縮小到正好符合限定的頁數之內。一個相當清晰的主題，一般都可以用相當一個明確的問句來表達（「左撇子和右撇子有何不同？」或「美國人離婚的主因是什麼？」）無論你爲報告下何種標題，把它當做一個有趣的問題來解答就對了。

3. **推展一個計劃**。一旦拿到作業，旋即展開工作，即使只是設定時間表也好。打地基的工作，可能比實際建造房舍還耗時。蒐集資料、整合及打草稿都要花時間。你的計劃應包括各個階段的期限。

4. **閱讀及蒐集資料**。若你希望文思泉湧，你可能必須廣泛閱讀，花點時間待在圖書館，訪問某些人，和同學們談談或深入思考主題等。用書目卡來總結及整理你的資料。如果你已能上網路，試著在上面搜尋跟主題有關的資料及意見。

5. **寫出報告大綱**。在蒐集了資料和抓住重點之後，以有效表達出觀念的方式組織起來。也可以考慮和班上另一位同學交換大綱，或拿給老師看並詢問其意見。在這個階段，別人的回應有助於釐清焦點並加強你的重點。如果你找老師評論你的大綱，這也是詢問資料來源或寫報告的方法的大好機會。釐清你對這份報告的要求中所有的疑慮。

6. **擬草稿**。當你確實開始動筆之後，你可能會經歷一些阻礙。假如你聽見內心的批評之聲，干擾了你的創造力，那麼就把它給踢開吧！你還可以告訴自己，這是第一次草稿，不是最後的定稿。草稿不需多完美。

7. **修訂。**大多數的人如果不擬出大綱和打草稿，很難寫出一份報告。在你完成第一次草稿後，重讀數次並加以修改。此時乃校訂內容的時刻，確定你已正確清楚、有力地表達出各種觀點。在修訂時，可以注意以下數點：

- ❏ 你的想法已引導或焦注在清楚的核心訊息上嗎?
- ❏ 你組織及分段的方式使人容易理解嗎?
- ❏ 你的報告反映出個人的批判性思考嗎? 或你主要是總結別人的想法而已?
- ❏ 你的文章是根據基本的主題來鋪陳延伸嗎? 在各段落之間有轉折語句嗎?
- ❏ 你提出證據來支持你的觀點嗎? 即使這不是研究報告，提出理由及實例來支持你的敘述也很重要。舉例也可使文章讀起來較有趣。
- ❏ 假如你引用書本或其他資料來源的觀點、語句或資料，你有標示作者及出處嗎?
- ❏ 當你重讀作品時，你覺得它言之有理嗎?
- ❏ 你校對過報告的排版缺失、拼字及文法錯誤嗎?
- ❏ 你刪除贅字了嗎?

此時，若你與班上另一位同學交換閱讀彼此的文章，將對你有益。你可能因太在意這份報告而無法對個人的努力保持客觀。而另一位同學可以站在旁觀者的角度，告訴你這篇文章是否觀念清楚與吸引他的注意。有些老師樂意在你交最後版本之前，先閱讀你修訂過的草稿。假如你的老師也這樣做，可別錯過機會。

8. **與你的老師晤談。**一旦你拿回報告，也看到了成績及評語，最好能和老師晤談一番。假如你在這門課中，尚有其他報告要做，這樣的討論有助於對如何改進下次的作業，有更清楚的概念。讓你的老師知道，你很認真地想寫份好報告。談談你在準備或寫報告的過程中遇到哪些困難。

電腦阿媽

Peg Tompkins

六年前，我在一家旅館上班，有些年輕的員工都叫我「阿媽」。他們想教我如何使用電腦來登記住宿的顧客。我一向的態度是:「就算我因為沒工作而餓死，也不會去學這些鬼東西。」他們每天都取笑我，直到最後我同意上機學習為止。而我也做到了。現在，我不知道若沒有電腦，我該如何在學校裡生存。

? 你已經使用電腦來彙整筆記和寫報告嗎? 你會利用它來檢查你的拼字，並協助你校對嗎? 如果你沒有電腦，你是否察覺到，有部電腦可以使寫報告更簡便?

大家談

目前你寫報告的過程和上述的情形有多接近? 你還做了哪些對你真正有用的事? 哪些障礙使你寫報告的過程變得較無效能? 你會如何解決?

寫報告好比跑步

「寫報告就像跑步一般，你愈常練習，就愈擅長此項技能。有些時候你並不想跑，而且抗拒這三英哩路程的每一步，但不管怎樣你還是做了。無論你想或不想，你都需要練習。你不須等到有靈感及有強烈渴望時才跑。它不會自然發生，尤其在你身體不適或有意逃避它時。但假如你日復一日很有規律地練習，那麼你可以訓練你的心理，將抗拒感消除掉，或視而不見。儘管這麼做吧。在路程中途，你會迷上它。當你快到終點時，你絕不會想停下來。跑過一次後，你仍會渴望下一次。」

「這同樣也是寫報告的不二法門。一旦你沈浸其中，你會想知道是什麼因素引領你久坐書桌前而不厭倦。經由練習，你會做得更好。你會學會更相信深沈的自己，而且不會屈服於逃避思考。我們通常不會質疑一個足球隊爲了一場比賽耗費時日地練習，然而在寫報告方面往往很少給自己充分的練習時間。」

從寫報告談演講

在 175~178 頁中討論如何寫報告的許多觀念也可以應用在演講上。假設你必須做口頭報告，可以像寫一篇文章一樣，先做個書面計劃。你必須對你想說的話，先有初步概念，接著組織你的想法，再清楚地表達出來，大綱及書目資料卡是重要的工具。

不斷地克服內心中那些自我挫敗的聲音。如果你有自信，很可能發現自己頗有表達能力。以下是一些小小的建議：

- ❑ **確定你是否想參與課堂討論。**在有些課堂上，討論的機會微乎其微，但有些課則是重頭戲。
- ❑ **如果你想參與，但發現很難做到，你可考慮找老師談談。**讓老師知道你有興趣參與，也許可讓你獲得一些有用的建議及作法。
- ❑ **別坐等你的恐懼感離去。**假如你想等到毫無恐懼感時才發言，你可能會一直保持緘默。勇氣並非表示心中沒有恐懼，而是雖然恐懼仍勇往直前的能力。
- ❑ **別給自己負擔，認爲自己的思路在討論前必須完美無缺。**經由常常表達意見，你會獲得更清晰的觀念。
- ❑ **若你在班上做口頭報告，努力引起及保持聽眾的興趣。**別朗誦你的筆記或演講稿，帶著你要講述的重點大綱即可。在正式報告前，先站在鏡子前或一小群自願的聽眾前先行預演。思考如何讓你的聽眾主動參與，例如採取問他們問題等策略。
- ❑ **學著將焦慮轉化爲力量。**在報告前及進行中，你很可能會緊張。此時，對自己及聽眾坦露焦慮可能對你有幫助。假如你發現自己具有幽默感，這將有助於紓解你的緊張，也能使你的聽眾跟你站在同一邊。
- ❑ **別讓小小的差錯中斷了你的演講，只要坦承你忘了哪些話，常可以使你順利地進行下去。**
- ❑ **期許自己在不斷的練習之後，會有更好的表現。**當你有話要說時，多強迫自己說出口，那麼你將愈不會害怕發言。

舉起手吧！

Heidi Jo Corey

我有位老師上課時總是滔滔不絕，學生只要安靜坐著聽就可以了。有一次當講完某個重點時，他提高聲量說：「剛剛講的會考。」接著稍做停頓，看著一大羣學生說：「如果不了解我剛才所說的，請舉手。」我只記得當時我的手舉了起來。那真是一場可怕的惡夢，全班同學的眼睛全都盯著我看。

我坐在教室的前排，高舉著我的手。我慢慢環顧四週。天啊！全班只有我一個人舉手。我覺得，自己好想鑽個地洞爬出去，我很快地放下我的手，並發誓下課後要將這隻手給砍下來。但老師站在那兒看著全班。「別怕，真的，我想知道有哪些人還不懂，請舉手。」他佇立在講台上看著全班同學，寂靜的氣氛令人窒息。突然間，緩慢但確定地，同學的手一隻一隻舉了起來。很快地，每個人都舉起了手，哇！我簡直不敢相信！我始終覺得我是唯一不懂的人。我又把手舉了起來。我覺得自己好像隊長，從那次的經驗以後，我再也不怕舉起我的手了。

? 你是否曾遲疑過要舉手發言嗎？你曾經很感激某個人幫你問了你所不敢問的問題嗎？

分數代表的意義

很遺憾地，學生、家長以及老師們，有時會過度關心成績的問題。事實上，成績只是你學業成就的一個指標，它無法反映出每 件事。你可能會過度強調分數，尤其如果你是那種非拿到A不肯罷休的人。假如分數是你最終的目標，那麼你可能會找出許多方法來達到目的，但實際上並未學到更多。

我們的意思不是要你忘記分數，或說它完全不重要。不管如何，你自己明白分數對你的意義卻是很重要。方法之一是，確定爲了追求個人的目標，你需要何種成績。分數是一種達成目的的手段，但它本身並不是最終追求的結果，不能拿來定義一個人的價值。

分數的意義

Kim Vander Dassen

回想從前，我發現自己把太多的心思放在分數上。有許多老師及其他人告訴我，我在地質學 305 這門課程所學的，從現在起十年內都不會受到重視。我知道這是實話，但我在期末考前的每個週末依然獨自埋首苦讀。我施加如此大的壓力在自己身上，獲得的成功並未帶給我很大的喜悅。我的平均成績 3.96，還不到 4.0，我給自己多麼可笑的一個標準啊！有很多時候，我不只想拿到A的成績，我還想得第一名。

實際上，這沒什麼不同。就算我在某個課上達到了這個不切實際的目標，我在另一個課程也不見得達得到。我給同學們的建議是：享受你的成功。如果統計學讓你幾乎發狂，那麼能交出作業，或認為自己會被當掉而在考試時拿了個C，你就應該感到慶幸了。

分數的意義

Joseph Coleman

我認為分數是評斷我在班上表現的最佳方法。它和你的聰明才智較無關，和你的努力及在班上的表現較有關。當我拿到很差的成績，或比我的預期還低的成績時，我不會以自己的聽障為藉口，而是誠實地反省我用功的程度。這樣的評估有助於讓我了解必須做哪些改變，通常答案是，花更多的時間努力讀書及尋求同學的協助。

分數的意義

Michelle Dancy

分數對我而言，是測量一個人對課程理解程度的方法之一。我認為分數是標示表現優劣的良好指標。但是當你開始對它們感受到壓力時，則它們只會變成問題的來源。

大家談

分數對你有何意義？哪些內在及外在的障疑，會影響你的成績？你希望如何做，以獲得你想要的成績？

隨手筆記

你認爲分數比你真正學到的東西更爲重要嗎？你對分數有何看法？這種看法會影響你的學習嗎？

創造思考園地

減低來自於自己的壓力

以下的敘述是同學們談到分數時常說的一些話。我們認爲，這些敘述反映出當事人將過多的壓力加諸在自己身上，所以我們針對每一句話提出了一個質疑，你也可以寫上自己的評論。

A生：「我的分數是衡量智力的指標。」

質疑：「除了智力之外，分數不能是許多其他因素的結果嗎？」

____

____

B生：「我必須成爲一名十全十美的學生，每門課都要拿到A。」

質疑：「這會不會是製造壓力的公式？假如你大部份的科目只拿B，你真的會一蹶不振嗎？爲什麼？」

____

____

C生：「我在考試上的分數，顯示我對於該科目的了解程度。」

質疑：「考試有時候難道不會出題不當，或評分不公平嗎？除了你知道的知識之外，還有哪些因素可能會影響你的表現及你的成績？」

____

____

D生：「我的自我價值感建立在我的分數上。」

質疑：「這種觀念會造成哪些後果？當你離開大學後，你的自我價值感又將建立在何處？」

E生：「我的分數比我學到的知識還重要」

質疑：「記號會比事實更重要？單單一個分數，它能爲你做什麼？」

F生：「不管我的想法與感受如何，我只要拿到好成績，符合老師的期望就好了。」

質疑：「你覺得你必須『出賣』自己，去符合老師的期望嗎？或你能從課程中找到你自己的期望嗎？」

未來的路

1. 花至少一週的時間，在你的筆記中，記錄你發現自己因怯場而失常的情況。試著觀察在這些會導致過度焦慮的情況中，你可能對自己說哪些話？

2. 寫下一些你經歷考試焦慮症的實例。它如何影響你在考試上的表現？同時加入一些災難性的想法。想像你在考試的情境中，壞到極點的情況。如果你害怕某次考試會失敗，且害怕這個失敗所帶來的後果，那麼確實地讓你自己想像所有可怕的結果。花幾分鐘，儘可能寫下你所能想到的可怕結果。然後與班上的其他同學分享你的文章，彼此分享考試失常時最悲慘的結果，接著，反擊這些敘述，然後發掘一些策略，使你的焦慮化為正面的力量。

3. 評估你現在學習良好讀書技巧的層次及所做的努力。在你同意的敘述前打個「✓」，並寫下一些你願意採取的作法。

☐ 我在準備考試及應考時所產生的焦慮，經常使我表現失常。我願採取的第一步是：

____

____

☐ 持續記錄如何處理對表現的焦慮將有助於面對它，我願採取的步驟是：

____

____

☐ 整體而言，我對自己目前的讀書型態感到滿意。我根據目前的優點所發展出來的方法是：

____

____

☐ 我對於參加讀書會頗感興趣。為了實現這一點，我將採取的步驟是：

____

____

☐ 我願意運用一些在本章裡所學到的應考準備策略，例如：

______

______

☐ 我已學到一些我可以用在考試時增進表現的方法，例如：

______

______

☐ 在考完試後，我將執行一些本章所建議的作法。我想採取的第一個步驟是：

______

______

4. 將你願意去探索的資源打「✓」。

☐ 我會到學習諮詢中心。在那兒我會詢問以下幾個問題：

◪ 有家教式的協助嗎？在哪些領域有這項服務？

◪ 有寫報告的實驗班嗎？

◪ 有電腦可供文字處理嗎？

☐ 我會與老師晤談，尤其是拿回考卷之後。

☐ 我會去調查學校中有關讀書技巧的課程，並看看大學簡介中是否列出這樣的課。

☐ 我會到書店尋找有關讀書及應考方面的書籍。

針對上述四點，寫下對你有用的行動計劃。

5. 試回答下列問題：

☐ 我在寫報告方面會尋求多種協助。我將採取的步驟是：

______

☐ 我想在課堂討論中更活躍些。爲實現這一點，我願意做的是：

____

____

6. 你自己內在的編輯—批判之聲—可以協助你更有效地寫報告及參與課堂討論。第一步，與其他人討論當你在寫報告或參與課堂討論時的一些負面的信念。寫下三則有時令你進展困難的自我聲明：「我的溝通能力太差。」、「我想說的話並非真正重要。」或「我的想法並不具原創性。」取其中一則你想質問的自我聲明，並在一個團體中，由你扮演內在的批判之聲，其他人則質問你的說法。儘量提出所有能支持批判立場的理由。（這種作法將使你更能注意內在的批評如何鼓勵你或妨礙你寫報告。）

7. 以下哪些步驟是你願意採取的?

☐ 我將調查校園中有關寫報告及演講的非必修課程或研習會。

☐ 我將調查校內是否有寫報告的實驗班，以及它如何協助我增進書面作業的表現。

☐ 我會請一位朋友幫我校對一篇報告，或聆聽我的演講預演。

☐ 我會和另一位同學交換報告並相互校對和評論。

☐ 我會到書店或圖書館尋找關於演講及寫報告的參考書籍。

☐ 我會先拿草稿給老師看，以確定我的方向是否正確。或者我會要求能不能先交報告的初稿，如此一來，在我交出最後定稿的報告之前，我可以獲得如何修改的建議。

8. 以下列步驟計劃你的分數：
   - ❑ 研究每一堂課的課程進度表。根據計算分數的方式，確定自己最可能拿到哪些分數?
   - ❑ 想像你希望獲得的成績。你必須做到哪些功夫，才能得到這個分數?
   - ❑ 有哪些外在的障礙會使你很難獲得你想要的分數?你會如何處理這些阻礙?
   - ❑ 是何種內在的障礙有時會導致你獲得比預期還低的成績? 你該如何克服這個障礙?
   - ❑ 考慮至少在期中考之前和每位老師晤談，討論你的進度。讓他們知道你在上課及課後爲達到課程目標所做的努力。向老師請教一些改進的建議。

9. 影印 P.159 和 P.169 的「考試分析師」及「考試救分員」，並應用到所有課程上。

10. 假如你有電腦，評估一下你現在利用的程度。以下有哪些是你已經在做的? 又有哪些是你願意去探討的?
    - ☐ 利用電腦來消化與歸納我的閱讀筆記與課堂筆記。
    - ☐ 擬草稿及修改書面作業。
    - ☐ 自動檢查我的拼字與校對所有的報告。
    - ☐ 數學及科學課程中習題的計算。
    - ☐ 找出及檢索學校圖書館的資料，及經由網路蒐集資料。

考慮參觀校內的電算中心，尋找學校的電腦中能提供、且正好是你的電腦所缺少的資料。

11. 如果你尚未擁有自己的電腦，考慮以下的步驟。

- ❑ 與數位已擁有電腦的人談談他們如何將電腦運用在學業上。
- ❑ 參觀校內的電算中心，研究其電腦是否可方便你用來寫報告。詢問中心的工作人員有關選購個人電腦應注意的事項。
- ❑ 至少找一個介紹電腦的校內研習營，考慮加入吧！
- ❑ 到校內書城詢問有關學生購買電腦的特價。

12. 回到本章開頭「認識現在的我」單元。將這些題目重作一遍。你改變了任何的答案嗎？你願意加強哪方面的讀書技巧？

第六章

充分融入校園體系

- ☑ 你在校園中的感受
- ☑ 別和自己過不去
- ☑ 可安心利用的學校資源
- ☑ 對自己誠實
- ☑ 利用學校資源：何樂而不為？它們是你的！
- ☑ 關於老師
- ☑ 拒絕性騷擾

引航

當你第一次走進校園時，也許倍感壓力。但與其讓學校的官僚體系使你的生活窒礙難行，不如學習如何讓它爲你服務。

學校的體系是由人構成的，許多人都願意且隨時可以幫助你，不過你要主動提出你的要求才行。學習讓學校體系爲你服務，意味著你有必要認識此一體系中的人。本章提出一些方法，教你如何在學校中尋找資源，並與一群人產生聯繫，讓你能夠在安適的環境中成長茁壯。讓學校體系符合你的需求，比你去適應學校體系更重要。

認識現在的我

當你讀完下列敘述後，想一想每則敘述是否符合你現在的情況，並寫上「○」、「×」或「？」(不確定)。

1.____我在請求老師協助時感覺自在。
2.____若有必要，我知道自己會去利用學校的資源。
3.____對每一堂課，我都能夠坦然向一些同學尋求協助。
4.____我只希望自己在學校裡當個默默無聞的小角色。
5.____在決定修課前，我會先打聽授課老師。
6.____讓學生快樂是老師的職責所在。
7.____我認為遵守某些校規，同時並維護我的品德是可能的。
8.____對我而言，在學校體系內，專注在我能改變的事情上比強調我不能改變的事還重要。
9.____我會儘量與那些能協助我的人們接觸，使我的大學生活有最大的收穫。
10.____我希望所有的老師都是有趣、有能力、並對我有幫助。

你在校園中的感受

你在校園中覺得自由自在嗎?它是個友善的地方，還是沒有人情味的地方?你覺得自己受歡迎嗎?你可以採取哪些方法，使自己覺得很自在?

了解學校有哪些障礙使你無法自由自在，是很重要的。校園中的種族歧視、性別歧視及其他歧視，將妨礙學生接受有品質的教育。其他形式的障礙，可能是回流生、肢體障礙學生以及那些未準備好過大學生活的學生之困擾。不清楚有哪些資源可以幫助你，是另一種可能的障礙。你與其他你認識的人曾遭遇過哪些障礙呢?

在繼續往下讀之前，花幾分鐘瀏覽本章的重要概念，然後，闔上書，想一想你認為哪種環境會使你的大學生活獲益最多?

當你一邊閱讀時，可一邊問自己：你該如何主動使學校變得較無壓迫感和較多的人情味?

因應內在及外在障礙

如第一章所述，內在障礙包括低度的自我形象、遭遇課業挑戰時缺乏自信及懷抱負面的期望。外在的障礙，則是一些在環境中遭遇的障礙，例如：我比其他同學的年齡都還大，這令我感到不自在。這裡沒有許多和我同種族的學生。我不習慣一個這麼大的學校。

內在和外在的障礙很難明顯區分，因為你對外在環境的挫折感，可能受到內在障礙的影響。你可以選擇被外在的障礙擊潰，或當你感覺到它們帶來挑戰時，找出策略去克服它們。

因應障礙

Ander Strong

我曾遭遇過、並成功克服的主要障礙之一是——受教育的經濟來源。另一個障礙則是，老師和同儕在尚未了解我一絲一毫之前，對我所下的評斷。有時，我是班上唯一非裔美籍生的感覺也很不對勁。我比別人多了一股壓力，需要處理缺乏安全感的問題，因為在整個團體中，沒有人和我的種族相同。

? 無論是何種原因，你在處理學校所發生的問題時，感到孤單嗎？如果是，有哪些方式可以幫助你改善這種情況呢？

學習的權利

Peg Tompkins

離開學校三十八年後，再度走進校園是我做過最驚人的事。我想知道在那裡我有哪些權利。我環顧四週，看著這些年輕的孩子們，我懷疑自己能否與他們競爭。我告訴自己，他們一直有讀書的習慣，而我高中畢業後就沒唸書了。我更不斷地提醒自己，以五十四歲的高齡，回到學校是不明智的，然而長久以來，我又一直想接受大學教育。過去我之所以無法上學，是由於我必須獨力扶養八個孩子，因為我離婚了。

? 當你遇到比你年長很多，或年輕很多的同學時，第一個反應是什麼? 認識他們可能會有哪些益處?

成人學生在校園中所面臨的問題

當成人學生返回大學就讀時，會遭遇三種阻礙：

校方的阻礙：如入學的程序及入學的要求等學校政策。有些成人學生可能因嚴格的入學要求而受阻，因爲他們高中畢業後中斷學業的時間太久，或校方要求過去的平均成績太高。

環境的阻礙：包括與學生職責相衝突的工作或家庭責任。重回校園的父母親，面對的問題不僅是找托兒服務，有時對家庭的衝擊也許很劇烈。有些成人學生還要照顧他們年長的雙親。經濟拮据也是另一項環境障礙。

個人的阻礙：這可能包含各種複雜的問題。自信心低是許多人共同的障礙。回流生可能會發現，他們需要校園團體的支援、個人諮商、重拾自尊的座談會，以提醒他們，事實上他們都有成功的技巧與能力。

當成人學生決定返回學校時，他們正踏入面對真實挑戰的旅程。

大家談

你已經知道學校附近下列各項的地點嗎？將你已確認位置的打「√」。向朋友詢問你至今尚未找到或未到過的地點，並記錄他們的建議。

☐ 1.校外最棒的餐飲店
☐ 2.校內最棒的餐飲店
☐ 3.最佳的讀書場所
☐ 4.景觀最美的地方
☐ 5.可提升心靈的場所
☐ 6.最佳的娛樂場所
☐ 7.最能鬆弛身心的地方
☐ 8.最適合小憩或做白日夢的地方
☐ 9.公告學校通知最完整、迅速的佈告欄
☐ 10.學校總圖書館
☐ 11.各系圖書館
☐ 12.最佳的運動場所
☐ 13.書店
☐ 14.郵局
☐ 15.自動櫃員機
☐ 16.教務處
☐ 17.諮商中心或學生輔導中心
☐ 18.課業諮詢辦公室（若有的話）
☐ 19.校警或停車場管理處
☐ 20.飲水機

隨手筆記

校園中有哪些地方，讓你覺得舒適自在？有哪些地方令你不快？它們之間有何差異存在？你的感覺是哪些內在或外在的障礙造成的？若想要在學校中感覺自在愉快，你應採取何種態度？

別和自己過不去！

想要暢行於學校體系，意味著你必須排除路障，或繞道而行，同時也必須認清你自設在自己路上的陷阱或坑洞。個人內在所造成的坑洞，可能比來自學校體系的外在障礙更多。以下是一般人容易誤陷入的一些陷阱，及避免的方法。

"「我永遠不可能做得到。」" 有些人捏造一些謬論，然後著手證明他們是對的。與其進行有害的自證預言，不如試圖打破某些負面的期望，尋找支持你的正面證據。

假使你出現下面的行爲，你可能會走上挫敗自己一途：長期在班上成績落後、蹺課、說服自己距離學期末還有很長一段時間、不讀書或不做功課卻表現得好像自己能過關、期待老師在最後一刻能護送你過關等。想一想你是否傾向於自掘墳墓。假如你察覺到自己阻礙了成功之路，找出一些你可以掌控的事情，來扭轉這種局勢。

“「大學是必要之惡。」” 假如你上大學的理由，大部份是因為你覺得必須這麼做，那麼這個過程可能會很無趣。如果你只想走最短的捷徑拿到學位，那麼你對於沿路的景色，可能不會很有興趣。當然，你自己可以決定想要什麼，如果文憑是你主要的目標，那麼你就必須去做達成目標該做的事。理想的狀況是，你能找出一個方法來達成你想要的目標，並找出一個方式來享受達成目標的過程。

“「我要做不可能做到的事。」” 有些人試圖修滿學分、上全天班、維持家中的責任、保持活躍的社交生活、以及更多更多！他們認為，自己能同時做好每件事。短時間而言，似乎行得通，但努力去做不可能做到的事，常常導致不久後，便精疲力竭和心力交瘁。

此處的陷阱是，認為自己毫無選擇，而且絕對必須做好現在正在做的每件事，否則你的世界將會瓦解。但別忘了，你是人，你必須了解及接受你的極限。你可以修正必須在四年內畢業的觀念。如果你必須上全天班，修較少的學分可能是較實際的做法。試著思考一些你願意投入較少時間的事情，及找出你可以暫時不去碰的領域。

“「我是超人——而且是萬能的。」” 你可能會告訴自己，你必須成為超級學生、超級丈夫（或妻子）、超級女兒（或兒子）、超級員工、超級母親（或父親）以及超級朋友。假使你有不切實際的高度期望，以及如果你受到完美主義之標準的驅使，那麼你將不易感受到成就感。你能夠完成及應去做的事情，將永遠無盡頭。如果你為「超級」症狀所苦，該怎麼辦呢?

首先，要了解，想快速改變這種心態是不容易的。反省這種行爲奪走了你哪些東西，然後想想結果與你付出的代價相比是否值得。假使你想改變這種行爲模式，你可以從認識自己的極限開始。藉由設定實際的標準，你將大幅降低壓力，並避免使自己掉入接二連三的失望中。

“「我只能任由事情發生。」” 較好的情況是，你去計劃讓事情發生。以積極主動的態度去接受學業，你將有更多的機會獲得你想要的東西。這意味著，確定你想要接受何種教育，以及做那些使你能夠朝向目標的事情。

數學障礙

Jerry Corey

當我開始在公立高中教書的同時，我也在課餘時間繼續攻讀諮商博士學位。五年後，在我三十歲時，我成為 Corey 博士。這代表我從失敗者的自我認同轉變過來，這個錯誤觀念是我在大約十歲時建立的。當我在博士班的前途看似黯淡時，一位教授的激勵，是我堅持下去的真正來源。

我在兩件事上面遭遇挫折：一是我在 GRE 中的數學成績偏低，二是基礎及高級統計學的必修學分尚未通過。我不知道自己該如何通過高級統計學的學分，因為我在高中時，幾何學被當，而且我也還不太熟悉分數、小數的運算。那位關心我和支持我的教授，有信心地叫我拿一本基礎數學的課本自修。當我正想退出博士班時，她一席鼓勵的話使我堅持下去。她告訴我：「Jerry，我認為你是一塊當博士的料，而且也相信你一定做得到。」

她對我的信心，比我對自己還要多。我接納了她的建議，也修了所有統計學的課程。這個經驗給我的啓示是：如果某個目標具有個人的意義，那麼我一定能夠克服阻擋在我面前的障礙。同時，也讓我知道，主動向老師尋求協助的重要性。

大家談

回想第二章描述的六大人格類型。你能預測每一種類型，都有其典型的自我阻礙嗎？以 Holland 的六角形來看，班上其他和你同類型的人，也傾向有和你類似的自我障礙嗎？你們可以一起找出哪些補救的方法？

? 你曾經發覺，對自己的能力不具信心嗎？你如何改變這種想法？

尋找一個支援系統

Andre Strong

我的支援系統，過去大部份是我的密友及家人。我在 EOPS（擴增教育機會方案及服務機構）的同事也是重要的支持與激勵的來源。好朋友借我錢，並鼓勵我在大學中排除萬難、堅持到底。我也曾接收到人們負面的回應，例如：「你必須放棄學業找一份真正的工作。」或「你只是在學校浪費時間罷了。」然而，即使是這些洩氣話，也成為我完成學業的動力。它提醒了我，什麼才是我該做的事情。

? 你能建立何種支援系統，來協助你處理自我的障礙？關於你就讀大學，你曾聽過哪些評語？它們對你有何影響？

我找到了原因

SusAnne Ortiz

從專科跳級到大學，使我既興奮又焦慮。我知道，未來的課業須付出更多的心力，無論是時間或自我督促。當我真正開始上新課程時，我發現，比我想像中因難許多。第一學期，我的努力只達到維持C的水準，下學期，我就被留校查看了。

我不了解哪裡出了問題。真的，我是個全職學生，偶爾兼差打工，但我一定會挪出時間來讀書。我覺得我已了解課程教材，卻無法在考試時證明這點。我愈努力嘗試，表現似乎愈糟。我心裡愈來愈相信，自己不能應付大學課業，同樣的自我懷疑，也蔓延到生活中的其他領域。

最後，我開始思考自己是否因一些感官上的理由，才導致我的問題。接著，我就到失能學生中心尋求協助。在做了各種測驗後，他們發現，我有注意力缺乏的毛病。

找到了失敗的原因時，我大大地鬆了一口氣。找到這個能協助我及支持我處理問題的機構，也是很棒的一件事。他們提供我一些因應的方法，並對我示範有效的讀書方法。他們也為我安排獨自一人在失能學生中心考試，以免被其他人干擾。被允許有較長的考試時間應試，

隨手筆記

你可能會遭遇何種自我障礙，它們是你想努力達成目標的主要阻力？你該如何避免製造這種障礙？你如何利用學校中的資源及人員來協助你？

也降低了我的焦慮感。在課堂上，他們還安排了另一個人為我抄筆記，當然，我還是得做自己的筆記。但是除了這些特定的安排之外，幫助我最大的，是發現自己的缺陷，並讓中心和學校協助我，讓我有最佳的表現。現在，我又像從前一樣，能獲得A和B的成績了。

掌控學校體系

學生（和老師）有時會抱怨「學校體系」的設計，造成他們生活上的困擾，因此，他們致力於想出辦法來「打敗學校體系」。於是接受教育就變成了一種遊戲：嘗試找出學校對他們的期望，接著就去做，以及儘早完成。我們希望，你以更能滿足自己的方式來投資你的教育。

剛進大學的新生，會很疑惑他們要做些什麼。光是註冊可能就是一大困擾了。對通學生而言，找停車位就是一大挑戰。在一大群人當中感到惶惑，是很正常的事，無論是身體或心理上。

雖然你可能在某些方面有這些感覺，但不需要一直抱持著這些感受。你也許會經歷到跟你從小學升初中，或初中升高中時相似的經驗。告訴自己：你不需要在第一學期，就弄懂每一件事。要對自己有耐性。調整及了解你的方向，是要花點時間的。

如果你曾到國外城市旅遊，你可能會發現，使用旅途指南很有用。另一個很好的作法是，詢問別人。大學校園就像一座城市一般，而每個校園也都會有地圖，大多數是附在學校簡介的後面。與其浪費時間漫無目的地閒晃，不如利用校園地圖或詢問他人。請教已經在學校待一陣子的學生，請他們協助你找出訣竅。他們會告訴你捷徑，可免去你的許多苦惱。假如你提出你的疑問，你將很驚訝有很多人願意分享他們的經驗。

認識學長學姐

Kevin Scheider

認識你們系上的學長、學姐。他們會很願意幫助你，有時還會將課本和筆記送給你。他們也會告訴你，哪些老師很棒。

? 到目前為止，你了解了多少有關學校體系運作的事情？有誰曾幫助過你？

嘗試新事物

Wyman Yip

大學是增廣見聞的地方。試著拜訪新地點、嘗試新事物、吃點新東西。在大學裡，許多學習都在課堂外。有許多新事物等著你去體驗，那些都是書本上學不到的。

經驗豐富的學生想早點知道的事....

「學校有導師課。」

「學校裡有失能學生中心。」

Chapter 6

「我的學分已經修滿了，體育課不知該排在何時。」

「我應該將腳踏車上鎖的。」

「我必須檢查通識課程的必修學分。」

「我必須上課才能 pass。」

「假如我習慣早點選課，我就能修到我想上的課。」

「在學校的諮商輔導中心，我能獲得免費的個人諮商。」

「女性中心不只為女性而設。」

「大部份的老師都希望，學生能利用他們的辦公室時間。」

「我可以在就業輔導中心參加職業及性向測驗。」

「學生貸款申請方便得很。」

「學校裡有各種我感興趣的社團組織。」

「我必須趕上閱讀作業的進度，才能通過考試。」

「參加讀書會很重要。」

與我共遨翔

Donna Smaldino

我學習和其他的同學聯繫。當我必須請假時（因為我任職空服員的工作），我確定自己有另一個同學的電話號碼，這樣我才能知道自己缺了哪些課。雖然我很難和別人接觸，但我很高興我做到了。我的接觸網之一是，班上一位最年輕的女孩。我們建立了一種約定，不久後愈來愈多人加入我們的團體，大夥兒一起讀書。但這並未使我的恐懼遠離。每次我上新的課程，我都會有相同的恐懼，然而若有其他人的支持，著實讓我覺得大不相同。

? 假設你在每堂課上，至少和一位同學建立某種個人的連繫，你如何使這種聯繫對你有利?

Chapter 6

大家談

你覺得，自己在促使教育體系爲你服務的成效如何？你覺得身爲一名學生的權限到哪裡？

有哪些你現在知道的事情，你希望在剛入學時就能知道？還有哪些事，是你仍須弄清楚的？

與人接觸

經驗豐富的學生
無經驗的學生
系助教
系主任
老師
課業顧問
導師
網路

如何學習訣竅？

取得大學簡介

這本手冊中包含：
課業服務
學生服務
特別企劃
經濟援助
學生活動
運動競賽
資源
導師課
入學許可及成績單
學校地圖

對自己誠實

傑出人士犯下嚴重欺騙罪行的故事，時有所聞：某一慈善團體的董事，爲私人的利益籌募基金；一位高層的公眾人物因詐欺罪被起訴；某知名牧師因打破十誡中的九誡而被捕。像這樣的標題似乎司空見慣，相較之下，大學中的作弊行爲，似乎只能算芝麻蒜皮的小事。

不過，我們強烈建議你，儘早了解學校對於學術性的欺瞞行爲所訂的規範政策。在中學裡，可能會有學生甚至把作弊當做是一種戲謔，試圖以機智勝過那些有權管制他們的人，從中得到最大的快樂。在大學，作弊的後果通常都相當嚴重。

學術性的欺瞞行爲有下列幾種形式：考試時偷看別人的答案、抄襲別人的報告、逐字剽竊出版品的內容放在你的作業中，從老師的辦公室偷走考卷並影印給同學。我們建議你知悉校規對這些行爲的處分。在大學簡介或學校其他正式公文中，都能得知相關資料。

假使你有意破壞規定，也許最該考慮的因素是，你對自己的感想。你有多重視自己的品德操守呢？即使你作弊一、二次，都很幸運沒被逮著，你會對自己有何看法？假如作弊似乎比學習更能發揮你的才能，那麼首先你可能必須停下來問自己爲什麼要上大學。如果你確定大學是適合你的地方，則你必須問自己爲什麼要作弊，以及誰才是真正被欺騙的人。

爲什麼學生要作弊？大學作弊的原因很複雜，兩大主因似乎是壓力和競爭。有些研究人員認爲，學生對作弊不以爲意，是因爲作弊的社會風氣使然，一些權威人物，包括父母、教師以及政府官員皆然。研究人員指出，有些學生視作弊爲名列前茅和因應壓力的正當手段；甚至有些學生，因爲不知曉、不確定哪些行爲屬於欺瞞才作弊。

作弊常發生在學生把老師當做對手，或只是想確定老師要的答案是什麼。這些想法都會淡化學習的樂趣。當然，就某種程度而言，學生們必須符合老師的標準。不過，在大多數的大學課程裡，都有許多空間，讓你創建對自己的期許，同時也能在老師的期望架構下發揮。

你有權利選擇有意義的教育。像聰明的消費者一樣，你能夠也應該問清楚自己想要什麼。

為什麼有人要作弊?

Dawnelle Roth

我認為學生作弊，是因為他們不覺得自己有能力靠自己獲得成功。他們也許以前從未在任何一件事上，有過誠實而獲得成功的經驗。他們可能一直被期望，要達到對他們而言並不清楚的標準，以及他們可能對於向教授提出自己的問題或疑惑感到害怕或缺乏安全感。為了顧及面子及自尊，於是他們作弊，對自己和別人假裝他們知道自己在做什麼。

? 你同意這位作者對於學生作弊所提的理由嗎?

缺乏自信

Corwyn Arthurs

我最後一次考試作弊，是在小學二年級。老師把我叫到一旁，告訴我當我作弊時被騙得最慘的就是自己。這位老師的一席話，讓我印象深刻。當我聽到大學裡其他同學，想盡辦法作弊時，我時常想起這件事。他們對於在求學生涯中，以誠實的方式來達到課業的要求及目標，顯然缺乏信心。我相信，在往後的人生裡，這些作弊者終將了解他們背叛的是自己。

不幸的事件

Alan Venabie

身為一名大學教授，我心情最惡劣的時候，是一名學生繳交一篇短文作業，部份內容顯然非出自她的手筆。這篇短文是關於生涯抉擇的課題，抄襲了大學簡介中的數個段落。我想約見這名學生，準備向她說明有哪些內容是她抄來的，並打算告訴她，如何以引用和註明出處的方式加以改正。

在我們走上極端之前，她否認這些內容出自大學簡介，並退出晤談以示抗議。接著，她找來她的父親（銀行界的官員），向系主任抱怨我待她不公。她的男朋友協助她寫了這篇報告，所以她也唆使他來抗議。她的目的是要讓我丟了工作。

系主任當機立斷做了決定。他要這名學生退出我的課，結果，她在大四最後一學期被退學。多麼不幸啊！我對她一點忙也幫不上。在我而言，只要她再多一點努力及相互尊重，就能解決事情。可惜她做不到。

大家談

想一想十到十五個大學生做弊的理由。這些理由有共同的源頭嗎？如果你是一所大學的董事，該校有許多作弊事件發生，你將採取哪些對策？

利用學校資源——何樂而不為？它們是你的！

有些人希望學校體系爲他服務，自己卻不怎麼努力，便抱怨教育體系的設計不夠人性化。資源是體系的一部份，去發現與利用它們對你是很重要的。發現它們，簡單的方法就是，帶著學校地圖逛一圈到處看看。花些時間去拜訪一些處室，並了解他們能提供哪些服務。舉例來說，到生涯發展中心約個面談時間，看看目前你可以利用哪些服務？如果你是回流生，覺得有一點格格不入，那麼你可以尋找爲回流生所提供的研討會、講座以及社團。假如你有讀書能力方面的個人問題，那麼可以考慮找一位諮商顧問。大部份的大學（指美國），至少會提供短期的個人、人際關係、課業及生涯方面的諮商服務。

也許你有些最好的資源是，你在課堂上所交到的朋友。與其指望別人先採取主動，不如收起猶豫去認識新朋友和同學。假如你覺得在某一堂課上壓力沈重，至少讓班上的一位同學知道你的問題，請求此人的協助。藉由結交班上的同學，不只可以讓你上課變得更愉快，在課程結束後，你也可以建立有價值的人際網路。若你不與別人交往，你將使自己感到孤立，並剝奪了對你的身心健康很重要的人際接觸。

你不須事事都要自己做。設法讓別人認識你。老師和課業顧問，會協助你尋找及利用校園的資源。別期望他們能猜出你想要什麼。讓他們知道，哪些事情可以使你的大學生活過得更有意義和更自在。

好地方

Joseph Coleman

假如你正在找一份工作，那麼就業輔導中心是相當值得考慮的第一站。我有些不錯的工作，都是在那裡找到的。我傾向於找校內的工作，不只因為較方便，最低工資也較高。

「失能」的體系

Sara Laufer

我是個聽障生，我發現，我的大學在支援服務方面做得很棒。我的問題是，曾有位助教不願在課堂上使用我需要的助聽裝置，後來我和教授合作，解決了這個問題。

以前，我在傳播學院攻讀時，為了讓行政單位遵從美國失能人士法案，請學校提供一套助聽設備，我遭遇了無數的困難。我和他們奮戰了一年半，最後在國會議員的協助下，我準備控告學校，之後，行政人員才裝置了這套設備。這場抗爭使我精疲力盡，但我不曾後悔為自己的權利奮戰過。

公立學校的失能學生常被忽略，因為他們有時不知道，事實上存在著協助他們的法律以及可利用的資源。

當其他學生（和一些教授）遇到我先前相同的問題時，我會鼓勵他們，儘可能在促使校方改變之前，請求州政府和聯邦政府相關單位以及國會議員的協助，因為在我的經驗中，學校官員比較會聽從有校外機構的支援團體做後盾的要求。

? 想一想某個你認識的人，他（她）有身體或學習上的障礙。他（她）如何處理日常生活、工作上、社交上或求學時期所面臨的挑戰呢？

創造思考園地

你會找誰幫忙？

當你拿回報告一看，得到的評語是：「題目很有趣，但內容因文法問題而有瑕疵。」你會向誰分享此事？爲什麼？

____

____

____

____

系主任的工作

Nancee Benson, California State Vniversity, Fullertom

我是副系主任，主要的職責是，協助學生尋求經濟援助或獎學金、處理危機、探討生涯規劃、管理時間、處理性騷擾的投訴、解決壓力、取得有關創辦或加入學會的資料、找工作、回答有關選課、大學政策與辦公程序等問題、處理考試焦慮以及探討應涵蓋哪些主修科目等。

我是學生的褓姆，也很渴望協助同學。即使我無法提供實際的回答或協助，我也知道有哪些人可以提供協助。

導師

一位願意在大學裡，甚至在生涯規劃上，協助指導你的導師，將是你學業成功的重要因素之一。導師會是豐富的資料來源，並能給予你支援和建議，他就像一位關心你、相信你的朋友一般。

在大部份的情況下，導生關係透過社團以及分享你所關心的事而發展形成。兩個人彼此認識，並分享彼此的交誼。他們會尋求相互的支持與尊重。雖然建立導生關係的理想方式，是透過非正式的接觸，但實際上，學生常發現，很難向校方指派的導師提出問題。因此，許多大學都有正式的導師課。

導師如何幫助你？

- ❑ 提供你指引、建議及援助
- ❑ 建議你如何配合大學的政策與程序
- ❑ 擔任角色楷模
- ❑ 建議如何改善你的課業技巧及訂定生涯目標

如何找一位導師？

- ❑ 詢問學校是否有導師課。大多數的大學，都有某種形式的導師課。校方可協助你找一位適合你的導師，他們會與你分享一些你所關心的事。
- ❑ 如果你的學校沒有正式的導師課程，你可以主動尋找一個人，能分享你的心事與滿足你的需求。導師可同時具有多重功能——學業上及人際關係上。試確定何種類型的導師是你想尋找的。
- ❑ 跨出第一步，去接觸學校的教職員。我發現，這是學生在接受指導的過程中，最難跨出的一步。對學生而言，接觸教職員及其他可能成為導師的人，感到威脅與害怕是正常的現象。請記住，導師通常是親切和藹、開明、並值得敬重的人。最可能的是，這些人有一種非凡的特質，一開始便能吸引你接近他。
- ❑ 建立規律的面談。與導師建立關係需要時間，而且許多大學生發現，很難將導師課排入他們忙碌的日程表中。設定會談的次數，可使這個問題簡單地解決。一開始，計劃一個月至少面談一次。在你的記事本中，寫下約談時間，這樣才不會忘記。

❑ 和導師談論你的學業情況時，需誠實以告。導師課乃建立在相互的尊重和信任上。別等到狀況日漸惡化時，才向導師告急。

一位導師

Greg Kuykendall

我曾遇過一位亦師亦友的教授，他是我的導師，雖然我並未上過他的課。

我在修行銷學時，他受邀主講了一堂課。他講述的內容是，你必須了解你正在銷售的產品，也必須了解世界，因為除了你實際販售的物品之外，你還必須和人們談論更多的事。有時候，只是輕鬆的對談，可能就會使顧客想和你交易。

我和其他幾位同學，在下課後留了下來，我想和他握手。我認為，當他踏進教室時，氣氛稍嫌冷淡，但很快地，我就很主動地告訴他我在課業、工作上的問題。我告訴他，我正在考慮要輟學，因為我剛丟了差事。

他說：「你現在從事什麼工作？」我告訴他，我擔任換輪胎的工作。他說：「你丟了這份工作，應該感到高興。未來你想做些什麼？世界上最棒的換輪胎高手嗎？你的頭腦很棒，應該放點好東西到裡面去，否則你無法自立，也賺不到什麼錢。最有價值的東西，就在你的兩耳之間。如果不放些知識進去，你便一文不值。」

這段話，我永遠銘記在心。

絕不放棄

Hector Chavez

能幫助文化背景相同的族人，一直是我認為十分值得做的事情。當我能夠接觸和了解跟我有相同問題的族人時，我的感覺相當好。

我想對墨裔美籍或拉丁美裔美籍人說的話就是，保持鎮定、勇敢地走進大學之門，因為門永遠是開著的。絕對不要放棄！也絕對別忘了你的根。當你爬到巔峰時，放下你的身段，拉拔其他人能跟你一樣。

大家談

描述你心目中導師的形象。他（她）會以何種方式協助你？你在哪裡以及用何種方法，可以找到這種人？

關於老師

大部份的大專教授，除了教書之外，還扮演許多其他角色。在社區的專科大學裡，專任老師通常教五堂課，另外，他們有辦公室時間，以便在課餘時間和學生面談。他們在學校可能會出席各種委員會、在社區中提供服務、並於校園中擔任社團顧問。如果他們在某個領域執牛耳，那麼他們還要投入大量的時間，研讀相關書籍及期刊。

在大學裡，教授們授課的時數較少，但更專心在學術研究上，使他們在其領域裡不會被淘汰。他們也出席許多的委員會，安排辦公室時間，提供學生額外的協助，以及參與廣泛的專業性活動。許多教授須進行研究和出版研究成果。他們也會持續不斷地進修，當然不外乎研讀相關書籍。基本上，在實際的授課之外，他們會在家裡花許多時間，準備上課資料及批閱學生的報告。

考慮和你的一些老師們，談談他們在特定的一週內做些什麼事。這麼做的理由是，讓你更加了解他們的角色及職責所在，也讓你明白，在課外時間他們能如何協助你。假如你誠懇地想了解你的老師們，則他們注意你的機會將會大為增加，同時也會對你更感興趣。

有做總比沒做好

Royden Tonomura

我未曾期望和這位教授談話，在整個學期中，我都不曾想試著真正去了解他。但我沒有太多的選擇。晤談的開頭，我並不抱太大的期望。老師靠在椅背上，手交叉抱在頭後，開始回顧我在他班上所寫的兩篇報告，他說，「糟透了」。他接著問我一些問題，我回答得支吾其詞。

接著他花了一個鐘頭，給了許多寶貴的建議，並讓我知道他的期望。結果，我寫了兩篇全新的報告。當我拿回報告時，我看到教授給我「A」及「A-」。

在上那一堂課之前，我已經知道約見老師的重要性。可惜的是，當我對他的課失去興趣時，我忘記了這一點。我很高興最後我走進了他的辦公室，但我相信，如果我早點這麼做，我上起課來，將更愉快且獲益更多。

? 當你對一門課或一個計劃失去原先的興趣時，你通常會做何反應？有更好的回應方式嗎？

不及格

Vanessa Vertin

我心目中理想的教授，在我交的第一份報告上評了一個「不及格」。她是教研究方法的教授。我對於研究方法完全沒概念，但當我拿了一個不及格的分數時，我幾乎活不下去。事實上，我一開始只是不可遏抑地狂笑，之後在下課時，我主動詢問她，是否認為我需要協助。經由一起討論的時光，我們成了很好的朋友。她在我身上花了不少時間，包括批改我的作業及協助我了解缺點所在。最後我得了一個「A」，為此我開心了好幾個星期。她是個令人敬畏的人，因為她很堅決，不怕做出殘酷的判決，但她隨時都會幫助你，直到你完成工作為止。最好的老師會在學生及學生的教育上付出心血，無論學生們的表現多麼笨拙。

選擇老師

大學比高中給你更多的機會去選擇老師。當然，你知道，同樣的科目由不同老師任教，可能會產生天壤之別的效果。然而，假如你是新生，你可能不清楚哪些老師能讓你獲益最多。

你可以請其他同學，推薦一些好老師給你。但是請注意！別把所有你聽到的事，當做絕對的事實，因爲你將會聽到對某教授褒貶不一的看法。

詢問他人的意見之後，你也許會採納他們的建議，但他們的偏好，可能跟你大相逕庭。某些教授要求高的事實，並非意味著你應避免修他們的課。容易給高分的老師，可能對你不會有太大的期望，亦不太可能給你太多真正的磨練。你可以聽聽其他學生的意見及經驗，但同時也要找出適合你的老師。在你選修科目之前，盡量和任課的老師談談。相信你的真覺吧！

向哈奇教授說聲「嗨！」

David Hussey

我記得大家常說：「哈奇教授的課能免則免。」結果上他第一節課的人，大約有四、五十個，但第二次上課時，只剩下七個學生。那些沒來的學生，都錯失了良機。哈奇教授不只教我們化學工程，也教我們如何學習，換句話說，他不只教書，也教我們讀書方法。很幸運吧！我並未聽信其他人對哈奇教授的怨言，結果使我的生活更豐富。

內幕消息

Gray Kerr

我畏懼這堂課，是因為我曾親耳聽到，每個修過這門課的人都說，老師是個古怪的人，若想在班上拿A比登天還難。所以，我承認在

走進教室時，我抱著先入為主的觀念，預想著上這堂課的恐怖經驗。

我提早進教室，並開始和另一位在別堂課認識的同學聊天。我向她轉述所有我聽到關於這位老師的傳言，他很卑鄙、從不給A的分數，而且如果你和他的意見不和，或質疑他的教法，他就會威脅要當掉你。

在我說這段話時，我看見那位同學的額頭冒出汗珠，而且眼睛瞪得大大的。有一位中年男子坐在她的座位後面，靠過來說，他也曾聽過我所說的事，而且想知道是否真實。我向他保證，傳言是真的，這都是從那些修過這門課的朋友聽來的消息。他瞪著我，未發一語。突然間，他站了起來，走向講台，轉過身來對我說：「那麼你最好慎重考慮，是否要修這門課。」

當他在台上自我介紹時，我的心臟快麻痺了，我簡直不敢相信，原來他就是傳言中的老師！我相當後悔，而且羞愧到極點。我只想鑽個地洞溜走，假裝整件事從未發生過。我把事情搞得一塌糊塗。

不過，最後我還是留了下來。他其實並不像別人所說的那樣令人害怕。而且我也從他身上學到很多。從那時起，我就抱著開放的心胸去上每一位新老師的課，對所有的傳言也都持保留的態度。另外，我也學會在新班的第一堂課要謹言慎行。哦，還有一件事……我從未像現在這樣，努力地只想得B的分數。

? 你對於某一位教授的傳言，持何種態度？傳言屬實嗎？

最好的老師

- **喜愛他的專業**。他們不但全心全意投入自己的領域，也願意與別人分享他們對該領域的熱愛。

- **對學生訂出的要求，就像對自己的要求一般。**他們不會表現出不可一世的樣子，而是會激發和鼓勵學生，努力追求卓越。
- **抱持著平衡與正確的觀念。**他們知道自己並不完美，也不須假裝完美。雖然他們會鼓勵學生發揮最大的潛力，但不會設定不切實際的標準。他們會讓學生知道，犯錯不等於失敗。
- **幫助學生建立自信、想像各種可能性、甚至追求夢想。**
- **關心他們的學生。**關心並不代表過度縱容或毫無標準，也不意味著界線糢糊。這是指影響學生能自動自發地學習。
- **促進學生之間和師生之間的互動。**
- **自己也是永遠渴望學習的學生。**他們有強烈的好奇心，熱衷於找出觀察事物的新角度。

批判思考園地

最好與最壞的老師

想想看，哪位老師對你一生的正面影響最大。現在再想想，你遇過最壞的老師。他們有哪些地方不同？又有哪些地方相似呢？

____

____

____

____

認識你的老師

有時學生會因採取被動的態度，或任由時光流逝，而導致自己的失敗。如果你在某堂課上有困難，千萬別等到為時已晚才告急。強迫自己走進老師的辦公室，讓他（她）知道你是個認真的學生，以及你需要哪些協助。

你不能期望老師比你自己更關心你的學業。假使你在班上跟不上進度，在學期末突然要求你的老師讓你過關，對他們並不公平。我們的重點是，如果你有個人或學業問題，要儘早告知他們。在此並非建議你，向老師尋求個人諮商，但告訴他們你因個人因素，而有課業問題，是很重要的。如果你表現出有參與及學習的動機，大部份的老師都會給你特別的關照。他們都不希望你會被當掉。因此，他們會給你意想不到的選擇或建議。

別害羞

Dorothy Smith

我注意到，許多回流生看起來真的很羞怯，且害怕和教授交談。我都會鼓勵他們，去認識所有的任課老師。

他們不會把你吃掉

Jose Galvan

我修了一門讀書技巧的課程，內容是關於做筆記、課本閱讀、分析你的老師，以及即使課程有時稍嫌無聊，如何使它們變得有趣。最近，我終於有勇氣，在上課時和老師説話，我終於了解他們也是一般人。

如何使你的老師抓狂

雖然以下的學生行為，是以戲謔的口吻寫成的，但這些行為很容易激怒老師。

- ❑ 上課遲到，還大搖大擺走進教室，揮手向一些學生說哈囉！把書重重摔在書桌上，伸頭向別的同學詢問遺漏的部份。
- ❑ 整節課都和另一位同學說悄悄話、傳紙條及打暗號，和隔壁的同學嬉鬧。
- ❑ 把腦袋放在書桌上、打瞌睡或小睡片刻、儘情打鼾。
- ❑ 接二連三地打哈欠、伸懶腰、猛看手錶。
- ❑ 無故早退。
- ❑ 以口香糖吹泡泡，再弄出爆破聲。
- ❑ 做另一門課的作業。
- ❑ 對於老師所講述的內容，扮鬼臉表示不贊同。
- ❑ 下課後問老師，上週因為翹課，因此遺漏了哪些重要的地方。

你承認自己有哪些和上述相同的行徑呢？它們傳達了哪些訊息？如果你是老師，遇到學生這類的行為，你能想像你所受到的衝擊嗎？

如何應付不易親近及無效能的老師

當你的老師似乎不易接近或無效能時，你會怎麼做?遺憾的是，任何一個教育體系中，都難免有這種老師！有些可能會在你的學習過程中，設下一些障礙，如：

- ❑ 常常未準備就來上課，浪費學生的時間。
- ❑ 以敵意、諷刺或非語文式的溝通方式，打壓學生。
- ❑ 不適時地發回學生的報告及考卷。
- ❑ 在辦公室時間缺席。
- ❑ 在班上大聲朗讀教科書。
- ❑ 花許多課堂時間，談論他個人的生活。
- ❑ 在課程進行中，改變其要求及作業。
- ❑ 出刁難的考題，或未準備給學生考試。
- ❑ 做出不尊重對方性別的評語，並以其他方式性騷擾學生。
- ❑ 拒絕給予學生任何課外的協助。

你可能是一名有高度學習動機的學生，致力於獲得最好的教育。假如你有一位不負責任或甚至無能的老師，你不需因此冷卻你的學習熱忱。你能做些什麼?看看你對以下的選擇做何感想?

和老師對談，討論你的感想。將焦點放在你自己身上，讓老師知道你身為班上同學的感受，以及在學習過程中可能遇到的障礙。與其批評老師，不如談論你的期望及尚未獲得的東西。這麼做是有點冒險，因為可能會激怒老師。對你來說，須提起勇氣，克服你的恐懼，以堅定而尊重的語氣，說出你心中的想法。如果你不採取這一步，你可能會後悔未試圖改善情況。

假如上一個方法不見成效，班上同學可派一組人，去找系學會會長申訴怨言。如果他（她）不負責任，你們可以再和系主任約談，表達不滿之意。

你可以靠自己度過難關，並儘量爭取你想要的東西。舉例來說，如果你在寫報告方面有困難，可以向另一名老師尋求協助。

停掉這種課永遠不嫌太晚。有時，學生會認爲，停掉一門自己簽名的課，代表個人的失敗。然而，這可能是最好的解決方法。

模仿老師的風格

Alan Venable

想讓你的老師更注意你嗎？很簡單，打扮得像他就好了。當然，你不必像我一樣，打圓點領結，但如果你頗認同他，他也會更加認同你，且覺得和你有相似處。他會認為，你想和他朝同一方向前進，因而更喜歡你，因為你和他是同類的人。如果你的老師戴棒球帽，你不妨也戴頂棒球帽上課吧！

大家談

你曾遇過吹毛求疵的老師嗎？上述的建議實際嗎？哪些策略似乎最簡單？哪一種方法長遠看來，可能最有用？

隨手筆記

你看出自己和老師之間的關係好或壞嗎？你想避免哪些事情呢？找出一些你想更加認識的教授，或以和現在不同的角度去了解他們。寫出一些你可以採取的步驟。

拒絕性騷擾

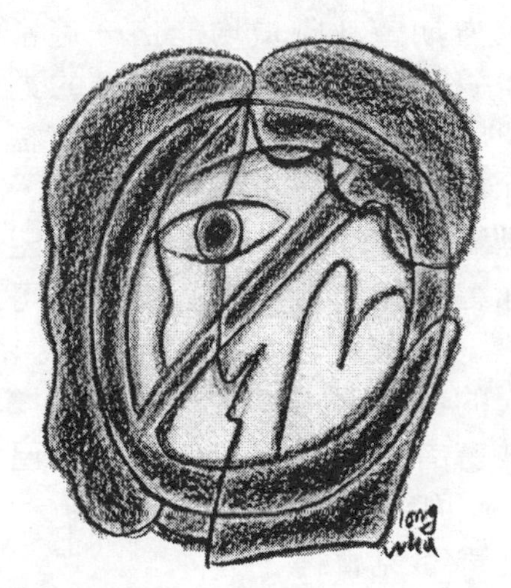

你有權利要求不成為權力濫用下的犧牲品。性騷擾與性別無關，而是關乎權力。當一個人處於被信任或權威的地位，而進行不適當及為對方的拒絕的挑逗行為時，稱為性騷擾。在學生與老師之間，不均衡的權力所導致的性騷擾，會使信任的關係破裂。以下是一些常見的性騷擾方式：

- ❑ 批評一個人的身材及衣著
- ❑ 含有性暗示的身體或言語行為
- ❑ 黃色笑話
- ❑ 一再重覆對方排斥的注目、挑逗及性話題

- ❑ 貶低某人的性別
- ❑ 爲對方排斥的觸摸或注視
- ❑ 帶著性暗示的譏諷或雙關語
- ❑ 提出有關性行爲的問題

性騷擾也可能以不被人察覺的方式表現出來，如果被騷擾的人未感受到影響的話，騷擾別人的人，也許並不認爲這種行爲有何問題，甚至一笑置之。但是，請記住，性騷擾絕不能當做玩笑。遭受性騷擾的學生，常常覺得自己也有責任，或茫然不知所措，但譴責的聲浪不該落在學生身上。

大部份的學校及工作場所，都有因應性騷擾的作法。校方期望教職員均能恪守適當的專業界限。有些學校會舉辦研習會，提醒那些掌權的人員注意與避免。

假如你受到騷擾，你有權去反擊。性騷擾不是小事，你有權利打破這種互動模式。讓對方了解他（她）的行爲是不被接受的，以及你不希望再發生。假使這招無效，或你害怕發生嚴重的衝突，你可以向其他人說出此事。

一般而言，把它當做秘密，對你並無幫助。告訴某人的話，你可以從沈默的重擔中釋放出來。許多性騷擾的被害者，都以爲他們必須自己承受。

如果侵犯行爲不見暫停，那麼就把事件記錄下來，如時間、日期、在場人士以及對方做了什麼事或說了哪些話。記錄挑

大家談

你有過被性騷擾的經驗嗎？如果有，它對你有何影響？你如何處理這件事？如果你現在是被騷擾的目標，你知道自己有哪些選擇嗎？

逗行為的模式，可以佐證你的控訴。大部份的學校都有一個處室，專門接受及處理性騷擾的申訴。有些學校也會請訓練有素的專人協助你解決這方面的問題。

未來的路

1. 將本章最有用的重點，做成一張綱要圖解。
2. 翻回到第一章（P.26）的個人契約書，確定自己進步了多少，同時，回顧第二章你設定的一些目標，確定你是否要朝這些方向邁進。
3. 回顧本章中你最認同的個人經驗故事。在你的筆記本中，寫下你自己的個人故事，內容討論下列一個以上類似或同樣的問題：
   - ❑ 你在學校裡，感覺舒適自在嗎？
   - ❑ 你面臨哪些校方、環境及個人的障礙呢？
   - ❑ 你打敗了學校體系，還是學校體系打敗你？
   - ❑ 假如你可以改變學校的某一件事，你最想改變的是什麼？這個改變，對你的生活有何影響？
   - ❑ 你能如何更加了解你的老師？你要怎麼做，他們才會更了解你？
4. 利用你的校內平面圖或指南，去探索學校三個你以前未注意到的地方。在每個地方，和在場的人聊一聊。你可以找個同伴和你一起進行。

5. 如果你的學校有導師課，考慮弄清楚它的功能。即使最後你決定不需要或不想要一位導師，也很值得你花時間說出它的優點。假如你的學校未設導師課，那麼考慮找一位非正式的導師吧！

6. 指出學校在學業、生涯或諮商方面，可供你利用的資源。本星期內去造訪這些地方，找出可利用的資源，以及學生如何善用這些服務。至少告訴班上另一位同學，你到這些地方學到了哪些事?

7. 和一些學長、學姐，談談選哪些老師的課最好。深入了解這些老師及與課程有關的資訊。

8. 和一位以上的老師，談談他們身為老師的工作內容，以及工作的其他層面。

9. 想想你的經濟情況。每一件事都在控制中嗎? 收支達到合理的平衡嗎? 如果你發現有問題，擬個計劃加以解決。

10. 找出學校的電腦可以做的每件事，如取得資源及與其他人連繫等。你自己的電腦可透過網際網路（Internet）或電子郵件（E-mail）與學校的圖書館目錄或其他學校的資訊來源連線嗎? 你的老師有電子郵件的站址嗎? 你的學校提供電子郵件信箱，或個人網頁給學生嗎? 或讓學生免費上網際網路及全球網路（World Wide Web）嗎? 擬個計劃擴展你使用電腦的空間，以方便你尋找資料，以及與校內可幫助你的人連繫。

第七章
增進人際關係

- ☑ 偶爾獨處的優點
- ☑ 搭起溝通的橋樑
- ☑ 你害羞嗎？
- ☑ 粉紅色的♀或藍色的♂？
- ☑ 衝突與對立
- ☑ 改變家庭的角色
- ☑ 融入校園生活
- ☑ 重新思考人際關係

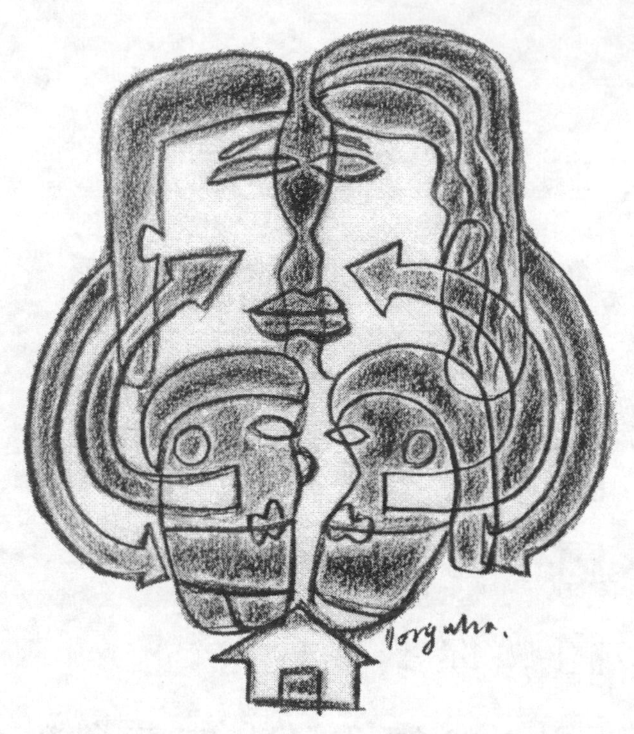

引航

本章將引領你觀察人際關係在你個人的生活中所扮演的角色，以及如何影響你的學生生活。人際關係的優劣，是你實際生活的表徵。你可以從朋友、手足、同伴以及父母親身上，學到許多學校的正式教育不會教到的東西。

我們將以廣泛的角度，來探討各種不同類型的人際關係。你可以重新審視你所有的人際關係，然後決定你是否要做任何的改變。

認識現在的我

花點時間做以下的調查。依照自己的情況，在每個敘述前填上「○」、「×」或「？」(不確定)。

1.____我相信沒有衝突便是人際關係良好的象徵。
2.____我知道自己在人際關係中要的是什麼。
3.____害羞使我無法交到朋友，並走出自己的世界。
4.____在親密關係中，我常常難以表達內心的感受。
5.____我的人際關係使我在學校中事事順遂。
6.____為了感覺自己的存在，我必須擁有親密的人際關係。
7.____我待在不令人滿意的關係中，只為了避免孤獨。
8.____我不知道當我獨處時要如何打發時間。
9.____身為女人（或男人），對於在人際關係中如何表達自己有很大的影響。
10.____我對於自己交友的質與量感到滿意。

偶爾獨處的優點

假如你無法與自己單獨相處，這將會影響到你與別人的關係嗎？獨處可以提供你機會，反省自己的生活，對事情能有透徹的看法，以及思考一些重要的問題，例如：

- ❑ 我認識自己有多少？
- ❑ 我曾傾聽過自己內心的聲音，或因生活忙碌而心煩意亂、過度緊張嗎？
- ❑ 我會留給自己獨處的時間嗎？

有些人會欣然接受個人安靜的思考時刻，有些人則會迴避。對那些想逃避寂寞的人而言，安靜會是一種壓力，因為它會強迫他們自我反省，以及觸及心靈深處。有時，他們可能會故意讓自己忙得幾乎沒有時間思考，以逃避面對自己；或者可能讓自己置身於人群中，以減少獨處的時間；更有些人以電視、音樂、酒精、藥物或食物來麻木自己，省得胡思亂想。

如果你讓自己的生活太忙亂、太複雜，或如果你害怕當你表達自己需要獨處時，別人會覺得你很怪異的話，你或許會失去寶貴的獨處經驗。事實上，其他人有時可能無法了解你的需要，而邀請你加入你不太想參加的團體活動。「你需要屬於自己的時間」這件事，對於身旁的人們而言，可能會產生莫名的緊張，彷彿意味著你不想跟他們在一起。他們害怕獨處的恐懼感，可能會讓他們努力地要吸引你的注意。

堅持你的需要也許會有些冒險；然而，如果你不敢冒險，就等於放棄了獨處所能帶給你的正面效益－－－一種自我引導的感受。好好利用獨處的時間，不僅可以成爲力量的泉源，還是形成良好人際關係的基礎。

撥出時間獨處，將帶給你思考、計畫、想像以及夢想的機會。假如你能自在地獨處，你也會有很好的機會和別人相處。先成爲自己最好的朋友，才能成爲別人的朋友。

獨處時刻

Michelle Dancy

我喜歡一個人獨處。它給我遠離噪音的寧靜時光，使我能夠思考。它也給我一個放鬆身心，無須擔心任何事情的機會。當我獨處時，感覺就像我正在進行內心的革新運動。

是獨處還是寂寞？

Samantha Sherr

我並不常花時間獨處。如果我發現自己一個人，第一個反應就是，拿起電話筒和朋友聊天。我只是想再次確定我並不寂寞，雖然我明白，在這個世界上，最後我還是會回歸到自己一個人。我覺得，在我的內心裡有個渴望——希望能夠擁抱孤獨和寂寞。但我也會猶豫，因為我心裡害怕會發現我自己惹人厭的部份，或感受到自己不想去感受的事。

批判思考園地

和自己相處

1. 你覺得自己一個人的時候很難打發時間嗎？把下列適合你的敘述打「✓」。

☐ 我不斷地尋求和別人在一起。

☐ 我以大量的睡眠來逃避生活上的壓力。

☐ 只要是獨處的時候，我就會開始焦慮並讓自己忙碌。

☐ 有時當我一人獨處時，我會飲酒過量或嗑藥。

2. 我把時間排得滿滿的，連想偷閒的時間都沒有。

____

____

____

3. 你想要改變上述任何一種生活模式嗎？是哪一種？你已經想好要如何開始進行改變了嗎？

____

____

____

4. 你經歷過有創意的獨處時刻嗎？請敘述其歷程。

____

____

____

搭起溝通的橋樑

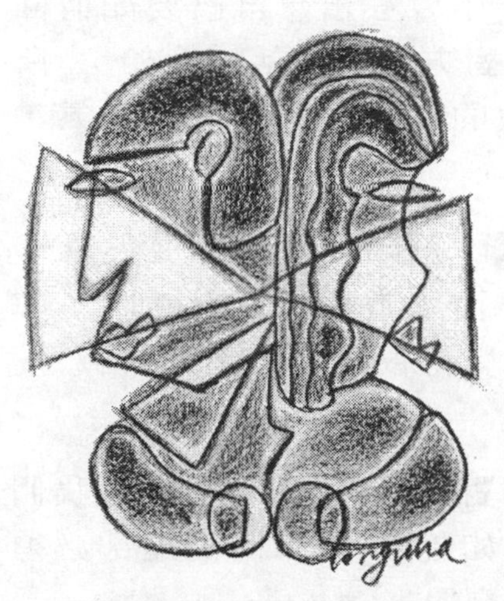

大部份的人內心都不想孤立；長期當個隱者，更非常人所能忍受。然而，有時候想要走出去和別人接觸，似乎亦非易事；結交新朋友或維持人際關係，是件費時費力的事。但假如你想到只有另一種選擇－－孤寂－－你也許就有動力去接觸你覺得投緣的人。

有時候，你可能發現自己在逃避某些人或某些團體，因爲你感到壓迫感，或擔心無法融入他們。假如你內心的聲音使你無法接觸其他人，那麼你可以藉由分析你那些先入爲主的觀念，來克服心裡的障礙。例如，你可能認定某個人不想和你做朋友，然而，如果你沒開口問他們，你又怎麼知道呢？

當你讀下一段時，你會意識到文化的差異性。以下的討論侷限於歐美文化。我們希望你透過自己的文化，來思考我們提出的原則。你可以省思你的文化如何影響你的溝通方式，再決定你是否想要修正某些你學習到的模式。

哪種人善於溝通？

- ❑ 他們會注視對方的臉部，尤其是眼神的接觸。當對方說話時，另一方會專注地聆聽。

- 當另一個人在說話時，他們不會去預想自己要如何回應。聽話者能夠準確地總結對方所說的話。例如：「所以，當我沒去做我答應要做的事時，你覺得很生氣，對嗎？」
- 說話者使用特定、具體的詞彙。例如：「我覺得很失望。」這是一句含混不清的話語，而「當我和你說話時，你的眼睛卻看著遠方，這讓我覺得很難與你達成共識。」就具體多了。
- 說話者不以偏離的問題質問對方。例如：「為什麼我們約會時，你總是遲到。」不如說：「我準時到達卻必須等待你出現，這點令我很不高興。」
- 聽話者要先冷靜思考如何回應對方的話，以及考慮對方的感受。也就是說，要誠心地站在對方的立場想。例如：「我的遲到一定令你很難受，尤其這種事又常常發生。」
- 聽話者對於對方所說的話必然有自己的反應，但要避免批評。例如：「除了自己之外，你從未想到別人，你根本完全不負責任。」這是語帶批評的話，不如換成：「如果你先打電話來，讓我知道你正在途中或會遲到，我就不會這麼擔心你了。」
- 每個人都可以在不傷害別人自尊的情況下，誠實和直接說出心中的感受。第一人稱的陳述，會比事後批判及牽扯其他的事來得好。例如：「你一點都不在乎我，對不對？」可說成：「有時候，我覺得你不太在乎我，可是我想聽聽你的想法，我不想先認定這是真的。」

- ❑ 應尊重每個人的差異性，並避免強迫對方接受自己的觀點。例如：「我對這件事有非常不同的看法，但我知道你有自己的意見。」
- ❑ 言語及非語言的訊息要相符。例如說到某件氣憤的事時，不會露出笑容。
- ❑ 每個人都要明白表示受到對方影響的感受。例如在心裡嘀咕：「你這個人在聽話時的態度令人討厭。」不如告訴他：「當我覺得你對我所說的話不太感興趣時，我覺得很傷心。」

建立有意義的人際關係

許多學生都說，他們沒有足夠的時間，去維持友誼及其他的人際關係，這話聽起來似乎沒錯，但也要考慮到，如果你忽視它們，它們很可能從此就結束了。問問自己重不重視你的友誼，以及它們對你的學生生涯及未來有何幫助。即使你很忙，你也可以選擇增加發展及維持長久友誼的機會。

建立並維持友誼及親密的人際關係，是需要時間、努力以及意願去克服困難的時刻。在所有的人際關係中，衝突在所難免，也可能每件事都變得平淡無味。所以要維持友誼的長存與成長，必須靠雙方的想像力和努力。

我們根據大部份成功的人際關係，做了以下的建議。當你讀完後，想一想你是否從一個對你有特別意義的人身上，獲得你想要的東西，以及你的人際關係是你活力的來源還是終結者。

- ❑ 重視和別人在一起的時光，然而一個人獨處時也可以過得很好。

- ❑ 能夠坦白和對方討論有關彼此關係的重要事件。
- ❑ 對自己的幸福程度負責，如果過得不快樂也會避免責怪別人。
- ❑ 彼此雙方都有心維持關係的存在。
- ❑ 雙方在一起時能過得很愉快，而且喜歡和對方一起做事。
- ❑ 雙方都能成長、改變，並坦然接受新的經驗。
- ❑ 雙方都主動關懷對方。
- ❑ 雙方都避免操控及利用對方。
- ❑ 在人際關係中學會處理怒氣。
- ❑ 不希望別人為他們做自己能夠完成的事。

這些並非成長的人際關係中，所有或絕對的特點。而且雖然這些都是很好的建議，未必都適用在你的人際關係上。我們希望，這些意見能刺激你自己去思考。一開始，可以誠實地評估你目前主要的人際關係，並了解它們真正的情況（和你希望的相反嗎？）然後你可以開始思考能夠達到正面結果的改變。

有意義的人際關係

Conrad Fuentes

有意義的人際關係對我而言，意味著有意願溝通，無論對象是一位親密的朋友或重要的人。我認為這能夠建立信任感，使你與別人溝通時毫無顧慮。即使不是每次都能夠很輕鬆自在，但是知道對方把你放在心上是很重要的。為了享受人際關係中美好的部份，你必須能夠走過困難的時刻。如果我無法相信對方，我幾乎找不出這種人際關係還有何意義存在。

批判思考園地

物以類聚

你在朋友身上尋找哪些特質？

______

______

______

______

你覺得自己擁有這些特質嗎？

______

______

______

______

隨手筆記

在你的各種人際關係中，你獲得你所想要的嗎？你能夠主動和別人接觸，並展開一段友誼嗎？你目前選擇如何處理人際關係中不愉快的部份？

你害羞嗎？

害羞的人在社交場合中，常會覺得不自在，尤其如果他們變成眾所矚目的焦點，或別人期望他們做決定時。若你不敢以心中所想的方式來表達自己，害羞很可能變成你的問題。但害羞不見得是件壞事。假如你很害羞，你可以在心中暗自決定你喜歡這個特質，許多認識你的朋友也會如此。

Phil Zimbardo 博士創立了史丹佛大學的害羞診療室，他發現，害羞幾乎是每個人共同的經驗。問卷調查發現，有百分之八十的人認為，他們曾害羞過。其中，超過百分之四十的人認為，他們在某些場合會害羞。這意味著你所遇到的人，十個裡面有四個會害羞。害羞也分等級。有些人認為，自己一直都很害羞，然而有些人卻只在和某些人在一起，或在某些場合中才會害羞。Zimbardo 提出一組解釋害羞的原因，包括對別人負面的回應過度敏感、害怕被人拒絕、缺乏自信、欠缺特定的社交技巧(包括隨興表達情感與想法的能力) 以及恐懼親密感。許多大學生在調查中表示，害羞使他們不敢在課堂上參與討論，以及尋找新朋友。

天生害羞，但同時在生活中也能擁有重要的人際關係是可能的。當你和別人在一起時，你仍然可以學習表達以及做你心中所想的事。知道自己並不是世上唯一會害羞的人，對於克服這項障礙很有幫助。

假如你天生就害羞，也許最好的第一步就是，接受這是你自己的一部份。你可以努力地向自己挑戰，例如參與活動以及和別人多接觸，如果這是你想要的。

一次前進一排

Galo Arboleda

當我剛進大學時，我非常害羞，我總是坐在教室後面，而且從不發言，我害羞到從未問過老師問題。大學的前兩年，我就是這樣渡過的。每次一下課我就急忙離開，因此我幾乎沒有朋友。我看到其他人在課後會相互交談，以及和老師相談甚歡，心裡產生了一股衝動。有天，我決定上課時座位往前進一排。在當週的最後一天，我已經坐在前排了。雖然我仍然沒對任何人說話，但現在老師比較看得到我了。接著，我開始向坐在旁邊的同學打招呼，這對我交朋友很有幫助。有一天，我鼓起勇氣問老師一個問題，當天我覺得自己已成為班上的一份子。克服害羞，對我而言並不容易，我花了好些時間才達成，但你也可以做得到，只要你能夠一次前進一排。

? 你曾經因為害羞，而逃避同儕和師長嗎？如果你覺得 Galo 做得還不夠，你現在想怎麼做？

找出你害羞的根源

指出哪些社交場合會引起你害羞的行爲，將會很有幫助。另外，準確地指出導致害羞的主因也很有用。

之前，我們曾請你辨別自己的人格屬於何種類型。你可以回顧第 2 章，並複習 Holland 的六大人格類型。如果你主要是「社交型」或「商業型」的人，你可能在和別人接觸時，不會有太多困難。如果你是「務實型」、「研究型」或「守規型」的人，人際間的接觸，對你可能較具挑戰性。不過，這不能理解爲，人際關係技巧可以跟人格類型直接劃上等號。但是，如果你希望改變某些行爲，則知道自己是哪一種人，並接受自己某些方面的特質，卻是很重要的。

試著在你的筆記上記錄在哪些場合中，你會變得害羞。寫下你所經歷的症狀，以及在這些場合中你實際的舉止，也會很有用。當你在困境時，注意你在內心對自己說的話。譬如，你內心的聲音也許是負面的，那麼它很可能使你註定失敗。

左圖中的這些話很可能使你爲害羞所困，而阻礙了你和別人接觸的機會。你可以運用許多方法，來控制害羞對你的影響，例如學習以較具建設性的話來取代這些負面的話。學習以新的方法認同自己，需要很大的努力和自我督促來驗證新的行爲。

創造思考園地

遠離羞澀

最近你在哪些場合中曾有害羞的經驗？這阻礙了你想進行的事情嗎？下次再遇到這些場合，你決定要如何克服你的害羞呢？

____

____

____

____

粉紅色的♀或藍色的♂？

在我們的社會上，許多人都會接受文化對於性別行爲所訂的某些規範。遺憾的是，有太多人不敢背離「女人」或「男人」應該如何表現其行爲。由於過於投入他們認爲有義務扮演的角色中，而變得連自己都覺得自己很陌生。他們不了解自己的內心世界，因爲他們投入大量的時間與精神在於維持一個別人接受的形象上。

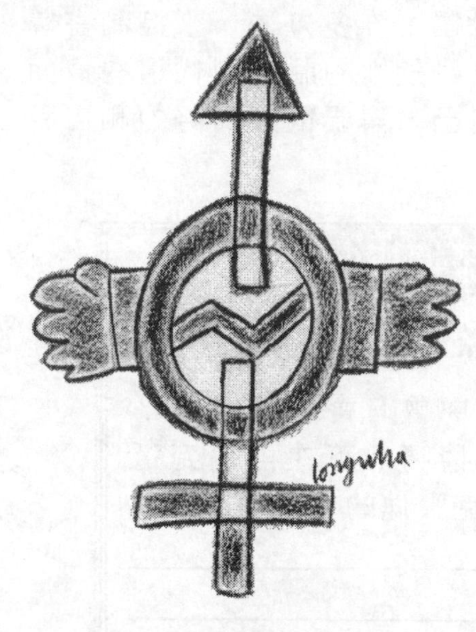

甚至在孩子出生之前，就可能背負了性別期望。最近有位懷孕的朋友告訴我說，她先生希望她生個男孩，這樣，他就會有個「小運動員」兒子。另一位我們認識的孕婦說，她希望有個女孩，這樣她就可以「把她打扮得像小公主一樣」。這些期望不見得都是錯的，但這對於我們成爲獨立的個體，以及對於我們的人際關係之影響卻值得觀察。

「性別角色社會化」是指你的家庭、文化、社會及同儕所傳遞給你的訊息中，傳達著大家期望你成爲一個怎樣的男人或女人。我們所有的人或多或少都是文化制約下的產物。我們經由在社會上與別人的互動而學習到「符合」性別期望的行爲。這種學習不僅限於童年，更是一種終生持續的歷程。

試著思考直接和間接形成你的性別角色認同之因素。當你察覺到它們時，你就會以較客觀的立場來評估其正面和負面的影響。

我們希望你能定出自己對於性別角色的標準。你必須先培養耐性，並在拔除某些根深柢固的態度時，應充分了解這麼做的困難處。真正的挑戰是，要把你悟得的新觀念實踐在日常的言行舉止中。

批判思考園地

早期的觀念

在童年時期，你直接和間接獲得哪些訊息，告訴你應該要如何做個好男孩或好女孩？你曾經反抗過這些期望嗎？

____

____

____

____

這才像個男孩！

當一個男人否定內在大部份的自我以及裝出威風、虛偽的模樣時，他要付出哪些代價？首先，因爲他一心只想著應該成爲一個男人，所以逐漸喪失自我意識。男人常常在社會化的歷程中，變得很難去愛人及被愛。他們可能會隱藏自己的寂寞、焦慮以及對情感的渴望，因此使得愛他們的人並不了解真正的「他」。這些男人爲他們的自我隔離所付出的部份代價是，他們必須一直保持警戒狀態，以防止別人可能發現他們是藏在「盔甲」下的軟弱武士。不過，這些以及其他的性別期望，已經開始受到人們的質疑。例如，男性的行爲日益傾向於包含「敏感體貼」的特質在內，並漸漸被納入「男性」的新定義中。

我不是個有男子氣概的男人

Matthew Lynch

我大部份的男子氣概是在小學、初中及高中時被訓練出來的。我記得我的櫃子上常常出現一些譏笑男孩的字眼，像是「懦弱」、「像個女人」等等。在體格上我屬於瘦長型。我還記得，當我看到班上又高又魁梧的同伴時心裡會想：我應該要像他一樣；而且我所想的都和成為男人有關。我也還記得踢足球那年，完完全全是個大失敗。

在初中時，我根本沒有重感情、關懷別人以及學會感性的機會。我記得別人都覺得我很不同而且怪異，因為我的情緒、行為以及思想被認為不符傳統。我很難和別人溝通，因為我比較喜歡談論一些嚴肅、有意義的事，而不喜歡膚淺的無聊話。

我間接從父親身上學到，身為一個男人，意味著要壓抑自己的情感以及能獨力完成工作。請求協助是弱者的一種表現，而且意味著你無法靠自己的雙腳站起來。這些訊息原先是從我父親身上得來的，後來我的教練、朋友、同學也都傳遞同樣的訊息給我，使我感到一股莫大的壓力。有時我覺得在個人的人際關係中，我的「男子氣概」仍然受到議論。

由於社會及文化的制約，我抑制自己的情感且變得較堅強，在我心中逐漸認定，優柔寡斷的行為及害怕衝突都不是男人該有的表現。男人應該是積極進取和掌握權力的人。因此，在我的人際關係中，我常常覺得自己處於劣勢。對於應該如何與別人相處這個問題，我感受到沈重的壓力。

我覺得好像無法做我自己，而必須做個堅毅不拔，不重感情的「男人」。但事實上，我根本就是個重感情、敏感的人，我喜歡請求別人協助，並喜歡談論生活中真實、有意義的事物。

? 男人在我們的社會上面對哪些主要的壓力？你認為 Matthew 的掙扎也是其他男性的心聲嗎？

這才像個女孩！

無論你是否認爲自己是女權運動的一份子，我們所有的人都已受到此一思潮的影響。隨著性別角色日漸改變，有時已難以說明男性與女性的定義。女性開始意識到身爲女人的意義，以及女人能否擁有強壯、獨立、掌握權力等特質，除了傳統的特徵，如敏感及貼心之外。就像男人一樣，女性也掙扎於想展現出自己的各種面向，包括溫柔與剛強。

從未遵循傳統

Julie Cherniak

我所生長的家庭中，父母的性別角色有時會調換，有時候則混在一起，但從不走傳統路線。父母親從不把我當成一名小男孩或小女孩來扶養。這並非刻意如此，而是兩個成人因性別角色混淆不清所導致扶養子女的方式。從小我就玩火車和積木，還有金項鍊與洋娃娃。不須說，最後我變成一個男性化的女孩，我常戴著棒球帽、穿運動褲外罩一件洋裝。我會爬樹並在自家挖的泥巴池中玩上好幾個小時。幸運的是，我從未遭受責怪或阻止。我不記得有人告訴我：「要像個淑女。」或「女孩子不應該那麼做。」只有一次母親責罵我走路的步伐太大，當時我大吃一驚，因為我以前從未注意過我的步伐。

直到我交第一個男朋友時，我才體驗到外在壓力。我妹妹那個「很有男人味」的男朋友都叫我「男人婆」。這樣的評語增添了我的不安全感及內心的衝突，因為我不是典型的女孩，而我的男朋友也不是典型的男人。我常覺得自己太強勢，而我的男朋友太弱勢。我很為難，因為女人似乎不應該掌控一切。我並未選擇要居於掌控的位置，這是很自然就發生的。

我覺得在我工作的地方也存在著這種內在衝突。我有時感覺不是很好，因為我不像一起共事的女性那麼愛閒聊。我聽說人們覺得我很傲慢——我猜想那是因為我不會放下手邊的工作，向經過我身邊的人打招呼的緣故。我想，大多數的男人也都不喜歡我，因為我不夠「女性化」。我太強勢、太有意見，而且一點也不柔順。

有好幾次，我都很厭惡自己是這種女人。大家似乎都在竊竊私語說我是潑婦，只因我不夠親切。重視自我及選擇性地對人笑，似乎惹惱了某些人。我有段時間很不喜歡由於我的強勢而表現出「我就是我」的態度，可是我對自己說：「誰在乎呢？」當我身邊出現愈來愈多跟我一樣的女性時，我才感到些許平衡。我以這些女性為榮，並不斷地提醒自己也該為自己感到驕傲。

? 你認為其他女性跟 Julie 有同樣的內心掙扎至何種程度？你認同她經驗中的哪些部份？Julie 敘述在她生活中，她比男人還要強勢。對一個女人而言，「太強勢」意味著什麼？

隨手筆記

你對於「雙性人」（同時擁有男性與女性特質）的觀念有何看法？你想擁有更多異性的特質嗎？如果是，是哪些特質呢？你覺得在哪些方面受到僵化的性別角色定義及期望之限制呢？

批判思考園地

性別與你

評估你在性別角色方面對自己的瞭解有多少。判斷每一句敘述是否適用於你，並圈出「是」或「否」。確定你所回答的是你的現況，而非你所希望的樣子。

是　否　我的理性勝過感情。
是　否　我是個比較主動的人。
是　否　我比較喜歡與人合作，較不喜歡和別人競爭。
是　否　我傾向於表達出自己的感受而不喜歡藏在心裡面。
是　否　我傾向於遵循別人對我的性別期望。
是　否　我知道自己同時擁有「男性」及「女性」的特質。
是　否　我害怕背離傳統的性別角色標準太遠。
是　否　在大多數的情境中，我都是很有膽識的。
是　否　我傾向於遵循別人對我的性別期望。
是　否　我知道自己同時擁有「男性」及「女性」的特質。
是　否　我害怕背離傳統的性別角色標準太遠。
是　否　在大多數的情境中，我都是很有膽識的。
是　否　我覺得無論表達出負面或正面的感受都無所謂。
是　否　我一直在追求成功。
是　否　我覺得要對其他人的快樂負責。

現在回頭檢查你的答案。圈出你想改變的部份。針對這些項目，以幾句話寫出你想進行的改變。

____

____

____

____

衝突與面質

溝通的障礙

- ❑ 不專心聽別人說話。
- ❑ 選擇性地聆聽——只聽你想聽的話。
- ❑ 過度在乎傳達自己的觀點而未考慮對方的意見。
- ❑ 防衛心太強。
- ❑ 在未了解對方之前就企圖想改變他。
- ❑ 告訴別人他們是何種的人，但未說出他們如何影響你。
- ❑ 沿襲舊有的互動模式，不讓對方有改變的機會。
- ❑ 反應過度。
- ❑ 無法明確表達你的需求，卻一味地期望別人能了解你的需求。
- ❑ 未確定事實之前就先對別人做出假設。
- ❑ 不直接明講而使用諷刺或帶有敵意的言語傷害對方。

向怒氣挑戰

試著把怒氣視為一種訊號。我們感到生氣的訊息意味著，自身受到傷害，權利被剝奪，需求或欲望無法滿足，或自我的太多層面（信念、價值觀、欲望或野心）在人際關係中必須妥協。怒氣可能是警告我們，對於某件事投入太多，結果是使我們無法感到滿足。

要以有效的方式表達怒氣並不容易，就像抑制怒氣的爆發一樣難。把怒氣憋在心中可能會滋生各種情緒，之後會造成你的困擾。積壓怒氣不只會破壞人際關係，通常也會使標的人物承受過多的責備。它也可能藉由諷刺或帶有敵意的言語間接渲洩。雖然抑制怒氣並不好，但不分青紅皂白地發洩怒氣不見得更好。無限度地發洩也許只會使你的情緒持續激昂，甚至惡化，而無法得到紓解。所以當你情緒激動時，最好暫時別把怒氣發洩出來。

處理怒氣

April Hunter

從小我就被教育——發怒是弱者的象徵。我家住在白人區，父母告訴我要抑制自己的情緒，尤其是在公眾場合，否則白人會認為我們是典型的黑人。舉例來說，假如我的家人在某家店中受到歧視待遇，我們不會提出任何抗議。

數年來我把不滿都埋在心裡，直到最後我終於爆發出來。由於鬱積怒氣多年，我必須要看心理醫生，才知道壓抑自己的情緒是不健康的。現在當我生氣時，我就試著讓自己冷靜下來，告訴自己這是生活的一部份，有些事是無法避免的，然後我再告訴對方我生氣的理由。在針對我生氣的場合中，我都會試著不採取防衛反應，冷靜地問對方問題出在哪裡。

容許衝突存在

你也許認爲，沒有衝突就是成功的人際關係。相反的，在各種人際關係中，衝突可以把彼此的距離拉得更近，重點是你如何處理衝突。否定問題的存在最後只會導致誤解和怨恨。底下我們列出一些處理衝突的原則供你參考：

1 **認清衝突可以是個體差異的健康訊號。**在人際關係中的兩個個體可以都很強勢。當這種情況導致意見不同時，不見得一定有一方對，另一方錯。也許兩者都對。雙方可以試著從不同的角度來看問題。

2 **將面質視爲關懷的舉動，而非向對方攻擊。**如果你在乎而且有心改善你們的關係，就必須當面把話說清楚。

3 **如果你面質某人，你要知道原因爲何。**你是出於關心嗎？你希望改變你們對待彼此的方式嗎？你的動機是要報復嗎？你希望增進你們的關係嗎？

4 **在面質某人時，要留心別武斷地批評對方。**與其告訴對方他們是什麼樣的人（「你總是…」），不如說出他如何影響你（「我覺得…」）。

5 **別認定你了解對方的想法及他對你的觀感。**詢問對方之後再下結語。

6 **告訴對方你正因他而苦惱的情況。**讓他知道你對他的期望。

7 **在衝突的情況下，讓對方知道你的考量和感受如何與他有關。**別壓抑情緒後突然以挑剔的言語攻擊對方。

8 **學習凝神傾聽。**當別人正在跟你講話時，克制自己別去構思你要如何反駁對方的論點。

大家談

若根據 Holland 的六角形理論來了解某個人的人格類型，你覺得你能夠預測在哪些情況下可能會激怒此人，或他會如何處理其憤怒嗎？在學校裡，有哪些情況會令你生氣？當時你如何處理？

學習如何面質別人

Tracy Grasl

從小到大，我只知道我很害怕面質別人，因為這意味著對方會生氣，然後這股怒氣會懲罰到我。我相信，如果我為自己辯解或反對別人，他們就會以不理我的方式懲罰我。結果是，在我受傷時，我還是不敢面質別人。

在我所修的某一門課中，我了解到我是如何傷害自己，而且我所有的人際關係都是虛假的，因為我並未真誠地與他們相處。

下決心要學習面質別人之後，我開始在一些小事情上和家人提出相左的意見，例如，假如我不同意他們所說的某件事，我就會仗義直言。面質家人逐漸擴大到朋友及男朋友身上。我男朋友說他比較喜歡「以前的」Tracy ，而不確定他是否愛「新的」Tracy 。經過一次又一次的溝通以及彼此的淚光交會，我們發現「新」的我其實存在已久，只是隱藏起來罷了。我已做好心理準備，如果因為要成為較堅強的人而失去男朋友，我也在所不惜。我已經厭倦別人老是把我踩在腳底下。

直至今日，面質別人對我而言仍然有些許困難。為了幫助自己做好面質別人的準備，我會先承認自己的感受，我會說「我此刻真的覺得很緊張與害怕。」我也做了一份書面承諾並下定決心在面質別人時要保護自己。我會先練習好我想說的話——事先將我的想法寫下來，唸給另一個人聽，然後再談論我所寫的內容。

? 「面質別人」對你而言具有何種意義？你滿意你現在處理和別人產生衝突的能力嗎？你又會如何處理別人對你的呢？

帶著微笑的憤怒

Jawad Hajawad

我生長在阿拉伯回教徒的家庭，父親經常對我大發脾氣。他的辱罵使我感覺有愛有痛。常常當父親打我時，他就會和我的兄弟一起譏笑我。許多次在暴力、謾罵的事件過後，父親會來看看我，就像什麼事都沒發生一樣，還端杯茶給我。

當父母親爭吵時，母親會笑父親。父親愈生氣，母親就笑得愈厲害，當然，他也就更加憤怒。

後來，我結婚了，我發現當我太太對我發脾氣時，我的反應竟和母親如出一轍。每次她對我生氣而且情緒激動時，我發現自己臉上就會掛著一個大得無法控制的微笑。我知道處理憤怒的方法不外採取暴力或一笑置之。

在一位專家的協助下，現在我已經能夠處理我的憤怒，並學會以正面的方式來表達怒氣，而且也更加了解憤怒的本質。

? 請你描述在成長的歷程中，你對於生氣以及表達怒氣的體會。目前，當你想對別人發脾氣時，你會如何處理？你又會如何應付別人對你的憤怒呢？

改變家庭的角色

與父母溝通

父母親對你的一生，會產生強而有力的影響。你能夠和他們討論心中所想的事嗎？他們能夠以你喜歡的方式與你溝通嗎？思索目前你想如何與父母親相處會有所助益的。如果你決定和他們過不同的生活，那麼你也許必須拋開過去的不滿。學習如何寬恕與製造和樂氣氛是非常重要的。

問問自己，你是否給父母太多機會使他們不完美。你曾責怪父母親在你小時候的所做所爲以及無法做到的事嗎？如果你希望以成熟的關係與他們相處，先把自己想改造他們的需求放一邊，並接納他們所做的小改變。與其期待他們改變，也許你自己應率先以身作則，則改變會來得更有效。例如，如果你希望你們之間有更多表達情感的肢體動作，你可以先去碰觸他們。假如你想跟母親多相處一些時間，可是你很生氣她並不想花時間在這上面，問問你自己，是什麼原因阻礙了你們親子相聚的時光。有時候，父母親不願意放棄他們舊有的父母角色，但這並非意味著你無法以不同的方式和他們相處。堅持請求你所想要的，有時終會奏效。有效溝通的原理可以用來豐富你和父母共處的時光。

無論你認爲你們的親子關係是不錯、非常好或是很糟，你都可以選擇改變你的角色。我們並非暗示你要負起親子關係中的所有責任，然而一旦你察覺到你的努力將使你們的親子互動型態煥然一新，這將帶給你無比的力量。

你和父母親之間的關係會影響到你和其他人的人際關係。因爲你是從父母親身上學習如何面對這個世界，所以認清父母親對你現在的影響，以及確定你喜歡此一影響的程度是相當重要的。

隨手筆記

你和父母親處得如何？針對這一點，你對他們有哪些期望？你的親子關係對你的大學生活有何影響？他們對你現在從事的工作感興趣嗎？他們對你的生活干預太多嗎？你想進行哪些改變呢？

家務事

Ana Arellano

我抗爭了好久才使家人同意我所選擇的生涯規劃。我是西班牙裔家庭的長女，所以要獲得父親的支持比登天還難。雖然他灌輸教育可貴的思想給我，而我也是全家族第一個獲得二年制大學學位的人，但是他認為女孩子唸二年大學就夠了。

母親總是站在我這邊，因為她的緣故，我才得以改變父親的觀點而成為家中第一位取得學士學位的人。在其它方面，我也都要極力爭取才能獲得。

這段期間，我遇到經濟上的因難，但幸運地，學校的人員協助我渡過難關。不過，我發現，主要的挑戰還是在於與父母親討論事情，以及尋求雙方都同意的方式來改善我們的生活。

我和父母親抗爭的經驗，使他們更加了解弟弟妹妹們受教育的重要。當弟弟也決定唸大學時，他們的態度已開明許多。由於父親的思想出現大幅度的轉變，使弟弟直接就攻讀了四年制大學。

和孩子一起入學

如果你已爲人父母而且還在學校唸書，你可能覺得自己好像是個魔術師。同時身兼父（母）親、伴侶以及學生的角色，似乎是難以克服的挑戰。以下的一些觀念是許多想兼顧這些角色的學生提供給我們的。當然，沒有人可以告訴你如何最有效地平衡你的生活。從這些建議中，爲你自己選擇最適用的吧！

❏ **你曾經思考過你對自己的期望嗎？**你嘗試做不可能的事嗎？你企圖一次完成所有的事嗎？你允許自己輕鬆一下嗎？別忘了請求別人的協助。要了解自己的極限，並讓別人知道此一限制。

❏ **以孩子們能理解的語言，讓他們知道你的學業之重要性。**有時候你可以設法讓他們參與你的學校生活，例如在特定的日子帶他們到你的學校，或與他們分享你上課所學的東西。

❏ **有些時候你要把孩子及他們的活動置於自己的學業活動之上。**如果你能事先計畫好某些你想和孩子一起進行的活動並謝絕參加其他活動，屆時就不會無所適從了。但請記得一定要確保撥出來的時間能專心地和你的孩子在一起。

❏ **你的學校也許會有托育中心。**假如你把孩子送到外頭的托育中心，不妨列出一張名單，這些人平常都在家，一旦你的孩子生病時他們可以代為照料。另外再列出一張名單，這些人是可以跟你交換托育服務的。當你要外出時，請求他們協助你，在你空閒時則換你照料他們的小孩。

❏ **排定一些時間做你喜歡的娛樂活動。**如果你忘了照顧你自己，最後很可能不論是學生或家長都做不好。假如你忽略了自己，你心中會逐漸不平衡而失去你的活力。

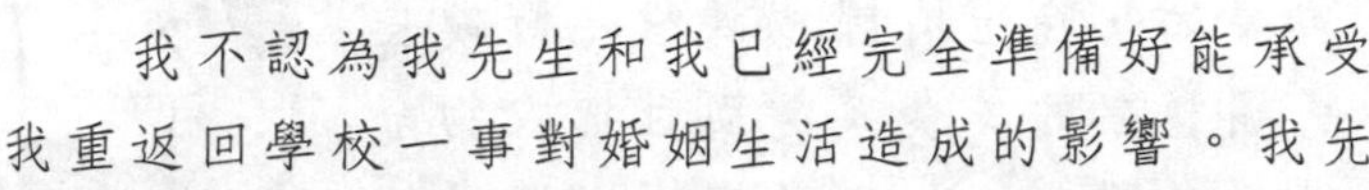

未作好準備

Jill Ferris-Wiley

在婚姻出問題的那段期間，我很難專心上課。我的思緒飄忽不定，精神委靡不振，課堂參與也減至最低。

我不認為我先生和我已經完全準備好能承受我重返回學校一事對婚姻生活造成的影響。我先生覺得我身旁的人都比他聰明，使他覺得壓力很大。他甚至未跟我溝通此事就逕自在精神上背離我。我真的難以面對這種狀況，特別是我確實需要他的支持時，因為，重返學校對我而言是很大的冒險和改變。

我發現自己轉向學校的朋友尋求情感上的支持。這對我很有幫助，但卻使我與丈夫更加疏遠。克服這些挑戰著實耗費了我許多時間和精力。

? 大學生的身分會影響你和親密伴侶之間的關係嗎？你的經驗和 Jill 有什麼不同？

批判思考園地

獲得你想要的

當你試著平衡課業要求及人際關係時，你遭遇了哪些問題？你的父母、朋友、伴侶或配偶了解和支持你當一名學生嗎？

一般說來，你想從他們身上得到哪些你目前未擁有的東西？

你也想從某個人身上獲得哪些具體、特定的東西呢？

不再崇尚美食

Linda Graveline

重回學校當全職學生使得我的婚姻和家庭面臨新的挑戰，我已經不再是以前那部自動販賣機了。譬如，晚上有課或課程時數較長時，我就不再烹調豐盛的美食菜餚而且把衣物全丟給洗衣店。我仍會對家人付出並表現出濃厚的關懷，然而，我不願意屈服在家人的需索下。他們剛開始時勉強接受，但後來漸漸調適過來，還叫我「學生媽媽」。

融入校園生活中

校園活動不是專為外向、善交際的學生而設計的。無論你是害羞、聰明、四肢發達或愛好藝術都無所謂，關鍵是能找到一個社團來補強你現在的興趣及技能。當你覺得快要淹沒在課業壓力下時，聯誼性的交流會像救生衣一樣拉你一把。在決定加入某個社團之前，先考慮你會得到的好處並在校園中打聽清楚大家對它的評價。

以下是加入社團的優點：

你將擴大你的交誼圈及聯絡網路。

實例：「我很熱衷人權，加入校園中的一些社團有助於我接觸一些和我有相同人生觀的人。而且我也認識了一些人，他們正從事著我未來想做的工作。」

你將獲得某方面的經驗及擴展自己的視野。

實例：「我修了普通地質學的課程，加上我對這個主題很感興趣，所以我參加了地質系學會。結果，我決定主修地質學並接受嚴格的實務訓練及經驗。」

你可以培養出你的領導技能。

實例：「當我在姊妹會的成員認為我可以擔任稱職的會長時，這真的增加了我的信心。我從未視自己為領導者；這個經驗幫助我在未預期的方向上獲得成長。」

你可以發現自己的愛好。

實例：「室友鼓勵我加入戲劇社，我很高興自己這麼做，因為我發現，我真的很熱愛戲劇。」

你將增進自己的能力。

實例：「加入商業社團有助於為我將來擔任職場的主管做準備。它強迫我認真聽課及維持成員必須有的 GPA（在校平均成績）。」

你會覺得想投資更多在你的學業及週遭環境上。

實例：「參加同性戀學生聯盟，使我覺得自己是校園中的一份子。我不再感覺孤立，而且事實上，我很期盼到學校，因為我可以出入校園及碰到我的朋友。」

你會從學業中學到更多。

實例：「在兒童發展中心工作，使我的研究更生動、有趣。我可以觀察到兒童行爲的第一手資料，而不只是在課堂上死背書。」

這是紓解壓力的良方。

實例：「運動一直是我處理壓力的好方法。它有助於保持身材而且感覺很健康，但主要還是因爲我就是喜愛它。」

它可能幫助你更有效地管理時間。

實例：「我愈忙，愈能有效地管理時間。如果我有許多空閒時間，我很容易就變得很懶散而且無法完成許多事。重要的是選擇一個好社團，是你願意花時間參與的。」

它會增添你的資歷。

實例：「我計畫唸法律系，並參加課外活動，因爲這會使我的經歷看起來更豐富。」

你將認識更多學校的教職員。

實例：「在就業輔導中心當義工，所獲得的比預期還要多。我可以選擇想上的課，因爲老師認識我，而且其中一位老師現在正是我的導師。」

批判思考園地

考慮你的需求

在你成爲某個社團的成員時，問自己幾個問題：

1. 我的興趣是什麼？我想要增進哪些技能呢？
2. 我喜歡和哪種人在一起？
3. 我可以花多少時間在上面？我還有哪些其他的承諾？
4. 哪些社團組織最適合我的需求？
5. 加入社團要花多少錢？

尋找各種選擇

如果你決定爲自己加入一個社團或學校組織，你可以探勘許多條路線並找出最合適的一條路，例如校刊、佈告欄、學生資源中心、系上所辦的講座等都會提供相關訊息。

重新思考親密關係

若你不想承受孤立或鬱鬱寡歡的感覺，則可考慮選擇維繫現有關係但激勵自己和對方共同提昇彼此的感情。如果你能接受「改變」是你維持人際關係的必要部份，那麼情況將會改觀。

僵局也可以成爲另一個轉捩點，讓兩個人一起重新建立相處的方式。如果雙方相當在乎投注在彼此身上的時間、精力，以及如果承諾要努力改變舊模式及建立新模式，危機事實上就成了轉機，進而挽救了彼此的關係。人們常常在未給自己或對方機會的情況下就終止彼此的關係，他們不懂得如何面對與渡過特殊的危機。

當然，有時候結束一段人際關係是明智的抉擇。結束意味著需要勇氣去創造一個新的開始。我們所在乎的是，人們很可能在遇到危機及掙扎時就太快離開對方。他們可能在能夠重新開始時分手。

知道何時說再見

兩個人如何能知道何時分手最適當？最好在決定結束關係之前，雙方能告訴對方繼續在一起或分手的原因。他們可以思考幾個問題：

❑ **雙方都和他們所信任的人談過了嗎？**可信任的朋友或父母親常能提供有益的建議。

❑ **雙方曾考慮尋求人際關係的諮商服務嗎？**假如接受人際關係諮商，是否雙方都願意這麼做嗎？或是有一方是爲了安撫另一方才一同去的呢？

❑ **雙方都決定要終止關係嗎？**假如有一方仍未決定是否要維持舊關係，他們可以好好談談是否繼續在一起。

❑ **雙方都有獨處的時間嗎？**讓一個人冷靜思考，更能決定自己想要何種生活：要獨自一個人還是和別人在一起。

❑ **雙方曾挪出時間來和對方在一起嗎？**許多情侶都害怕承認彼此很少做深度的交談。這種坦承本身是很有用的，因爲如果他們面對此一問題，則至少有可能改變情況；但許多情侶安排他們生活的方式，卻往往阻撓了雙方親密溝通的機會。

- **雙方希望分手後獲得什麼？**常常兩個人之間的問題是反映著一方或雙方的內心衝突。這些個人問題不會因爲分手就消失。事實上，許多人希望結束一段關係後會更快樂、更自由，結果卻發現他們仍然痛苦、寂寞、沮喪以及焦躁不安。因爲不了解自己，他們很快就會再找到一個酷似舊伴侶那樣的新伴侶，然後重覆相同的情節。

校園心情留言板

「上學期我和女友分手，這使我無法專心在課業上。我幾乎無法應付交報告和準備考試。我和一位我覺得可以信任的教授談及此事，他給了我更多的時間完成作業。這使我了解老師真的關心我，我也願意再和別人分享此事。」

「我發現我的伴侶有了外遇，我很氣憤，心中盡想著如何報復。後來我透過女性中心發現了一個支援團體，它不但有助於我處理憤怒的情緒，也使我不致中斷學業。」

「我的男朋友和我維持相隔兩地的戀情長達一年時間，但最後還是分手了。我很難接受這個結局。我責備自己有時並未盡心維持關係。最能助我渡過難關的方法就是，寫信給這位前任男友，並告訴他我已經領悟了爲什麼我們之間的問題無法解決。」

「每當我因分手而沮喪時，我都試著讓自己忙碌。有一次我在 YMCA 當義務的幼兒教練。這有助於使我不再過於專注自己並做我喜歡做的事。分手對每個人而言都是一種打擊，我則轉移去做自己擅長的事。」

拾回破碎的心

像生活中大部份的事情一樣，人際關係也會隨著時間而變化。很可能你已至少一次經歷過和伴侶分手、失去一位朋友或重要的人的經驗。在你閱讀以下建議時，要記住時間的安排很重要，但沒有正確的順序或要求，完全由你自行決定。

- ❑ **讓自己發洩悲傷的情緒。**雖然悲傷令人痛苦，但選擇壓抑自己的情緒，只會使你胸中充滿鬱悶而很難繼續走下去。
- ❑ **給自己時間。**不管花多少時間，重要的是根據自己的情況去安排，允許自己發洩悲傷。別為了讓別人認為你已經渡過難關而壓抑或隱藏悲傷。
- ❑ **適度表達你的氣憤。**記住，生氣是正常的反應。壓抑或過度表達憤怒都有害身心。
- ❑ **將伴侶的行為視為非針對你的獨立事件。**常常當一方結束一段關係時，另一方會覺得被人拋棄，就像是人際關係的失敗者一般。假如你的伴侶和你分手，這並不表示你就有「缺陷」。對方要結束關係，也許自身的原因遠超過你的因素。有時兩個很優秀的個體就是無法成為伴侶。
- ❑ **負起自己該負的責任。**指責別人的過失很容易，但若能探討自己的行為，對於你的療傷歷程會更有助益。重點並非責備自己，而是要了解你和別人相處時的優缺點。

- **尋求支持**。有人在背後支持你，可以使你在失戀及遭遇情感變故時獲得某種程度的穩定。假如你無法獨自處理失落感的問題，你可以尋求諮商或專業協助，大部份的大學都會提供免費的學生諮商。
- **保持主動**。撥出時間來渲洩悲傷很重要，然而一直沉浸在傷痛中，卻也無法改變任何事實。逼迫自己去參加某種活動，有助於不與生活脫節，並能繼續維繫與外界的人際關係。
- **寫日記**。假如你無法向別人陳述你的感覺，把它寫出來也可以紓緩你的情緒。日後，你可以拿起來重讀，看看自己從那時起成長了多少。
- **修復傷痛**。原諒自己和你的伴侶，使傷痛及憤怒不會帶進未來的親密關係中。
- **告別**。這對於繼續往前邁進頗為重要。對某個人而言，這可能意味著諒解，對另一個人而言，也許只是一種儀式，如寄出分手信或做最後一次溝通等等。
- **反省**。想想你從這次的經驗中學到什麼？即使是最難堪、最不健康的關係，也能對於自己或你希望擁有的關係帶來一些啓示。

沉重的負擔

Bell Bouse

我一個很要好的朋友曾說，在大學談戀愛相當於修 16 個學分的課那樣沉重。分手的話，等於修了 20 個學分。我發現，這真是無庸置疑的事實。

在我轉學後，我經歷過一段相隔兩地的戀情。大體而言，分開的第一個月最難熬。分手的原因不外乎：「你從不打電話給我」或「我們漸行漸遠了。」情況也確實如此。或者理由可能是對方的「朋友」或「一起讀書的夥伴」之介入（就像：「哦，他只是我一起修社會學認識的朋友。」或「Joanne？她只是我上希臘神話課時一起讀書的夥伴。」因此當你聽到「他(她)只是...」時，你可要特別當心了。

創造思考園地

告別

你有任何尚未結清的情債嗎？或你仍對於破裂的友誼或戀情念念不忘嗎？對於這種情況，你有什麼辦法幫助自己做個結束？

____

____

未來的路

1. 蒐集一些你想參加的社團組織之資料。
   你可以和幾位目前的社員談談，並詢問以下的問題：
   - ❑ 你最喜歡和最不喜歡這個社團的哪些部份？
   - ❑ 在學生和師長的口中，這個社團的風評如何？

- ❑ 這個社團如何增進你的大學經驗？
- ❑ 這個社團的社員歡迎你的加入嗎？

2. 你的溝通模式屬於哪一種？以一週的時間，注意自己平常傾聽別人說話的情形，以及別人認為你聽懂他們所說的話的程度。利用 P.237~P.239「哪種人善於溝通？」做爲你的指導方針。在你筆記上寫下哪些事情似乎導致你無法傾聽別人說話。再者，至少找出生活中的某一人，寫下他（她）傾聽你說話的情形。你覺得這個人能專心聽你說話並了解你的意思嗎？

3. 找出一種你難以與別人溝通的情況。當你在與他溝通時，試著觀察你自己。留意你實踐了多少 P.237～P.239 所提及的技巧。記下你已做到和未做到的部份。譬如，若你主要是藉由發問與人溝通，寫下進行的情況。然後嘗試另一種不同的方式－－改以陳述的方式進行。

4. 思考 P.239 關於「良好的人際關係」之主題。試思考一種特定的關係（和父母、最好的朋友、室友等），並將這些主題應用在此種人際關係上。

5. 考慮騰出時間，和你的父母或伴侶談論你在大學裡正在做哪些事以及哪些經驗對你很有意義。你也可以率先討論你和他們的關係，假如你想做某些改變的話。

6. 再一次地，選定你生活中一種重要的關係。這次想想雙方溝通的障礙，並試著指出哪些障礙阻礙了你希望與對方溝通的方式。你如何消除這些障礙呢？

7. 如果你覺得你和某人還有未了的情債（例如，和前男友或前女友），寫一封不寄出去的信，告訴對方關於欲終止這段關係，你所能想到的每件事。

第八章

認識多元化

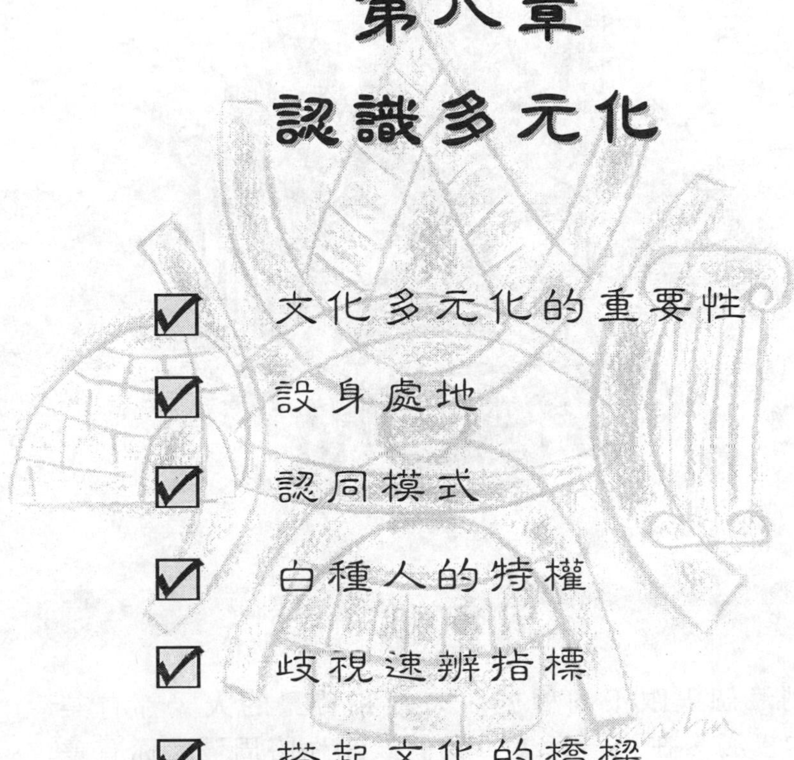

- ☑ 文化多元化的重要性
- ☑ 設身處地
- ☑ 認同模式
- ☑ 白種人的特權
- ☑ 歧視速辨指標
- ☑ 搭起文化的橋樑
- ☑ 走出錯誤的認知

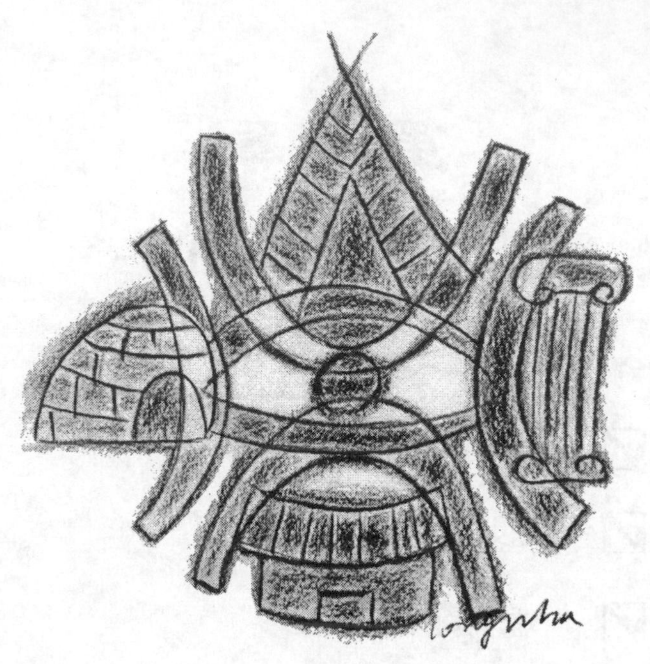

引航

我們每個人跟不同種族、宗教和背景的人，都有某種程度的接觸。在這一章裏，我們鼓勵你將周遭與你有差異的人們視爲資產，以促進自我成長和豐富你人生的旅程。本章一開始先請你思考，文化如何影響你的價值觀、信念和態度。接著邀請你去認識你可能較不熟悉的族群，並站在他們的立場思考。

無論你現在認爲自己屬於「強勢」或「弱勢」團體的一份子，我們都希望你去求證你所抱持的刻板印象，也鼓勵你去思考，在生活中跟各式各樣的人真誠相處，你可能得到的收穫。

認識現在的你

「請爲六個人佈置餐桌」。

想像五位你生命中重要的人，他們全和你同坐於一張餐桌。選定這五位人士（非家人），並在盤子底下，寫下他們的姓名。在你繼續往下讀之前，先把這些人的座位安排好。

1.________　2.________　3.________

4.________　你自己　5.________

儘可能爲你自己和五位客人完整地填妥下表。

如果你遇到不確定的地方，請留空白。

姓名	你自己	1.____	2.____	3.____	4.____	5.____
A. 大約年齡						
B. 性別						
C. 社經地位（低收入、中等收入、富有）						
D. 教育程度（小學、中學、大學）						

E. 性傾向（異性戀、同性戀、雙性戀）						
F. 生活中主要的興趣						
G. 宗教或教派						
H. 種族						

現在，仔細思考後，回答下列問題：

1. 在你的餐桌上，有哪些人？你爲什麼選他們？
2. 他們的年齡差異大嗎？或和你的年齡相近呢？
3. 男性居多，或女性居多？有任何特別的理由嗎？
4. 他們的社經地位如何？都很一致嗎？和你自己相近嗎？
5. 他們的教育程度有差異嗎？他們和你的教育程度相當嗎？
6. 你曾在偶然間得知他們的性傾向嗎？（是異性戀、同性戀或雙性戀？）
7. 你桌邊的客人，有共同的興趣嗎？或興趣都不同？他們的興趣和你接近嗎？
8. 他們的宗教和教派爲何？他們之間有很大的差異嗎？你和他們有相似的背景嗎？
9. 六個人的種族共有幾種？在這方面，這些人彼此相似的程度，以及與你相似的程度大不大？
10. 整體而言，你認爲，你生命中重要關係人彼此之間，社會背景的差異性有多大？
11. 以書面回答這個問題：你過去有機會（或缺乏機會）遇見各種各類的人嗎？你重視這些機會嗎？大學提供了任何新的機會，讓你接觸更多不同的人嗎？

Chapter 8

文化多元化的重要性

許多人認爲，文化只和一個人的種族或民族有關。其實，文化的意涵不只如此，它是一種在任何人類的團體或社會中，經由人與人之間相互的感染，以及代代相傳之後形成的知識、語言、價值觀和風俗。我們每個人都擁有個人本身的文化認同和對於各種文化團體的認同。文化是我們經驗中的一個層面，使我們覺得自己與某些人相似，以及和某些人不同。無論我們住在世界的任何角落，只要打開電視看新聞、脫口秀或看報紙，就會受到日益增加、且不斷改變的文化差異性之影響。

在我們邁入廿一世紀之際，世界村會變得愈來愈相互依賴。這個改變，造成在我們的生活中，所有的領域都必須重視跨文化的關係。爲了讓我們開始了解彼此，並欣賞自己與別人的差異性，我們必須從自己的特質和背景做起。在你希望去調適或欣賞另一文化的價值觀之前，必須先對自己的文化有一完整的概念。

批判思考園地

我從哪裡來？

1. 從社會階級、民族、種族、宗教和教育的角度來思考，回答下列問題：
   - ❑ 你的背景是什麼？

     ______
   - ❑ 你的背景和你父母親的背景有何不同？

     ______
   - ❑ 有哪些關於你父母或祖父母的背景，是你不知道但卻想了解的？至少寫出一項。

     ______
2. 當你身邊所圍繞的朋友，都是與你相似的人時，會有哪些結果？

   正面：______

   負面：______
3. 跟與你不同的人在一起，又會產生哪些結果？

   正面：______

   負面：______

設身處地

了解自己與別人相似或不同的地方，是一種永無止盡的學習。我們每踏進別人的世界一步，就會多了解自己一些。試圖認識各種文化差異性的問題在於，當我們這麼做時，會冒著使刻板印象——指對其他團體的誤導概念——更頑強的風險。我們應記住的是，幾乎在任何文化或種族團體中，成員們都存在著很大的差異。同一團體中存在的差異，很可能多於不同團體之間的差異。

在本節，我們將概略探討一些可能與你的背景不同的人。當你讀每個故事時，問問你自己，和他們有哪些相同點與相異點。試著不以「較好」或「較壞」來評斷差異處，並避免將不同點與缺點畫上等號。我們希望，當你站在別人的立場設想時，能保持客觀。

學習障礙

Brad Kanal

我有一種學習障礙，稱為「注意力缺乏及過動異常」(Attention Deficit Hyperactive Disorder〔ADHD〕)。這意味著，我常常在課堂上坐立難安，很難乖乖待在座位上，而且很容易分心，無法保持應有的專心。我的思緒飄忽不定，無法集中。我變得沒有耐性；無法等到老師下課。

在學校裡，這個障礙導致我常在課堂中，必須出去外面逛逛五分鐘再回教室，因為我已經坐立難安。我很難跟上授課進度，也不易在寫作業時維持專心。我有時會從未完成的功課或活動跳到另一項去。ADHD 影響我做筆記的能力及考試的表現。

課餘時間裡，我擔任一名銷售員。這一類工作很適合我，因為需要大量的體力，而且不需坐著。

目前即將有一個輔導團體在今年成立。我計劃要加入，因為 ADHD 是一個麻煩的問題，而且我知道，還有其他人也跟我一樣正努力克服它。

我沒有殘障

Ed Mohr

我罹患下半身麻痺症，也就是雙腿麻痺。這項特殊的障礙，最大的挑戰就是時間管理。舉例來說，我要比正常人花更多的時間洗澡和穿衣服。我的嗜好是體操、輪椅賽跑和汽車機械。在學校環境中，我不覺得自己有任何障礙。對我而言，「殘障」或「肢體缺陷」，只不過是心境問題罷了。

從眾的壓力

Uzma Ghazali

我是個回教國家的女性，出生和生長在巴基斯坦。當我十七歲時，來到美國並完成了高中學業。現在我是個即將畢業的大四生。在最近兩年裡，我特別注意，學校中有關回教的事物。

經由參加學校的回教社團，我認識了許多不多種族背景的人，而且發現，雖然每個人都有自己獨特的文化背景，但是他們對回教的共同信仰，塑造了他們的價值觀和信念體系。由於對宗教有共同的看法，比起信奉其他宗教的人，使我更能與他們溝通。生活在一個與我的生活標準差距甚遠的社會裡，我發現，從眾的壓力讓人窒息。然而，對我而言，這也是一個很大的挑戰，測試我對自己信仰的忠誠度，以及建立對其他文化的認同感。

我覺得，如果我回家鄉的話，我可能會更了解宗教的教義，主要是因為，我能更清楚地看到它對我的生活和自我認同的影響，以及看到它所有的貢獻。身為回教徒的一員，我們希望，透過校園活動宣揚教義，並傳達我們是什麼樣的人，順利的話，還可以改變一些人普遍對於這個宗教和族羣的刻板印象。

有意思

Robert Leonard

在今日，身為美國大學裡的一名黑人學生，是件很有意思的事。一方面，我覺得，自己似乎有真正的機會，成為社會的一份子，因為有一些像消除歧視的輔導課程，但是，政府的偽善，卻很明顯地只是把我們視為樣板戲，演給外人看的。

我懇切地建議，非裔美籍學生在大學階段，應去探討不同的種族與文化。對於非裔美人，一般人都持有負面的刻板印象。我們可以藉由單純地與和我們不同的人們交朋友，開始打破這些刻板印象，以及我們對自己的錯誤觀念。

今天，許多非裔美人對白人文化憤恨不平。他們有理由生氣，但不能針對每一個白人亂發脾氣。我常被其他的黑人朋友質問，為什麼我要跟一些非黑人建立關係。我很難過，竟然有這麼多白人和黑人互相害怕著對方。大學是消除這些恐懼很好的場所，因為受過教育的人，通常在思想上較客觀。

我也做得到

Natalie Mendza

在我高三那年，我去找一位生涯顧問，討論申請大學的事務。我很清楚地記得，那天走進辦公室（對我而言，是重要的一大步），詢問有

關如何申請大學，以及哪些大學適合我的境況。那位顧問看著我和我的成績單，好像我瘋了一般。我聽到的建議是：「為什麼你要詢問申請大學的事宜？墨西哥人的手很巧呀，別費心思去考 SAT 考試了，好嗎？」我覺得受侮辱、被脅迫和像傻瓜一樣。我無法相信，一個「大學顧問」會這樣洩我的氣，叫我別再做夢。在這個國度裡，我母親每個月都為我繳學費，並認為他們很適當地教育我，但我想他們並非如此，我仍然被認為是笨拙的墨西哥人。

在我大四時，我遇到了一位叫 Sal Castro 的男士，他是我們學區裡的一名教師。他也是上天賜給我的天使。他邀我參加為期一週的墨裔美人青年領導者研討會，因而改變了我的一生。在那之前，我並不認識真正的自己。我沒有文化認同感，也沒有勇氣大聲為自己辯白。在這個研討會中，我們聽到墨裔美籍的專業人士，談論他們自己的求學經驗，如何爬升到今天的地位，以及身為墨裔美人，對他們的意義。我好驕傲地聆聽這些姓 Hernandez, Rodriguz, Acuna, Flores 等人的演講，因為我對他們的姓氏有認同感。我心想：「嗨，如果他們做得到，我也可以。」這些演講者當中，有許多位都是家中第一個上大學或研究所的人，我也是家中第一個。這些前輩告訴與會者：其實我們是美麗、堅強的民族，我們也必須讀大學，這樣自己才能更上層樓，而且不會受到刻板印象的影響。這些話真是振奮人心。

在研討會尚未結束之前，我已經知道自己的人生必然會跟以往不同。我要採取行動，做點不一樣的事。後來，我也很熱心地鼓勵其他墨裔學生，為自己設立目標，並鼓勵他們升大學，這是我中學時期未能得到的協助。

我現在是 MECHA 的會員。它是一個全國性的墨裔美籍學生組織，成立至今已有廿五年的歷史。我們主要的目的就是，喚醒自覺及鼓吹高等教育，以改善我們的社會地位。我非常以自己的民族和文化自豪，因為我知道，我們的族人曾為這個國家（美國）做了許多重要的貢獻。這項事實卻常遭到忽視，而且我們在某些領域裡，總是淪為被壓榨的犧牲者。我擔憂的是，這一點對於墨裔兒童造成的影響。我願投注我的一生，來提升在美國的墨裔人士之地位，及發揚 Cesar E. Chavez 的名言，「我也做得到！」。

坦誠

Peg Tompkins

女同性戀者的身分，讓我受到一些同學和教授的歧視。但另一方面，我也覺得許多同學和老師接納我，仍視我為團體的一份子，不在意我的性傾向。有好幾次，人們告訴我別坦露自己的性傾向。我所持的態度是，不主動告訴每個人，我是個同性戀者，但也不隱瞞；當我覺得場合恰當時，我就會表明。

封閉自己，有損無益

Gary Kerr

雖然我在校園是「眾所皆知」的同性戀學生，但並未遇到太多的問題。我從未經歷過偏激的暴力事件，這也許是我比較幸運吧。我有些朋友所唸的學校，不像我的學校那麼保守，但他們卻不斷遭到身體上的攻擊以及惡意的謾罵。

這並不是說，我在校園中從未歷經過對同性戀者的厭惡。有時候是個微小的動作，像是睥睨的眼神或有意的冷落，有時候則是極明顯的動作，像是咒罵的責難。無論是哪一種，影響都一樣：造成傷害。我受到傷害的原因是，我覺得被大家以社會的標準來評判「我做些什麼」，而不是「我是誰」。我期盼的是一個充滿挑戰和探索的學習環境，而不是思想封閉、狹隘的環境。

也許，假如我不表白自己是同性戀者的話，這些情形會少一點，但我和自己、家人及上帝奮戰許久，也做了許多的努力才接受自己，不再躲藏在羞怯害怕的小密室裡。我也覺得，為了讓自己從學業中獲益最多，我必須利用我所擁有的特質。這些特質之一，碰巧就是同性戀者。也許是對自己誠實的緣故，我或許可做為一個對自己誠實負責的例證。我相信，對自己誠實將有助於開發自己的優點和潛能，因而較容易成功。雖然做起來並不容易，但比起對全世界隱藏你自己要容易多了。對我而言，同性戀恐懼症是自己須面對解決的首要問題，而我最不願做的事情就是偽裝。

大家談

在前幾章裡，Peg和Gary也現身談論過他們的經驗。如果你在讀這些故事時，已經知道他們是同性戀者，你認為，你對他們的評論或建言會產生不同的反應嗎？假如你有一個朋友告訴你，他是同性戀者，你想你的感受和反應會如何？

大家談

在 P.279~284 的故事中，你自己有類似的經驗嗎？你從中學到哪些新觀念？哪一篇故事影響你最大？為什麼？

創造思考園地

記住自己的獨特處

在一張紙上畫一幅圖：描繪你覺得自己在生命中，與眾不同的時刻（別擔心你的美術能力，隨意畫出簡單或詳盡的圖皆可）。它可以是你第一次覺得自己跟別人不同的回憶、童年的經驗、最近的經驗等等。思考幾分鐘後，選一個在你腦海中最鮮明的經歷。畫完圖後，想想以下的問題：

- ❑ 在事件發生的當時，你的想法和感覺如何？試著將自己拉回當時的情境和感覺中。

____

____

- ❑ 當時你做了哪些處理？

____

____

- ❑ 現在你對於這個經驗有哪些想法和感受呢？

____

____

____

認同模式

我們如何獲得對種族或民族的認同感？下列的模式解釋了人們瞭解及整合各種生活經驗共通的階段。藉由觀察自己的種族或民族認同如何發展，你將更能了解對那些和你不同的人，你如何產生自我的態度、信念以及感受。

白種人的意識模式

階段 1：接觸

- 注意到有色人種的存在。
- 天真地對於與有色人種的互動和對他們的瞭解，賦與某種特色。
- 傾向於忽視差異性，或視差異爲無物（人就是人嘛！）。
- 未察覺到自己的種族身份（不知道「白種人」的意義）。
- 意識到種族互動所伴隨的社會性壓力。
- 經由退縮或接近來解決。

階段 2：分裂

- 注意到種族歧視，因而產生罪惡感、沮喪等負面感覺。被迫承認自己是白種人。
- 夾在內在良知的標準及外在文化的期望之間。
- 以下列三種方式之一，因應這種困境：
  - a. 過度認同有色人種
  - b. 對有色人種採取家長式的父權主義
  - c. 退守白人文化

階段3：再整合

- ❑ 對有色人種產生敵意，並對自己的種族產生更優越的偏見。
- ❑ 公然或暗地裡反黑人（及其他少數民族）。
- ❑ 抹滅黑人的特質。

階段4：過渡

- ❑ 對於各種人種，在心智上已能接受，並逐漸感到好奇。
- ❑ 對於種族之間的相似處和差異處產生興趣。
- ❑ 可能會有跨種族的互動情形，或只限制在與某些特殊的少數民族（與白人相近者）互動。

階段5：自主

- ❑ 以欣賞及尊重的態度，接受種族的差異處及相似處。
- ❑ 不將差異處視爲缺點，或將相似處視爲優點。
- ❑ 主動尋求機會，進行跨種族的互動。

少數民族的認同發展模式

階段1：從眾

- ❑ 更強烈地認同優勢文化的價值觀。
- ❑ 對於種族這個層面缺乏察覺。
- ❑ 對於自己和其他人身爲少數民族的一份子，表現出負面的態度。
- ❑ 接受及肯定社會上對自己和自己的種族所普遍持有的刻板印象。

階段 2：失調

- 在階段 1 所發展出來的價值觀和信念，體驗到困惑及衝突。
- 主動質疑優勢文化的價值觀。
- 注意與種族主義、性別主義、壓迫相關的議題。
- 認同個人的文化團體之歷史。
- 有氣憤和迷失的感受。
- 從個人所屬的文化團體中尋求角色楷模。

階段 3：抗拒與融合

- 積極而強力地排拒和不信任優勢文化。
- 展現對自身文化更強烈的認同感。
- 熱衷於自己種族的歷史、傳統、食物、語言等。
- 以遊行抗爭開始主動參與活動。
- 可能與優勢文化斷絕接觸。

階段 4：內省

- 質疑堅決排拒優勢文化價值觀的行為。
- 對於自己的文化團體和個人的自主性，在忠誠上產生衝突及困惑。
- 不斷地掙扎於自我察覺。

階段 5：覺醒

- 解決了許多在階段 4 時所產生的衝突。
- 對於個人的文化認同，產生一種實踐意識。
- 提高對其他文化團體及優勢文化價值觀的鑑賞。

- ❑ 依據過去的經驗，選擇性地接受或拒斥優勢文化的價值觀。
- ❑ 提醒自己應減少各種形式的迫害。

批判思考園地

自己的定位？

重讀一遍上述最適合你的模式。

- ❑ 哪一個階段，最能描述現在的你？

____

- ❑ 在這個階段中，你曾經歷過很大的衝突和困惑嗎？

____

- ❑ 你覺得自己需要哪些進一步的個人成長？

____

- ❑ 你的成長會對哪些人或哪些事物，產生正面或負面的影響？

____

有關同性戀的一些事實

關於同性戀的一般性資料來源之一為：同性戀親友聯盟（Federation of Parents and Friends of Lesbians and Gays），有些事實有必要讓大眾知曉：

- ❑ 據估計，目前全世界約有十分之一的人口為同性戀者。無論在世界各地、各種文化、種族以及經濟水準的家庭，都有可能出現同性戀者。舉例來說，在愛荷華州的 Des Moines 市，十九萬四千名的人口中，就有二萬名同性戀公民。他們及近親的人數，合計約有五萬人。

❑ 有些同性戀者也許似乎符合某些刻板印象，但大部份的外觀和行爲，與異性戀者並無二致。外表和癖好未必能反映出一個人的性傾向。例如，我們可能也認識一些具男人特質的女人和具女性特質的男人，他們其實並不是同性戀者。

❑ 根據美國精神病協會以及美國心理學協會的研究發現，同性戀者和異性戀者一樣，本身並無精神或情緒異常的現象。

❑ 同性戀者對於性活動的興趣與異性戀者相同。

❑ 同性戀者所過的生活和異性戀者一樣多采多姿，他們能夠和同伴建立穩定、長期的關係，會爲生活而工作，也會購物、看電視、投票和繳稅。

❑ 同性戀者不會比其他人有更多虐待兒童的傾向。例如，在美國，百分之九十的兒童性虐待案件，都是異性戀男性對未成年的女性所犯下的。

批判思考園地

對未知的恐懼

有些人對同性戀會產生莫名的恐懼。以下是他們典型的想法或做法。

❑ 一旦知道某個人是同性戀者，立刻只聯想到他們的性行爲，而不把他們看成是完整、複雜的個體。

❑ 與同性戀者相鄰而坐會要求換座位。

- ❑ 相信同性戀者會「污染別人」。
- ❑ 以「gay」(男同性戀者)或「lesbian」(女同性戀者)來稱呼他們，就像在譴責一樣。
- ❑ 對於不利於同性戀的言論保持緘默，以免被誤以爲是同性戀者。
- ❑ 深信同性戀者不適合擔任生父(母)、義父(母)或養父(母)。
- ❑ 認爲如果同性戀者接觸某人，他們必定是想做性的接觸。

把這幾點再瀏覽一次。如果你有其中的某些感受或行爲，你認爲自己是如何學來的呢？你覺得自己在哪些方面的恐懼有正當的理由呢？在哪些方面，你也許想減少恐懼？

白種人的特權

在討論歧視時，我們常被告知歧視對於人們所造成的負面影響。但我們很少談論，身爲歧視族群的一份子所持有的特權。在美國，假如種族主義使有色人種居於劣勢地位，那麼我們必須承認，白人的特權將白種人推上優勢地位。雖然並非所有的白人，都會有意識地歧視有色人種，但很明顯地，白人一般都很喜愛某些特權。

Peggy McIntosh，現任 Wellesiey 大學的教授，她將這些特權評爲：一種「隱形的包袱，裡頭裝的是每天都可使用、不勞而獲的資產，只是我故意視而不見罷了」。以下是 Peggy 整理出來的一些陳述語句，從中可以擭取白人享有特權的情形：

1. 如果我願意，我能夠安排大部分的時間都能跟同種族的人在一起。
2. 如果交通警察叫我靠邊停車，或國稅局稽查我的退稅，我能夠確定我不會因爲我的種族身分而受到另眼看待。
3. 我能夠很容易地買到以我族人爲主題的海報、明信片、圖畫書、賀卡、玩偶、玩具以及兒童雜誌。
4. 我在接受挑戰的情況下能應付得當，而不須說是沾我種族的光。
5. 我可以確定，我的孩子的課外讀物裡，有我們種族的資料。
6. 我可以選購肉色的蓋斑膏或繃帶，讓他們多少配合我的膚色。
7. 若採行矯正歧視措施的公司雇用我，同事不會猜測我是因爲種族身分才獲得工作的。

隨手筆記

你同意 Peggy McIntosh 所描述的白種人特權讓某些人佔上風嗎？在上述十項特權中，哪一項對你似乎最重要？哪些並不重要？該怎麼做才能讓這些特權擴及其他種族的人？

8. 若我開會（或約會）遲到，別人不會以此來譴責我的種族。

9. 我能輕易地找到只眷顧我族人的學術課程和機構。

10. 我可以選擇公共的住宿場所，不須擔心因我的種族而不能進入或遭到不合理的待遇。

在現實中覺悟

Rick Scott

有好長一段時間，當我聽到別人討論有關性別、種族認同等經驗時，我覺得自己一點都插不上話。在我唸大學時，這些觀念似乎離我相當遙遠，與個人並不相干。身為一名中產階級的白人男性，我個人並未經歷種族和性別等歧視。我也未曾與這些人有過衝突和關連。我的大學生活裡，都是由「跟我一樣的人」所組成：中產階級白人。不過我現在回想起來，女性確實會感受到性別的歧視，只是我從未注意過。在那些日子裡，我的內心產生某種否定的聲音。對於身為一名男性白人，我未曾認識自己的「地位」或優勢。

直到我回學校唸碩士時，我才猛然覺悟種族和性別歧視的事實。因為我修了一堂婚姻與家庭治療的課程。這門課的學生男女各半，也包含了零星的少數民族學生（拉丁美裔和非裔美人）。種族和性別的議題於是第一次走進我的生活，大家公開討論及檢討自己的觀念。這使得我的內心開始紛擾，並導致我以不同的方式看待種族及性別，但我並不喜歡這樣。這種感覺就像，男性白人因「壓迫別人」而遭到非難。

可是我卻一點都不是這種人呀！有許多次我已經打算要走出教室，但我留了下來，咬緊牙關只想表達我的不同意。我的教授慢慢地，而且常常是很平和地引導我探索自己的種族以及性別認同。我擴展我的社交圈，包括非白人、非中產階級以及非優勢地位的朋友。我寫報告並研讀有關種族認同的模式，也訪問一些女性，討論她們的美國文化經驗。我發展出一種對差異性真誠的同理心，而且我逐漸了解我也有種族和性別認同。對於我們的文化由男性白人支配的歷史，我並不感到有多光榮，但也不完全覺得羞恥。在探索本身的種族及性別認同時，我發現了個人的責任。我能看清及了解差異，並發展出感受壓迫的能力（由於來自家族受壓迫的經驗），另外我也培養了更高的自我察覺，並適當地應用到生活上。

我想鼓勵所有就讀大學的白人男士修習有關種族或兩性的課程，設法讓自己留在座位上，並預備擴展你的觀念。剛開始，感覺可能並不好，但肯定會是一段豐富的經驗。

大家談

在任何一個社會中，種族、民族或宗教背景的不同可能會與收入、權力及優越感有種不可分的關係。在你的學校中，有這樣的現象嗎？

如果貴校的學生大致擁有相同的背景，如家庭收入、教育程度以及職業等，這會產生哪些影響？你認為在這種情況下，想跨越種族或文化的界線，將人們融合的可能性如何？

Chapter 8

外面的世界是最好的教室

Cindy Corey

1994 年，我有七個月的時間在歐洲居住及讀書。在這次的旅程中，最難忘的經驗之一就是，和一羣好朋友住在挪威的期間。我和一對女同性戀者同住，其他時間則和另一對女同志共渡。在我成長的階段，我的家人曾有男同性戀和女同性戀的朋友，然而這卻是我第一次的親身經歷。這是始料未及的。我問我自己以前從未思考過的問題，例如：「我何時以及如何發現自己是異性戀者？」「我曾經有意識地選擇我的性傾向嗎，或自己只是在達成一種社會期望呢？」「我對於同性戀情侶抱持錯誤的成見嗎？」及許多其他的問題。我和這些女性所維持的友誼，給了我一個機會去體會，我們是一羣多相像的人，不管我們所愛的對象是什麼性別。

另一個經歷是和父母親到中國那次。我們拜訪了心理衛生機構，並學到很多關於中國和香港在諮商與心理衛生方面的近況。我還記得一件震憾人心的事，使我更加相信，人們即使有文化和語言的隔閡也能溝通。我和父母到一所療養院中，當我們被引領到病房時，我注意到有一位老太太躺在床上，看起來已接近末日不遠了。我走進她的房間，藉著翻譯員的協助和她談話。我發現她曾經是個著名的畫家。

在談話一開始時，我伸出手握住老太太的手。在這段短短的幾分鐘內，我親身經歷了一個不可思議的轉變。大約過了二十分鐘，老太太在床上坐得直挺挺地，以生動的口吻說著話，微笑地看著我，臉龐也散發著溫暖的光采（我還記得她的醫生驚訝不已！）。這個短暫的遭遇深植在我的腦海中，因為它證明了，即使不用言語，僅僅對別人伸出雙手的力量有多大，以

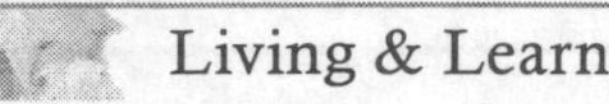

及兩個人之間互相信任的溝通，產生的療效有多麼驚人。

創造思考園地

做客

假設你收到一張與你不同種族的家庭或團體的邀請卡，你也同意當一、二個禮拜的客人。同時假設你的主人會熱忱招待你，負責你的安全與提供適切的服務，並回答所有你詢問有關他們生活及社會的問題。

你最有興趣收到誰寄來上述的邀請函?

____

____

爲什麼? 你最想從中學到什麼?

____

____

你現在實際上可做哪些事，以提高未來有這種經驗的可能性?

____

____

____

速辨歧視指標(QDI)

此時是一個很好的機會，讓你認識自己現在對於文化多元化及兩性平等的態度和信念。方法是做以下的社會態度調查表，使你更注意自己的態度和信念。

說明：圈選右手邊符合你想法的數字。記住，答案無對錯之分。（代碼意義：1=非常不同意；2=不同意；3=不確定；4=同意；5=非常同意）

	1	2	3	4	5
1. 我真的認為在新生兒週歲內，母親比父親適合待在家中（不工作）陪伴幼兒。	□	□	□	□	□
2. 女性要在商場上成功，和男性一樣容易。	□	□	□	□	□
3. 我真的認為大學採行矯正歧視措施會造成反效果。	□	□	□	□	□
4. 我覺得自己能與不同種族的人發展出密切的友誼。	□	□	□	□	□
5. 所有美國人都應當學習說兩種語言。	□	□	□	□	□
6. 從未有女性當選美國總統，這一點令我氣憤。	□	□	□	□	□
7. 一般而言，男性比女性更努力工作。	□	□	□	□	□
8. 我交遊的對象包括各種人種。	□	□	□	□	□
9. 我反對在企業界採行矯正歧視措施。	□	□	□	□	□
10. 一般說來，男性似乎比女性較不關心建立親密關係。	□	□	□	□	□
11. 我自己的孩子若和不同種族的人約會，不會感到不舒服。	□	□	□	□	□

	1	2	3	4	5
12. 從未有少數民族的人當選美國總統，這點令我感到憤恨不平。	□	□	□	□	□
13. 在過去幾年中，我們的教育界太過強調多元文化或少數民族的議題。	□	□	□	□	□
14. 我認爲女性主義的觀點應該是高等教育課程中必修的一部份。	□	□	□	□	□
15. 我大部份的好朋友都是跟我同種族的人。	□	□	□	□	□
16. 我覺得目前由男性出任美國總統會比女性來得令人有安全感。	□	□	□	□	□
17. 我認爲讓自己的孩子唸一所種族融合的學校很重要。	□	□	□	□	□
15. 在過去幾年裡，企業界過於重視多元文化或少數民族的議題。	□	□	□	□	□
16. 整體而言，我認爲在美國的少數民族對於種族歧視的抱怨太多了。	□	□	□	□	□
17. 由女性擔任我的主治醫師，我覺得較自在。	□	□	□	□	□
18. 我認爲美國總統應指派更多女性及少數民族到最高法院任職。	□	□	□	□	□
19. 我認爲白人對少數民族的種族歧視，仍然是美國境內一個主要的問題。	□	□	□	□	□
20. 我認爲學校體系，從小學到大學都應該鼓勵少數民族及移民的子弟學習及完全採納美國傳統的價值觀。	□	□	□	□	□
21. 假如我要認養一名兒童，我不會在乎他的種族出身。	□	□	□	□	□

	1	2	3	4	5
25.我認爲女性對男性的身體攻擊不亞於男性對女性的肢體暴力。	□	□	□	□	□
26.我認爲學校體系，從小學到大學，都應該致力於提升各種文化的主要價值觀。	□	□	□	□	□
27.我認爲 Malcolm X（反種族歧視之黑人領袖）的自傳值得一讀。	□	□	□	□	□
28.我喜歡與各色人種（亞洲人、黑人、拉丁民族、白人）成爲鄰居。	□	□	□	□	□
29.我認爲與同種族的人通婚比較好。	□	□	□	□	□
30.女生在職場上將性騷擾的問題看得太嚴重了。	□	□	□	□	□

計分方法：

將下列幾題所選擇的數字填上，並加總起來：

4 ______ 20 ______
5 ______ 21 ______
6 ______ 22 ______
8 ______ 24 ______
11 ______ 26 ______
12 ______ 27 ______
14 ______ 28 ______
17 ______

小計 ______

將其他題目所圈選的數字反向計算，如：

1：5分
2：4分
3：3分
4：2分
5：1分

1 ______ 16 ______
2 ______ 18 ______
3 ______ 19 ______
7 ______ 23 ______
9 ______ 25 ______
10 ______ 29 ______
13 ______ 30 ______
15 ______

小計 ______

總分 ______

你的總分應該界於30至150之間，分數愈高則顯示，你對於少數民族及兩性平等的議題愈敏感、愈了解。

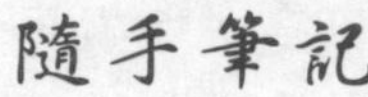

隨手筆記

你的ＱＤＩ分數相當低或相當高嗎?這透露了什麼訊息?

搭起文化的橋樑

在了解的過程中，免不了會遇到障礙。當人們來自不同的文化背景時，語言問題及價值觀的差異會使得溝通產生困難。發現這些障礙，是消除它們的第一步。以下是在跨文化交流中，須考慮的一些重點：

表示出尊重的態度

學習認識其他文化

心胸開闊無偏見

練習有效的溝通技巧

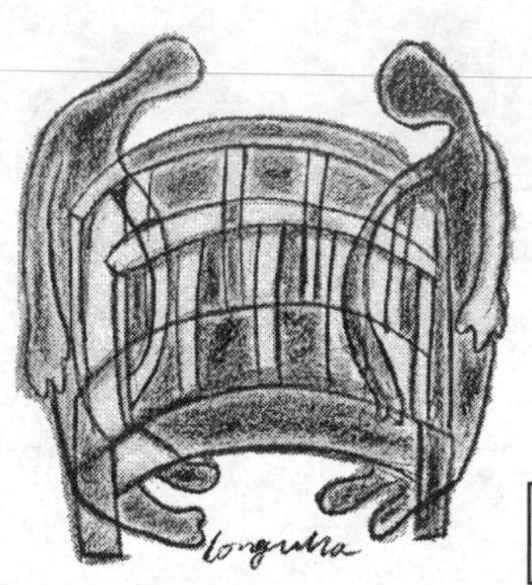

願意接納對方

視多元化爲優點

了解你的偏見

避免妄下斷語

尋找能聯結你們雙方的相似點

挑戰及重新評估你的認知

你愈了解其他文化，溝通就會愈順利。如果你發覺自己有時不爲別人所了解時，別妄下評斷、責難或嚴厲地批評自己。讓自己以認清自身所受的限制爲傲。

克服文化上的誤解

無庸置疑地，在多元文化的情境中，難免會做出錯誤的判斷。這種情形，人人皆然。我們希望你別擔心犯錯，重要的是如何彌補錯誤。解決問題的過程中，自然會教你一些相關的事物。關鍵在於避免自我防衛過度，對於衝突的發生及其結果都能欣然接受。

- ❑ 在討論種族或文化差異時，挑戰你的恐懼及焦慮。
- ❑ 承認可能的誤解。
- ❑ 別採取防衛心態；聆聽其他人的經驗及看法，不必去評判對與錯。
- ❑ 爲了讓雙方彼此瞭解對於誤解或衝突的觀點，你必須與對方進行對話。
- ❑ 與別人談論你自己和你的經驗。試著讓談話單純而且不會太浮泛。
- ❑ 坦承自己的刻板印象及偏見，並勇敢克服它們。

愛情101

Valisa Brown

我現在跟一位叫做 Pablo 的黑西哥裔美國人交往。剛開始，我沒想到會和 Pablo 成為男女朋友，頂多做個朋友和同事罷了。他耍了一些小技巧，連哄帶騙要我和他出去約會。當我們一起出去吃晚餐時，我以為是像朋友一樣出去吃飯，隔天晚上他問我是否願意再和他出去，我答應了他，現在，我們已經交往兩年了。

Pablo 和我的交往中也碰過許多難題。從一開始，我就知道他的家人並不贊成異族戀情，尤其是和非裔美人。如果我是盎格魯撤克遜人，情況立即不同。他最親密的家人都是如此，尤其是他的叔叔和阿姨甚至反對我們做朋友。當我出現時，所有的刻板印象都浮上檯面。當時他的阿姨幾乎不理睬我，現在則最愛跟我談天說地。以前每當要去拜訪他的家人時，我都會覺得很不自在，因為我知道某些親戚對我有偏見。不過這些都成為過去式了，現在我就像是他們家裡的一份子一樣。

在公共場合裡，我們常遭人側目。成為情侶後，第一次碰到的歧視事件，是在一家墨西哥餐廳裡，老闆娘帶我們入座後把菜單和兩杯水放下後旋即離開。我們等了大約五分鐘，雖然嘗試叫住侍者，但他每次都不搭理。又過了五分鐘，另一對情侶進來坐在我們隔壁，侍者經過我們的位置，逕自走向他們。Pablo 大發雷霆，斥責那位侍者及經理。

我相信下一個問題將是他的家人面對我們的婚姻時，但他說沒有任何事情能阻止我們。起初，我視 Pablo 為另一種族的人，現在我則把他看成是我的朋友、未婚夫，以及即將成為丈夫的人。

還好不是納粹旗

Kenny Kennedy

我來自一個小鎮，如果你曾看過〞Andy Griffith Show〞，你將會對我生長的地方有個概念。

我母親在德國出生、長大，所以從小我就被

灌輸強烈的德國人精神。

剛上大學時，我走進宿舍準備佈置我的新家。當一切就緒時，我選好自己要的位置，並開始做一點室內佈置。首先，我覺得這些地方需要一些壁飾，於是我拿出德國國旗並將它懸掛在牆上，突然有個聲音從我背後傳來，帶點半開玩笑的口吻說道：「哇！還好不是納粹旗。」我嚇了一跳，覺得有點被刺傷，我轉向我的新室友，向他道歉並詢問自己是否冒犯了他，是否希望我將這面旗卸下。他給我一個肯定的笑容，並說：「我是猶太人，我只是想確定第三帝國不會接管我的房間，如果你喜歡的話，你不必將它拿下來。」

這是我上的第一堂文化多元化的課。我生長的小鎮上，幾乎每個人都是白種人和基督徒，我對猶太教知之甚淺，也從來沒有人教我要反對它，而且也不認識信猶太教的朋友。再者，我從未深思過自己公然表達德國人的驕傲竟會冒犯別人。

那一年，我和室友從彼此身上學到許多文化差異的事實，我們形成的友誼也非常堅實穩固，甚至有時會說說關於對方祖先，但無傷大雅的笑話。不過，最重要的是，我們都知道，無論你來自何方或過去曾發生哪些事，我們都是活在現代的人。

? 若你是 Kenny，你會有何感想？如果你是他的室友，你當時又會有何感受？這則故事傳達的主旨為何？

走出錯誤的認知

確認及挑戰刻板印象

刻板印象的定義之一是，「未顧及個體的獨特性，任意將一項過度概括的看法加在某人身上」。例如：「男人不會情緒化。」、「女同性戀者討厭所有的男人。」、「黑人動不動就發脾氣。」或「白人都是粗魯的。」無論你犯過這種錯誤或本身就是這些錯誤的受害者，你可能已經很熟悉這些刻板印象。刻板印象很難扭轉，因為它們有時含有一些事實。但它們也經常是人們用來避免視對方為獨特的個體之概念化說法。

為什麼我們不容易放棄先入為主的假設呢？因為我們每個人都傾向於能更清楚地看見支持我們的假設之證據，而較不易看見質疑我們的假設之證據。我們很可能會自動排除那些與自己的偏見相左的經驗。例如，假設你相信女同性戀者討厭男人，當你遇見一位喜歡男人的女同性戀者，並和男性有良好的友誼關係時，你可能會認為她是規則中的例外，而不會去思索這條「規則」是否正確。

這項原理適用在你對某個特殊團體所持的刻板印象上。如果你認為所有的男人都具有男子氣概，你可能會特別去注意、尋找及發掘有此特質的男人。就這方面而言，你心中的刻板印象可能減少你與其他人交往的機會。

挑戰你的刻板印象，並嘗試加以消除，是個很好的體驗。想一想哪些刻板印象容易支配你對某些人的感受及反應。也想想看，你能夠蒐集哪些證據來支持你的刻板印象。然後到外頭實際尋找和它們矛盾的證據。假如你確實地找，很可能發現許多例子和刻板印象相反，它們足以證明相反的觀點也是對的。重點是，我們較容易相信自己選擇要相信的事，即使那意味著習慣性地忽略相反的證據。

你可能不同意上述的論點。你會認為：「沒錯，可是刻板印象通常是正確的呀。」我們同意刻板印象並非完全不合理。事實上，它有助於我們掌握對另一團體或另一個人的感受。建立簡單的通則，似乎有助於我們預測這些人的行為，或決定我們應該如何與他們共處。這是人類的天性，也可能是我們很難消除刻板印象的部分原因。

雖然刻板印象在所有文化中均普遍存在，大學校園中也一樣，但程度卻有差異。大多數的人並不相信，某特定團體中的所有成員都具有相同的特徵。但是許多人相信，某團體的成員「一般而言」都有類似的特性、價值觀及行爲舉止。

如果刻板印象與行爲表現的某些一般性事實有關的話，那麼就值得我們去探討，是先有刻板印象，或導致刻板印象的行爲先出現。換言之，我們對人們產生刻板印象是由於他們的舉動，或這些舉動反動著我們所抱持的刻板印象呢？最可能是，這兩個原因都有，而且相互助長。負面的標籤及刻板印象常引起當事人的憤怒，以致於更加深負面的印象。當你想到刻板印象的需要、用途及影響時，你可以反問自己幾個問題：

- ❑ 若有人針對你的性別、性傾向、種族、文化、宗教、年齡、能力等賦予某些特徵，你會受到哪些影響？
- ❑ 被貼上標籤，對你個人的特質有何影響？
- ❑ 它在哪方面造成你的困擾？在哪方面又對你有利呢？
- ❑ 當你嘗試做某件與別人所抱持之刻板印象相左的事情時，你的感受如何？

自己人

Rahimeh Andalibian

我是依朗人，意思是說我來自依朗，而不是來自沙烏地阿拉伯或其他中東國家。我也是以回教為第一順位，伊朗教為第二順位的人。我

想表達最重要的一點就是：發生在沙烏地阿拉伯及其他回教國家的事件，並不代表回教教義。舉例來說，雖然戒律規定不准女性在某些國家開車，但這並非回教教義的一部份，教義也未間接建議這麼做。假如人們花點時間探討關於回教的問題，他們對於回教會有進一步的認識。

在 Oklahoma 爆炸事件發生之後，人們總是對我們回教徒表現出偏狹、殘酷的評斷。許多人認為，很「明顯」是中東人炸掉這棟建築物的。畢竟人們只看見中東人劫機、綁架人質等等事件。人們心想：這必定又是中東那些獨特的、怪異的宗教極端份子犯下的案子。一開始人們並不會想到可能是自己人(美國人)做的，我很驚訝，他們為何不說那天早上某人看見非裔美人或拉丁美裔美人經過那棟大樓，我想這是刻板印象造成的吧。

我認為，人們在做出判斷前應先敞開心胸。你不以言語說出來，並不表示身體語言不會傳達那些無知、未經查證、根深蒂固的想法及感受。

大家談

想一想你對某一族群所抱持的刻板印象（至少二個）。是哪些經歷或影響，導致你形成這些刻板印象呢？你曾經看到或經歷過任何與這種刻板印象矛盾的事嗎？你認為，何種經歷可能會改變你對於這個族群的成見呢？

發覺偏見

偏見是對於某一個體或族群產生非理性的敵對態度，通常建立在刻板印象之上。偏見及引發的歧視行為並不專屬於某種人。任何人，無論其種族、性傾向為何，都可能以此方式傷害到別人。

歧視可能很明顯，也可能隱晦不彰，幾乎不會被注意到。當問到某些人是否遭到歧視時，部份人說有，然而，另一部份不同背景的人則回答說沒有。除了極明顯的歧視及偏見所產生的行爲之外，多數都是細微和較不易察覺的。無論偏見很明顯或掩飾起來，結果都會造成傷害。即使是委婉的拒絕也會造成對方退縮、縮小視野或限制了個人選擇及自由的範圍。

拜託別再有「某某主義」了！

Bill Bouse

我偶然間曾到一所非常自由的大學裡閒逛，那裡幾乎每個人都在談兩性主義、種族主義...等等的「主義」。他們不只揚起眉稍，而且積極鼓吹一連串的「討論」，一再強調這些議題的重要性。換言之，就像碰到一羣對某種觀念有強烈信念的人一般。

不用說，在校園裡根本沒有兩性主義或種族主義的名稱；但是它們以不同的形式出現，散播著同樣的論點。我會聽到某些男同學對於女性參加「趕走黑夜」(反強暴)集會時，會恣意地評論「她們都是女同性戀者」，或譏笑她們所傳播的訊息。於是兩性主義演變成你來我往的交戰：有一個女性團體以咄咄逼人的態度攻擊兄弟會，並採取稍嫌野蠻行動。這有點像是先有雞或先有蛋的問題一樣：誰先開始得罪對方，以及誰的理由較充分？

我的學校一點也不特別：我相信有許多「主義」正在傳播，但通常不會那麼公開。

雙重標準

Kenny Kennedy

大一那年，我擔任兄弟會的公關組長，成員大多數是白人。我的一位好朋友則是另一個兄弟會的公關組長，他們的成員全是黑人。最後，我們乾脆為兩個團體安排共同的聚會。

有天下午，兩個兄弟會為了橄欖球預賽，雙方在運動場邊的停車場集合。停車場只有一個簡易的洗手間，因此，住在對街的朋友答應讓大夥兒使用他們的盥洗室。在球賽的過程中，有三位黑人朋友去使用盥洗室。我直到現在還清楚記得接下來發生的事。

當他們從對街走回來的路上，兩部巡邏停車場的警車追上他們。警察跳出車外，開手電筒照著他們的臉，命令他們靠在警車旁並將他們銬上手銬。所有目睹到事件的人，都不敢相信眼前的事實。

最後變成，在白人佔優勢的環境裡，四名白人警官騷擾三名年輕黑人，就像他們是逃犯一樣。兩個兄弟會的成員們趕緊上前了解情況，警官告訴我們，這些人是因為擅自穿越馬路才被捕。我們都很清楚他們是因為膚色才被捕。當我們據理力爭時，警官很客氣地問我們是否想參加他們在總部的派對。

在大學四年中，我從未看過有其他人因不走行人穿越道而遭到同樣的待遇。這個事件突顯了一個明顯的事實——雖然社會致力於消除種族歧視，但我們永遠不可能改變某些人的觀念。遺憾的是，歧視仍存在於世上，而且很可能在某種程度上永遠都不會消失。我想，大家必須先問問自己能夠做到哪些改變。

親身經歷

April Hunter

在校園中，我只經歷過輕微的種族歧視，像是刻板印象以及在學校很難交到朋友。我發覺，當我試著要在學校裡和人聊個天時，我總是那個主動打開話匣子的人，我想這可能是因為這個學校的黑人相當少，所以人們很少有機會了解黑人。

在過去，我通常都會主動找人說話，並向其他同學打招呼。最近，我決定做個實驗，好幾個禮拜什麼話都不說。我發現，除了一位常和我談天的拉丁美裔女孩之外，竟沒人和我打招呼。她也是我們班上除了我之外，唯一不是白種人的學生。我對此感到沮喪，也不再努力地主動找人說話了。

另一次受歧視的經驗發生在大一時。一位我常在課堂上和她交談的白人女孩，向某個人介紹我時，說道：「這是我的黑人朋友，April」，我為此感到不悅，因為人們從未忘記我的膚色，他們總是把我看成典型的黑人。我並不是說，所有的白種人都會歧視別的種族，我只是覺得，許多白種人都跟其他種族的人劃清界線，而且大多未察覺自己正在歧視別人。

現在當我在學校裡遭遇偏見時，我總是抱著不予理會的態度。這是身為黑人的遭遇，不只在校園，幾乎每個地方都一樣。

批判思考園地

校園中的偏見

如果有的話，請舉例說明你在學校中看見或經歷的偏見。你或其他人如何處理這種場面？下次，你想採取哪些不同的作法？

「旅程結束了，我又回到原點，不同的是，豐富了閱歷，卻減損了許多不堪一擊的信念和堅持。信念與堅持常是無知的附屬品，所以那些覺得自己總是對的，以及認為自己的意見很重要的人，應該待在家中。當一個人旅行時，信念就像眼鏡一樣容易遺失，但不同於眼鏡的是，信念並不容易取代。」

Aldous Huxley
Jesting Pilate

未來的路

選擇對你有意義的活動。鎖定那些能幫助你確認與釐清目標與價值觀的活動。

1. 「請為六個人佈置餐桌」。在本章一開始，我們請你指出五位你生活中重要的關係人。請在下圖中填上五個新的名字。想想第一次出現在餐桌上的人為什麼消失了。你可以選擇已認識的人，或想進一步了解的朋友。請以自己的感受作答，不要去想別人可能期望的答案。

1.________

2.________

3.________

4.________

你自己

5.________

- ❑ 你對於最熟悉的人，或花最多時間相處的人，有什麼感覺及想法。你決定做哪些改變?
- ❑ 你會以哪些實際的方法，擴展你的重要來賓群，例如包括和你不同背景或性傾向的人。回答時儘可能詳實、明確。

2. 接續 P.278「批判思考園地」所探討的問題。和親戚談論，或找尋其他線索，以解開至少一個關於你的成長背景之謎團。將你的研究成果記錄在筆記上。

3. 下次當你看電視節目或電影時，戴上「偵測眼鏡」，並問問自己，假如當中所描寫的特定個體或團體的形象，與一般人的刻板印象及偏見不符時，

- ❑ 你相信嗎?
- ❑ 當中傳達了哪些關於此特定團體的訊息? 你比較希望傳達哪些訊息呢?

4. 瀏覽幾本雜誌，並找出一些描述男性、女性、及不同種族的廣告。

- ❑ 這些廣告如何描寫這些人?
- ❑ 這些描寫是正面的或負面的?

- ❑ 你看出針對某特定族群描繪著較負面的形象嗎?
- ❑ 對於某特定族群有較正面的描繪嗎?
- ❑ 你覺得這些刻板印象及描寫有無事實依據?
- ❑ 你認爲，大眾對你的族群所持的負面刻板印象，如何影響你及其他同族群的人?

5. 下次當你參加某個活動時，鼓勵自己和你平常很少接觸的人相處。例如，假如你幾乎都只跟同年齡或同宗教背景的人交談，那麼就找一個完全不同的人談話。

6. 若有機會，讓自己處於你是唯一特例的情境中。注意你的感受。有哪些事情讓你覺得不自在? 在這種場合中，你可以做哪些事，讓自己舒服一些? 試著在不同的團體中，體驗幾次這一類的經歷。

7. 回顧你所佈置的第二張餐桌，你可以採取哪些步驟使它成真? 你還可以邀請誰? 爲了邀請這些人，你會採取哪些步驟？

8. 找出學校特別針對跟你有同樣文化背景的人所提供的資源。有任何社團、導師課、獎學金、讀書會、專業組織或支援團體存在嗎?

9. 參加一個活動，其成員與你有不同的種族背景。

10. 跟不同文化或種族的人，討論有關文化、種族的議題。

11. 以圖畫表達你的文化。運用不同顏色的筆，花十至二十分鐘畫一張圖或一些意象，來傳達你的種族或文化認同。不要寫任何文字。向某個人解釋你的畫作。

12. 想辦法修一門課，其任課老師與你的性別、性傾向或種族不相同者。

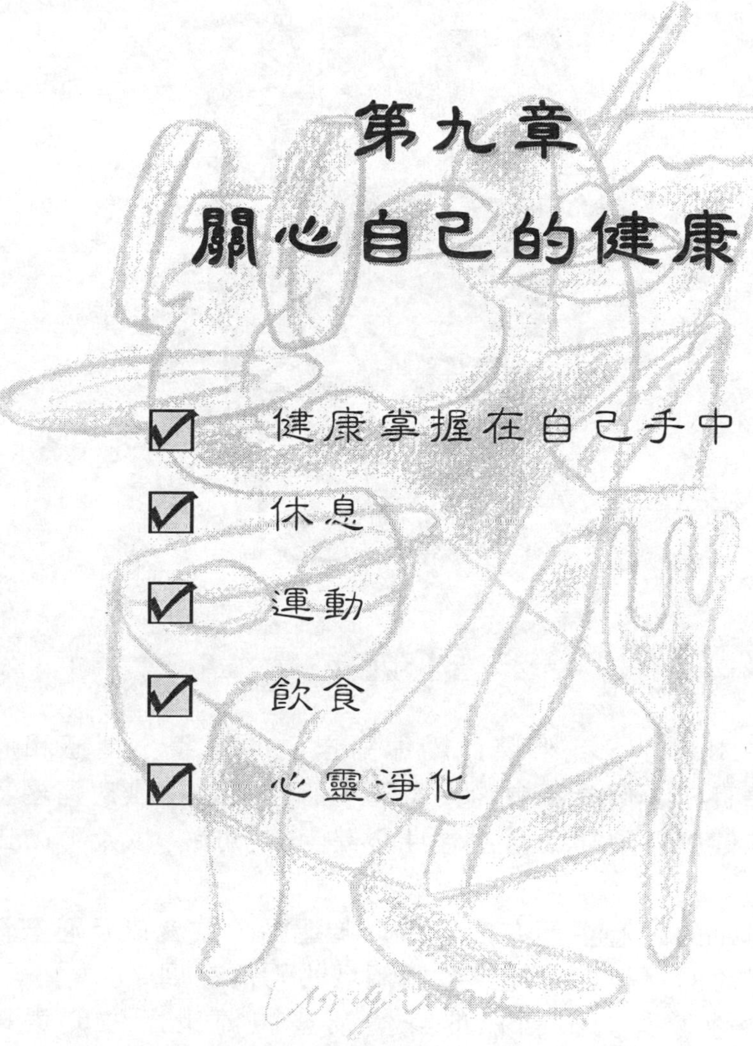

第九章
關心自己的健康

- ☑ 健康掌握在自己手中
- ☑ 休息
- ☑ 運動
- ☑ 飲食
- ☑ 心靈淨化

引航

在本章裡，我們將鼓勵你對自己的身體、情感和心靈負起責任。健康不會從天而降，而且不是指無病痛纏身而已；健康必須靠平常注意身心健全的發展，以及努力去維持。

本章的中心主題有四：**休息**、**運動**、**飲食**以及**心靈淨化**，最終的目標在於達到各個領域的均衡發展。

當你檢討對於自己的身體及整體健康所做的選擇時，你可以更加深入了解你如何看待自己和個人的生活。如果你並不注意自己的健康，你認為是哪些想法和態度所造成的呢？

認識現在的我

花幾分鐘評估一下，你目前把自己照顧得好不好。在符合你情況的敘述前畫個「○」，不符合的畫「×」，不確定的畫「？」。

1.____我覺得自己健康又強壯。
2.____我的睡眠充足。
3.____我排定時間做規律的運動。
4.____我有時會在上課時打瞌睡。
5.____我常忽略自己身體和情感上的需求。
6.____我的飲食習慣並不好。
7.____我對自己生活中的精神層面感到滿足。
8.____我能夠享受當前的生活。
9.____我覺得自己的體能狀況不錯。
10.____我想改變基本的生活型態以促進健康。

健康掌握在自己手中

所謂「健康」，強調的是你的身體與其他方面（如心理、情感和心靈等）之間的連鎖關係。我們著重廣義的健康而不只是不生病的狀態，而且就像生病有輕重程度的不同一般，健康也有等級的差異。

在維持身體健康方面，你是採取被動還是主動的態度呢？假如你認爲自己感冒或生病只是運氣不好，那麼你將受到自己身體的支配。但如果你了解你的生活方式對你身心健康所產生的影響，你就能成爲自己身體的主人。這項任務包含了照料營養的攝取、建立固定的運動習慣以及管理你給予自己的壓力。倘若你傾聽自己內心的聲音，你便能選擇一種適合自己的方式來提高生活的品質。在當前的生活中，你如何解決這個重要問題？我們希望你用心思考一下：你將自己的健康擺在哪個順位；你想進行任何改變嗎？

批判思考園地

照顧自己

你把自己照顧得好不好？依據健康的觀念，你目前過著何種生活？在哪些方面你想進行改變？

____

____

____

休息

睡眠—你不能沒有它！

「大學生喜歡睡覺的程度超過約會。」這個令人驚訝的事，是根據對全美 6500 名大學生所做的調查中得到的結果。「參加舞會」和「聽音樂」分列最喜愛的休閒娛樂排行榜第一、二名。睡覺以些微差距名列第三，約會則退居第六名。」

雖然大學生說他們比較喜歡睡覺，但他們常熬夜到凌晨一、二點並找一堆藉口讓自己睡眠不足。

以下是睡眠不足的警訊：

- ❑ 情緒低落
- ❑ 持續疲勞
- ❑ 睡醒時仍感到疲倦
- ❑ 無法專心
- ❑ 上課或讀書時打瞌睡

雖然必需的睡眠量因人而異，但大多數的人都需要睡六至九個鐘頭，才能使身體機能正常運作。

你有必要觀察你的睡眠和休息是否正常。當然，我們大部份的人偶爾會有失眠、輕微的睡眠失調以及不易入睡等症狀，然而，長期有睡眠方面的問題就值得注意了。改變某些特定的行為，對睡眠品質可以產生決定性的影響。此處的建議能幫助你輕鬆進入夢鄉。假如你發現自己有嚴重的睡眠問題，可以向學校的健康中心、你個人的醫師或睡眠失調專家求助。

祝您好眠！

生活規律。你不須每晚都同一時間上床睡覺，但最好能夠每天早晨在固定時間起床，包括早上不必上課的日子。睡眠專家說，這樣可以避免擾亂你的生理時鐘。

除了睡覺之外，別在床上做其他事。確定床在你的腦海中只會聯想到睡覺和休息，而不是讀書或做其他事。如此可以避免當你開始要讀書時就想到睡覺。

運動。在一天當中不太晚的時刻做做運動，可以促進夜間的睡眠。睡前不適合做劇烈運動，但在晚間散散步則有助睡眠。

保持環境清靜。試著減少睡眠時的噪音，或以柔和的聲音掩蓋，例如音樂、風扇的嗡嗡聲，或使用耳塞。傾聽你自己的呼吸聲，可以幫助你放輕鬆與熟睡。

遵守就寢前的規律活動。養成規律的生活習慣，有助於睡前的心平氣和。泡個澡、挑好明天要穿的衣服、閱讀或擬隔天的行事表。給自己 15 分鐘躺在床上休憩。如果你還不睏，就起床換個地方，看個書直到你想睡覺時再上床。

注意你的飲食。在午後喝咖啡或含咖啡因的茶或飲料，可能會影響你的睡眠。而酒精，即使是少量，也會讓你睡得較不安穩。

將憂慮傾瀉出來。如果你發現自己清醒地躺在床上，擔憂某個問題，不妨起床把它寫下來。可能的話，寫出明早你會如何解決它，再加上爲何現在不宜爲這件事煩惱的理由。也可以找一位朋友談談你的問題。

避免吃安眠藥。大部份安眠藥的藥效通常都很短暫；各種形式的安眠藥也都會使人上癮。有些若混合酒精或其他藥物服用則會有危險。它能幫助你快速入睡，但無法讓你熟睡。隔天早上也會殘留藥物的副作用，如頭痛、作嘔等。試著改喝藥草沏成的茶，或許有助於入睡。

對抗失眠

Cindy Corey

我在晚上常會掙扎一段時間後，才能讓大腦清靜下來。我往往會躺在床上思考所有隔天要做的事，或煩惱當天所發生的事。所以在我上床前，我習慣製做翌日的行事表。如果某件事困擾我，我會把它寫在日記上，這樣我上床後就不會胡思亂想。如果這樣還沒用，我就乾脆起床看我最喜歡的一部外國片「新天堂樂園」，看上 100 次，直到我的眼睛再也睜不開看字幕為止。

批判思考園地

是你讓自己缺乏睡眠的嗎？

花幾分鐘問自己：

- ❏ 你的睡眠充足嗎？
- ❏ 你常拖延上床的時間嗎？爲什麼？
- ❏ 你的睡眠有任何問題嗎？
- ❏ 你的睡眠習慣從何時起變差的？

寫下你想做哪些事來改變你的睡眠習慣？

____

____

____

____

大家談

在你身上出現了哪些警告你睡眠不足的訊號？你要如何改善這種現象呢？

休閒時間

也許你覺得自己必須時時刻刻投入工作。這種認爲自己「應該」具備生產功能的感覺，深植在你的工作倫理觀念中，而使你認爲休閒時間是一種浪費。不過，正如同工作有其目的一樣，休閒活動亦同。

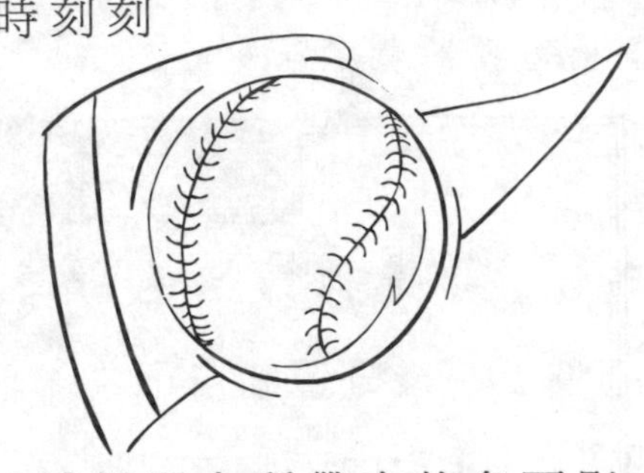

舉例來說，休閒娛樂可以減低壓力所帶來的負面影響。它可振奮精神，使生命更有意義及滿足我們追求歡樂的需求。娛樂的方式有很多種，例如：從事體育活動、與朋友歡渡時光、接觸大自然、沉思和獨處⋯。

工作和休閒的平衡在各人之間有很大的差異。有些人雖排定休閒活動，實際上卻誤解了娛樂的本意。有些人雖辛勤工作，卻樂在其中。更有些人不做事時就會覺得無聊。當然，過多的休閒娛樂，會讓我們很難專心地完成目標，而且會懷著「今天不做明天做」的心態。關鍵在於，找出屬於你自己的平衡點。事實上，工作對你而言也許是種樂趣。你面臨的挑戰就是，找出時間去做對你有意義以及能幫助你保持活力的事。

騰出時間留給自己

Dave Severson

我絶對會找出時間來娛樂。我喜歡留些時間只給自己。在我上床睡覺前或早上起床後，我都會儘量做一些消遣。我喜歡讀一本好書和練習彈吉他。這可幫助我的身心遠離所有學校中的雜務。在學校的空檔時間，我會去逛逛書店，玩玩電腦或做些個人喜愛的事。

? 找出一件可以幫助你不再掛心學業的事。

慢慢來

Vanessa Vertin

身為一名學生對現在的我而言，只是一種附加物，它並不代表我主要的身份。我從不認為，當學生比當朋友、姊妹、一名音樂家或身為一個人還重要。尋求平衡及協調，似乎是我生活中一把萬用鑰匙。我常說自己是個走路和做事都慢吞吞的人，我拒絕匆忙倉促。當身旁的人忙得團團轉時，我會將動作放得更慢。因為如此，我才能專注在真正重要的事情上，而且不須因為做得不好而重來。我發現根本就找不到必須快跑的理由。

創造思考園地

你如何能放輕鬆

你會定期從事一些休閒娛樂活動嗎？
做些什麼？

____

____

多久一次？

____

你想嘗試哪一種新的休閒活動？

____

____

運動

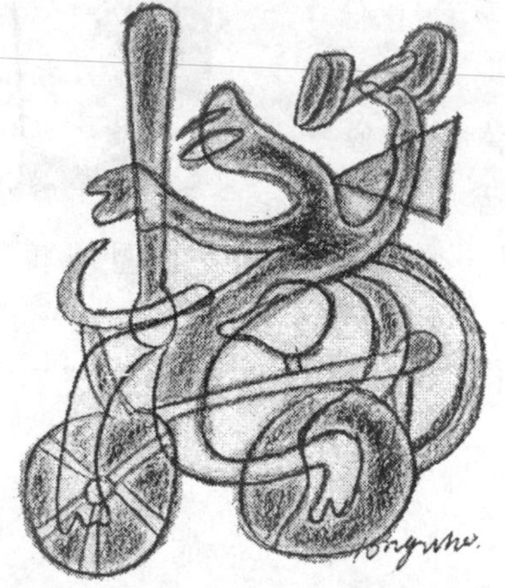

爲什麼要運動？

運動對健康很重要，因爲現代人很容易久坐不起。如果你問自己爲什麼要在生活中養成固定運動的習慣，可以參考下圖中所列的益處。

運動的好處：

釋放激素－提升低落的情緒，增進體力、注意力及創造力。

促進身體的強健及耐力。

紓解緊張和焦慮。

使你感覺起來及看起來容光煥發。

減緩或防止心情沮喪。

改善你的睡眠。

固定運動的習慣能降低健康上的風險。

批判思考園地

運動對你有幫助嗎？

你覺得自己實際上從運動中得到哪些益處？

___

___

___

因應的武器

SusAnne Ortiz

我是一名全職的學生，而且一週工作 30 個鐘頭，所以我需要大量的時間和精力。在此情況下，我以運動做為因應的武器，讓我不致精疲力竭，並幫助我維持所需體力以配合忙碌的行程。

運動培養了我的體力，也給了我耐力。當我運動時，我才有時間將我的想法凝聚起來，這成了我處於壓力時的一種冥想方式。運動也帶給我愉悅的心境，因為無論是付出的努力或得到的結果，都讓我對自己感到滿意。

如何讓自己動起來

挑選你最熱愛的運動並遵循下列的指引：

1. 運動前先做暖身動作。做一些有氧運動或走 5 分鐘路，一直到你的身體和肌肉感覺溫熱為止。
2. 伸展你在運動中會使用到的肌肉。每個伸展動作維持約 15 秒的時間。
3. 你應該一週 5 至 7 天做固定的一項運動，因為這樣才能讓運動成為你生活的一部份。如果你連續三天都沒運動，那麼你得花更多的努力重新開始。
4. 在理想的情況下，每個成人在一週大部份（最好是全部）的日子裡，應該累積 30 分鐘以上適度至激烈的體能活動。對多數成人來說，這相當於每小時以輕快步伐走上三至四公里的路程。倘若你才剛開始，運動 10 至 15 分鐘即可；隨後再逐漸增加時間的長度。

運動（或飲食）的秘訣

欲持續一個運動計劃或保持良好的飲食習慣，必須有強烈的動機才行。以下是展開並維持上述計劃的一些建議。

1. 找個同伴和你一起運動（或規定飲食）。如果你找個人一起運動，比較不會半途而廢，而且這段時間也會過得較愉快。最好是找一位不是很要好的朋友，他不會接受你任何缺席的藉口。

2. 給自己獎勵。如果你預計一星期要運動5天，每天30分鐘，而且你也達到目標了，則不妨犒賞自己一番。獎勵會帶來動力，也有助於了解何時完成了目標。

3. 設定挑戰的目標。計劃參加賽跑、健行或長程腳踏車旅行。這將更能鍛鍊自己，使自己達到更好的體能狀態。

4. 寫日記。假如減重是你主要的訴求，則可以寫日記來記錄你的進程。寫下你在運動或減肥期間的感覺，以及如果你不這麼做時又是何種感覺？記錄你個人的成功或突破。這將能幫助你觀察自己的進步，並在必要時重新評估你的計劃。

5. 訂定健康的目標。為了減肥而運動有可能造成某些人的問題。若你努力做運動的目的是為了減重，很容易在未擁有「完美」或「適宜」的體態下淪為自虐的形式。健康的運動目的也許是為了鍛鍊耐力，或純粹是為了活動筋骨後的舒暢感。問問自己，你的身體在何時需要運動？需要何種形式的運動？以及運動量的多寡。

6. 運動是爲了樂在其中。運動應該是充滿樂趣的。無論你選擇如何運動，目的都應該放在體驗和享受自己的身體感受上，不管你是何種體格或身材。每個人都有資格享受到這種樂趣。

保持平衡

Joseph Powers

唸大學時，我還須做一份全職的工作。伴我渡過艱辛日子的，除了家人的支持外，就是休閒活動。我試著找出「脫逃時間」，去衝浪、跑步、騎腳踏車、學空手道或從事其它的肢體活動。我喜歡以消耗體力的方式來紓解挫折感和受到壓抑的活力。我甚至上有氧運動課程，以確保一個禮拜至少能有二次運動流汗的機會。我同時也儘量每天沉思，並騰出安靜獨處的時間。這些就是當我維持忙碌生活時保持工作與休閒平衡的方法。

無論晴天或雨天

Jerry Corey

在二十七、八歲時，我就把運動當做生活中重要的一環。使我能貫徹執行（即使半強迫性）運動計劃的，就是做一些較有趣的體能活動而不是視為負擔。因為我住在山坡上，所以健行和騎腳踏車就成了消除疲勞和促進血液循環很好的運動。如果下雪使我無法從事這二項活動，我就去劃除車道和屋頂上的雪。如果下雨，我便撐傘在住家附近的街道散步。許多工作把我綁在書桌前，所以我很重視絞盡腦汁後的休閒活動。再者，我的食量大如牛，如果不逼迫自己從事規律的運動，我馬上會胖得像頭豬。

創造思考園地

我用來逃避運動的藉口

將適合你的敘述打「∨」。

□外面太熱。
□外面太冷。
□沒時間。
□剛吃飽不能運動。
□我沒有適當的運動鞋。
□我運動時看起來很可笑，別人會嘲笑我。
□有什麼好處呢？
□下週再開始吧。
□沒有人想和我一起運動。
□我可能會受傷。
□睡眠較重要。

你有時還會給自己哪些藉口？

____

____

____

____

隨手筆記

規律運動的計劃會帶給你哪些好處？哪一種運動最適合你的生活方式？你如何讓運動變得對你更具吸引力？

飲食

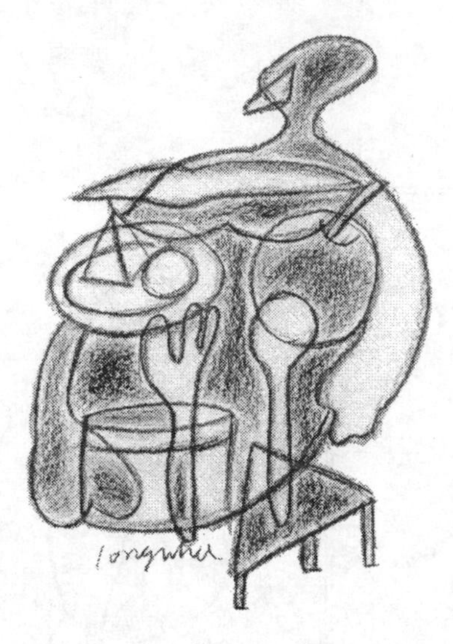

吃出健康

有句話說：「吃什麼像什麼。」如果屬實，那麼就值得你去培養出健康的飲食習慣。

以下是我們提出的一些建議：

❑ **多樣化是關鍵。**大部份的營養專家都建議，每天應攝取多樣化的食物，如：

油、脂肪、醣類
紅肉、家禽、魚肉、蛋、堅果、豆類
乳製品（牛奶、優酪乳、乳酪）
水果、蔬菜
麵包、五穀雜糧

❑ **避免攝取過量的鹽、糖、咖啡因、飽和脂肪酸、膽固醇、酒精。**

❑ **在食物中攝取維他命。**對多數人而言，獲得充足營養最有效與最好的方法就是吃各種食物，包括水果蔬菜和果汁。

❑ **給素食者的建議：**如果你不吃肉，必須確保自己能從其他的來源攝取足夠的蛋白質，像是乳製品、豆類和堅果等。

- **傾聽你的身體。**傾聽身體發出它需要什麼的信號。假使你常覺得疲倦或體力不支，吃健康的食物即能供給你燃料（熱量）和能量。忘記吃飯或暴飲暴食都是忽視身體信號的現象。

一天喝八杯水的八個理由

八杯水是指8盎司的杯子喲！

1. 水是重要的營養品。
2. 水會攜帶其他營養成分至各處的細胞，及輸送廢物至腎臟和肺臟予以排泄。
3. 在血液中運送重要的細胞。
4. 在消化和新陳代謝的過程中，扮演極重要的角色。
5. 有助於維持體溫的恆定；冷卻汗水的溫度。
6. 保護組織與潤滑關節。
7. 使你有飽足感。
8. 防止便秘。

健康的點心

爆米花
冷凍優格
水果
低脂小麥片
堅果和種子
鹹脆捲餅
生菜
蘋果醬
棒形麵包

認識咖啡因的眞面目

一般含咖啡因的物質有咖啡、茶、巧克力、汽水、不需經醫師開處方的興奮劑和減肥丸等，每一種都會提高血液中的腎上腺素值。如果你在壓力下攝取咖啡因，那麼你的心臟、內分泌系統以及神經都會變得更緊張。結果不外乎：

- ❑ 更加依賴甜食來供給身體系統所需的熱量。
- ❑ 咖啡因發癮症狀。
- ❑ 消化系統併發症。
- ❑ 睡眠問題。

大量攝取咖啡因產生的症候群，和焦慮症候群的差異通常並不容易分辨出來。漸漸地將習慣轉換成使用無咖啡因的飲料和點心，你便能繼續享用咖啡、蘇打水等等，而不須承受因過度的咖啡因所造成的壓力。若你真的必須攝食含咖啡因的食品，也要把含量限制在相當於每天兩杯咖啡的量（約 160 毫克），這樣將能降低大量攝取咖啡因之後，你的健康及身體所須付出的代價。

批判思考園地

你有過度攝取咖啡因的問題嗎？

你攝入的咖啡因多嗎？它對你造成什麼影響？咖啡因症候群包括失眠、易怒、沮喪、長期疲憊、心跳脈搏快速、神經質、頭暈、呼吸急促、腹瀉、胃痛、頭痛及焦躁等。

做做下面的測驗，了解你的狀況。

是　否　1. 咖啡因造成你身體或心理健康的變化嗎？
是　否　2. 你每天攝取超過 250 毫克的咖啡因嗎？
是　否　3. 若你每天固定飲用一杯以上的咖啡，你有兩種以上咖啡因症候群的症狀嗎？（症狀愈多，你愈離不開它。）
是　否　4. 你可以從今天開始不喝咖啡嗎？
是　否　5. 假使你在早上九至十時無法喝杯咖啡，你會心煩氣躁嗎？
是　否　6. 你通常會續杯嗎？
是　否　7. 你是否曾經主動一整天不喝咖啡、可樂或吃其他含咖啡因的食物？
是　否　你覺得有什麼明顯的不同嗎？
是　否　隔天你會喝更多的咖啡嗎？
是　否　8. 超過 18～24 小時以上不去進食含咖啡因的食物時，你會頭痛嗎？
是　否　9. 你常選擇含咖啡因的咖啡、茶或可樂嗎？
是　否　10. 你每天都要靠咖啡來提神嗎？

分數解讀　若你有三到五題回答「是」，就表示你應該減少攝取咖啡因；若超過五題回答「是」，那麼你咖啡因上癮的機會很大並應戒除這種習慣。

何謂「理想」身材？

大部份的人對自己的身材都不會百分之百滿意。即使聽到別人對自己外表的恭維，也會立刻回答：「謝謝，但我還必須減（或增）重。」或「我還沒達到標準呢！」。很多人成天只想著如何保持他們心目中的「理想體重」，或努力想擁有難以達成的完美體格。

深入思考社會帶給你的壓力，讓你認爲必須擁有理想的身材，以及日積月累下來，你真的相信自己的身體有缺點。我們的文化施予女性莫大的壓力，認爲瘦才好看。媒體也常把瘦和美畫上等號。許多接受這些訊息的女性常產生沮喪和厭惡自己的傾向。有些女性更訂出不切實際的標準，結果造成飲食失調。

如果你決定要接受這些社會壓力來改造你的身體，你便會採取一些行動。在此我們要提醒你，避免掉進自我毀滅的批判陷阱，並由自己來決定你自己的健康需求。花點時間弄清楚你真正想要的是什麼。你想做哪些改變來關心自己的身體？評估一下改變和不改變的結果。你願意做哪些事？如何開始？

很多學校的輔導中心會提供課程，給那些想控制體重和飲食失調的學生，例如厭食症和暴食症。

覺醒

Cindy Corey

我生活中大多數的時光都在和不佳的體態對抗。無論是否達到理想的體重，對於自己的身材我都不滿意。我不時會站在體重機上，如果體重不減，我就會覺得沮喪、挫敗。由於未能達到「理想的身材」，我花了很多精力鞭策自己。有一天，我突然察覺到我的身體對我說：「Cindy，如果妳再不覺醒，我也無能為力了。」我的身體透露出我內心中強烈的不滿情緒，我領悟到那些自虐和身材不佳的想法，將使我陷入無止盡的奮戰。最後，我學習將我的焦點從減肥轉移為接受自己的身材。對我而言，這並不是件容易的事，然而我知道選擇羞辱和攻擊自己，對我一點好處也沒有。我很努力地改變自己的想法，我認為如果我成為自己身體的朋友，那麼無論我是何種身材，我都會喜歡它，就像是上天所賜一般。

? 男性也有身材的問題嗎？為什麼這似乎大多是女性的問題？

隨手筆記

幻想一下你的身材突然變得相當完美，非常符合文化價值觀的要求。你的身材和雜誌中的模特兒一樣，比一般女性瘦 20% 並比一般男性結實兩倍。則在你的生活中，你的行爲舉止會如何不同？穿著方面呢？你會吃些什麼？你會做運動嗎？當你站在鏡子前看自己時會是何種感受？

批判思考園地

飲食異常：你處於危險邊緣嗎？

將下列符合你實際情況的敘述打「✓」。

1. 我天天都要擔心自己會不會吃太多。
2. 當被人看到我身穿泳衣時，我覺得很難爲情。
3. 很多食物總是讓我覺得吃下去會有罪惡感。
4. 我看到大部份有魅力的人都比我瘦。
5. 我通常在每天一醒來就發誓要節食。
6. 我的大腿太粗了。
7. 我覺得在別人面前吃一些會令人發胖的食物，讓我很不自在。
8. 如果有人在背後注視我，我會很緊張。
9. 當我飽餐一頓後，會想盡辦法除去或燃燒卡路里。
10. 我討厭從鏡子中看自己。
11. 如果我每天不做大量的運動，我會覺得很糟。
12. 我發現自己不穿衣服時，身材不堪入目。
13. 我發現若我吃太多，有時會嘔吐或腹瀉。
14. 我最頭痛的問題就是我的身材。

分數與解讀

單數題探討你的飲食和運動是否有偏差；偶數題則顯示你是否過度苛責你的身材。將你打✓的題數加起來，以下是分數的解讀：

低於5分：你是典型的人，也許並無危險之虞。

5～8分：你可能過度在意你的體重。

你聽到你對自己做哪些負面的批評？

哪些正面的訊息可用來取代你的負面想法？

你想調整哪些特定的感受和行爲？

你可以和誰商量，讓他鼓勵你採取較好的做法，或少去憂心你的身材。

9分以上：在形成飲食失調的過程中，你可能會瀕臨危險。考慮尋求專業的心理輔導吧！

你的學校提供哪些專門服務給飲食異常的人？機構設在哪裡？上班時間是何時？（學校的健康中心或輔導室可能提供此類訊息。）若有需要，和輔導員先敲定時間。

假使學校沒有這類服務，詢問你的家庭醫師、學校的健康中心或輔導室應如何尋求校外的資源。

厭食症救了我

Michelle Muratori

我的一生幾乎都和我內心一個根深柢固的觀念交戰著：自己不夠好。多年來，我覺得自己能力不足，為了彌補此一缺點，我幾乎每件事都全力以赴，希望能有卓越的表現。無論我做什麼，這股巨大的壓力都很盡責地鞭策我前進。在我的想法中，不完美和失敗是同義詞，而當時我那脆弱的自我無法承受「失敗」。

在 11 歲時，我罹患厭食症。於是，我就像顆定時炸彈，隨時可能爆炸。厭食症的一般症狀我都有。由於我極度渴望父母的讚美、注意和關愛，所以我寧願採取毀滅「自我」的方式。當然，當時我對於「自我」並無真正的意識，而且我在情感和精神上已然破產。

雖然厭食症幾乎使我喪命，因為我的體重急遽下降至 60 磅，然而矛盾的是，我的飲食異常卻救了我的命；它用難以忍受的痛楚警告我，必須立刻解決這個問題。我感覺到內心深處的呼喚，所以我猜想厭食症是我的潛意識試圖融合身體與精神的媒介。透過治療，我緩慢但逐漸了解自己有多空虛。雖然治療過程有時會感到疼痛，但精神上的痛苦才叫人難受。終於，我體會到我是唯一能挽救自己生命、自我和心靈的人。我現在可以很自豪地説，我已經發展出一個較強韌、較健康的自我。再者，即使生活中再出現不愉快的挫折，我很確定我不會再傷害自己了。

值得一提的是，在我致力於改善飲食異常問題的同時，我更藉由知識（及生活中許多其他層面）使自己覺醒。我現在花更多時間「靜觀」自己的存在，而非一味地「採取行動」。與其把犯的錯視為可恥、無益的失敗，如今我寧可視之為學習和成長的寶貴機會。

? 你認為有飲食異常的人為何不尋求協助？假使你認為你的朋友可能隱藏了飲食異常的問題，你會怎麼做？

Chapter **9**

淨化心靈

淨化心靈

淨化心靈是均衡生活的另一重要成分。淨化心靈有許多涵義，並在不同人的生活中多少都佔有一席之地。我們總喜歡將淨化心靈定義為，消除外界的干擾及與內在的自我結合。除了正式的禱告和宗教性的禮拜儀式外，沈思冥想、開心度日及活在當下也都是引領你淨化心靈之路。

創造思考園地

反觀諸己

你自己如何定義淨化心靈？你現在覺得自己的心靈需要淨化嗎？

____

____

____

冥想：心靈之旅

愈來愈多各年齡層的人，利用冥想來做為觸及內在自我的另一途徑。有些人對它敬而遠之，原因是把它看做是一種神秘主義，需要繁複的儀式、怪異的語言、奇裝異服、鑽研抽象的哲學和心靈觀。事實上，冥想的方式不勝枚舉，有些人每天早上花一小時不發一語並集中注意力，有些人發現他們在走路、慢跑、騎腳踏車或打太極拳時，也都能達到冥想的境界。單純的靜坐並讓你的思想漫天遨翔或觀照自己，都是冥想的方式。

你醒著的時間大多是在構思、講話及進行內心對話。也許你會發現，你很難打斷心中的內在對話。你常常忘記此時此刻的原因可能是，你正在想著昨天做過的事或明天、明年要做的事。冥想是使這些聲音沈寂的方法，它可以提高你的注意力，使你變得更專心，如此一來，你便能更鮮活地察覺到當下的時刻。雖然你把注意力的範圍縮小了，但結果卻是擴大了對存在的感知。

你也許會說，你找不出時間沈思。然而，如果你不挪出時間做一些聚精會神的活動，你很可能被一整天發生在你身上的事弄得心力交瘁。假使你想讓冥想成為日常生活的一部份，有許多優良的專書可以幫助你有效地冥想。當然，紀律和不間斷地練習是必要的條件。

冥想的益處訴說不盡，不僅可在相當短的時間內完全放鬆自己，還可以消除身體和心理的疲勞。目前已證實，冥想能緩和許多人的焦慮以及和壓力有關的疾病。

活在當下

我們常把所有的注意力放在正在進行以及正在完成的事情上，有時卻忘了察覺自己存在的重要性。「活在當下」的觀念就是要我們認真體驗當下的每一刻，亦即專注在你的一舉一動、和你談話的人或你正在經歷的感受上。我們也許會害怕完全投注在當下，因爲這很可能會接觸到內在的自我。然而，讓自己處於「此時此地」有個很大的優點，它提醒我們別活在不斷地懊惱過去或擔憂未來的狀態中。

「活在當下」是一種很有用的技巧，只要多練習幾次就會熟練。下次當你匆忙趕著上課時，停下來對自己說：「當我要走去那裡的當兒，我的心在這裡嗎？」既然你一次只能採取一個步驟，所以爲何不去察覺你所進行的每一步驟，及全心全意活在當下。這種方式可以讓你在達成目標的過程中，享受到逐步推進的樂趣。

虎禪

我們以一則禪的故事來說明活在「此時此地」的意義，它是敘述一名僧侶被兩隻老虎追至懸崖邊所發生的故事。

「…當他回頭一看，兩隻老虎幾乎快要撲向他。他注意到懸崖邊長著一條藤蔓，於是很快地爬過去，拉住它往下跳。當他俯視下面時，他發現那兩隻老虎在谷底等著他。他想往上攀，抬頭一看，竟發現有兩隻老鼠正在咬他抓的那條藤蔓。此時，他瞥見在伸手可及的地方有一顆鮮嫩欲滴的草莓，於是他將它摘下，享受這輩子吃過最甜美的一顆草莓。」雖然離死亡只有幾分鐘，但這名僧侶仍能把握當下，及時行樂。我們的生活中不斷有兇猛的老虎，也不斷有甜美的草莓出現，你是讓自己享受草莓的美味呢，還是把寶貴的意識用來擔憂老虎的可怕呢？

有價值的思考

Jerry Corey

對我而言，沈思冥想比上教堂有意義。現在上教堂和我小時候上教堂的意義已然不同——當時我覺得那是一種義務，現在則覺得是一種選擇。就我而言，成為一個完整的人意指關心自己的身體、心理、交遊、智識以及心靈淨化。我在心靈淨化方面所做的包括寧靜地禱告，感謝生命的恩賜，另外也花些時間沈思和凝聚心神。

? 在你的生活中，你安排何種「寧靜的時刻」？如果你想要更多寧靜的時刻，你會怎麼做？

聚精會神

Conrad Fuentes

我通常以 15 至 20 分鐘的沈思冥想，做為一天的開始。我會閱讀一本淨化心靈的書，然後試著回想內容並思考要如何應用在我的生活中。我也會每週挪出半個小時在室內燒一些芳香的藥草並聆聽音樂，像是海浪、潺潺的小溪或暴風雨的聲音。這些靜謐的時光有助於我維持注意力，及重新思考我的生活。

Chapter 9

精神糧食

躺在吊床上　在花園種些花草　小睡片刻

雨中歡唱（或沐浴時引吭高歌）

赤足走進泥濘　閱讀一些淨化心靈的讀物

寫一封感謝函給一個很少獲得感謝的人

和一位特別的人躺在壁爐邊聊天

開車到鄉間兜風　洗個澡並抹上香精油

畫畫　禱告　當義工　去游泳

寫心得札記　喝杯青草茶　為自己買些花

赤腳走在沙灘或草地上　聽你最喜愛的音樂

造訪兒童病房或老人之家　學打鼓或彈吉他

到一家寵物店和動物玩成一片　上舞蹈課

計劃做一次釣魚之行　滑雪橇或溜冰

打太極拳　看場電影　試開新車

收到朋友的來信　打保齡球或撞球

騎單車登山或跳傘　躺在地上看天上白雲飄過

看一部好的小說或讀一些詩詞

觀看日出或日落　燒一些香精油

親吻或擁抱你所愛的人　和朋友一同演奏音樂

煮一頓大餐（或到外面餐館換換口味）

寫封信給一位久未謀面的人　租一部電單車到處閒逛

創造思考園地

滿足你的心靈

你上次餵養你的心靈是在什麼時候？用何種方式？感覺如何？如果你很久都沒供給心靈糧食，是哪些因素阻礙了你？你今天可以做哪些事情來滿足你的心靈？

____

____

____

____

____

大家談

如果淨化心靈對你很重要，你如何將它融入你的學生生涯中？是哪些原因使你無法做到這點？在你的學校裡，有無任何機構、社團或哲學團體可以爲你的心靈需求提供援助？

Chapter 9

未來的路

若你對於身體及健康意識方面所發展出來的態度與感受能負起全責，你便能開始不再覺得自己是個受害者。關鍵在於傾聽自己的身體，及回應你所聽到的聲音。

1. 在動筆寫日記前，問問自己在健康方面投注了多少心力。你每天的行動能否顯示你重視自己的身心健康？透過下列敘述想想你重不重視自己的健康：

   獲得充足的睡眠與休息
   維持營養的均衡
   規律的運動
   練習沈思冥想
   留意精神生活

2. 你常常比原訂的時間還晚上床睡覺嗎？記錄一週來你的睡眠習慣。指出有利或不利的因素。針對下一週設定一個理想（切合實際）的上床時間。接著擬訂一個有助於達成目標的計劃。

3. 如果你有睡眠上的困擾，嘗試爲期一週採行 p.317~318 中一種以上的睡眠建議。

4. 努力做某種你所喜愛的體能活動，一週至少三次。留意它在你身上所造成的影響（建議：騎腳踏車或走路上學、選修你喜歡的體育課、在校內體育館或當地的ＹＭＣＡ上舞蹈或游泳課。）

5. 尋找一整天裡可增加短暫運動的機會（建議：以走樓梯取代坐電梯、假使路程不長，便以步行代替搭車。）

6. 以一週的時間記錄你每天所吃的東西，然後檢查一下你的飲食是否均衡。你可以做哪些改變？選擇一個需要改進之處並擬定一個計劃。（例如，假使你吃素，在飲食中缺乏蛋白質，你可以隨身攜帶一包堅果當點心吃。）

7. 選一個 P.341 中精神糧食的建議做做看或自創一個。試著一週至少執行一次。記住，重點是憑添生活樂趣而非讓自己遊手好閒。

8. 一週數次騰出時間來沈思冥想 20 分鐘。找個安靜的地方平躺，雙手垂放在身旁，或盤腿而坐，將手掌朝上放在膝蓋上，讓你的思維與煩憂煙消雲散。專注在你的呼吸上，注意吸氣和吐氣的律動。

第十章
負責任的選擇

- ☑ 「性」對你的意義
- ☑ 暢談性事
- ☑ 安全的性
- ☑ 愛滋病
- ☑ 避孕
- ☑ 酒精及其他有害物質
- ☑ 發自內心的喜悅
- ☑ 校園安全

引航

我們當中有許多人會擔心，自己是否合乎同儕公認的「標準」。大致說來，每個人都希望被人接納，能成為同儕團體的一份子。這種歸屬的欲望，會不會影響你在性和藥物方面的決定，進而違背了你的信念和價值觀呢？許多人都會碰到這一類的問題。本章將鼓勵你反省自己在性行為和用藥方面的選擇，以及一些外在和內在因素對這些決定的影響。首先，我們將針對「性」議題，提供你一些建議，討論內容包括性的開放、如何有效避孕以及預防自己和別人感染性病。接下來，則探討酒精和藥物會如何擾亂你的生活。

Chapter 10

認識現在的我

想一想下列的敘述是否符合你的情況。以「○」、「×」或「？」(不確定)表示。

1.____我認為我在性和用藥上做了負責任的決定。
2.____我對於目前是否要有性行為的選擇感到泰然自若。
3.____我知道如何遵循我對性的價值觀。
4.____我能和伴侶暢談性事。
5.____我很注重安全的性及避孕，而且在必要時會確實執行。
6.____我很清楚藥物及酒精的影響。
7.____有時候，我會利用酒精或其他藥物來幫助我因應問題。
8.____我偶爾會因同儕的壓力而飲酒過量。
9.____我不須使用酒精或其他藥物，就能放輕鬆及保持心情的愉快。
10.____我對於自己的人身安全隨時保持戒備狀態。

你有選擇的權利！

每個人在做決定時，不外採取被動與主動兩種態度。當你做人生重大的抉擇時，你傾向哪一種態度呢？你曾想過做各種決定的代價和結果嗎？你是否發現你是在依賴別人為你做困難的決定呢？你的選擇如何影響你對自己的觀感、你的社交關係、別人對你的期望以及日常的生活呢？

本章將討論一些與抉擇有關的主題。同儕壓力、好奇心以及個人的道德觀，都會使做決定的過程變得更複雜。在閱讀時，想一想自己做決定的權力。我們將激發你探索、思考那些會左右你做決定的因素。

「性」對你的意義

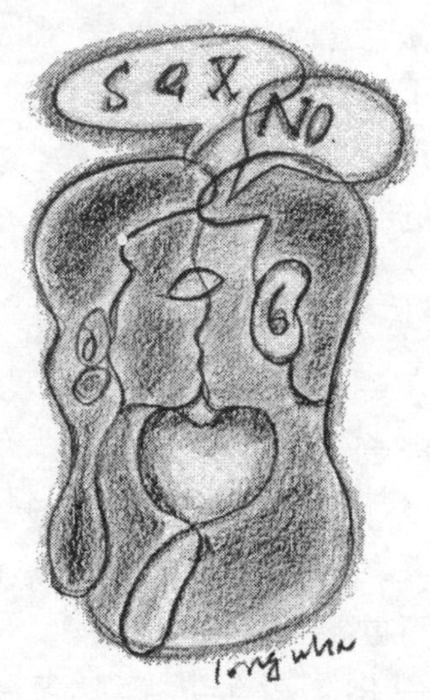

性對於人類有許多不同的含意。它對你的意義是什麼？它是一種紓解壓力的方式嗎？它使你覺得安全嗎？還是被愛？被重視？被呵護？它有趣嗎？神聖嗎？它意味著奉獻？接納？還是隨便？歡愉？它是可恥的或正當的？仔細反省你對性的看法從何處來，以及你自己對性所下的定義，對你會很有幫助的。了解自己的立場，可使你更容易地選擇是否要過著有性的生活。

如果你翻閱大多數的雜誌或打開電視，沒多久你就會注意到：我們很少看到對性的描寫爲兩人同意分享親密的感覺，取而代之的是，性通常和酒精、香煙、魅力、權勢、暴力和愛情相伴出現（請參閱下述四種迷思）。

迷思1：喝酒或服用藥物可增添一個人的性吸引力和魅力。

例如，喝某種啤酒可使你變成「真正」的男子漢，或抽某種品牌的香煙可使你變成「獨立自主」的女人。

迷思2：性與暴力的結合並無不妥。

在電影雜誌和廣告中，女人常被描寫爲，希望被人強暴或被迫與異性發生性行為。這種畸型的觀念，就好比大家誤解，當女人說「不」時，實際上是「要」。

迷思3：性等於權勢。

有些人常利用性做為一種手段，以期獲得他們想要的東西，或利用權勢來追求性。

迷思4：性就是愛情。

你曾經聽過一句話：「有些人以性來追求愛情，有些人則以愛情來追求性」嗎？性也許是一種愛的表現，但利用性來「換取」愛情，便失去真愛的意義。

你自己的性觀念

性行為和一個人的價值觀能夠相容是很重要的。許多人的性觀念除了受到電視、電影及其他媒體的影響之外，還會吸收外在的標準，像是教會、父母的期望，因而內化成自己最能認同的性觀念。獲得性自由，未必等於放棄所有固有的信念或價值觀。讓別人（無論是以前的重要關係人或現在熟識的人）告訴你什麼是對、什麼是錯，並計劃你的人生，似乎很有誘惑力，因為你不須費心思去做一些為難的決定。但是，若不建立自己的價值觀與做成自己的選擇，你便喪失了自主性，很可能變成連自己都不認識的陌生人。

大家談

你最近在媒體上看到哪些有關性的訊息？你能想到其他類似的訊息嗎？你會吸收這些訊息嗎？如果會，是哪些項目？你覺得還有哪些訊息來源會影響人們的性觀念？你如何在自己個人的性觀念，以及從父母、機構、及一般文化中吸收的性觀念之間，找出最佳的平衡點？

選擇性生活或禁慾

「性」這個字眼常用來指兩人之間的性行為。我們必須記住很重要的一點，「性」可以包含各種活動，不見得只是指親密的接觸。另外，我們也應注意，許多性病即使沒有直接的性交接觸也會傳染。

決定性方面有哪些選擇適合你，的確是件困難的事情。然而，做這些選擇能讓你產生賦權與獨立的意識。在選擇是否要有性生活時，有許多事情要考慮。有些人只是「讓它自然發生」而未深思罹患性病或懷孕的可能性，或者會考慮宗教信仰及道德觀以及別人對他們的觀感。雖然我們無意影響你選擇要有性生活或禁慾，但我們期望你做出深思熟慮的抉擇。

質疑你要擁有性生活的決定

以下可能是你在考慮是否要有性行爲時，想問自己的問題：

- ❑ 我對自己的決定有何看法？
- ❑ 我想要有性生活的選擇和我的宗教信仰或文化價值觀衝突嗎？
- ❑ 假如沒有性生活，我會感到羞恥或罪惡嗎？
- ❑ 我害怕如果不和對方發生性關係就會被拋棄嗎？
- ❑ 我選擇要有性生活是因爲這樣才能跟其他朋友一樣？
- ❑ 我是因爲性別期望的壓力，才想擁有性生活嗎？（例如：證明你是個男人。）
- ❑ 我自己對性有哪些期盼？
- ❑ 在尚未發生關係之前，我願意和我的伴侶暢談「性」事嗎？
- ❑ 如果避孕是個問題，我曾思考我的選擇並採取安全又有效的方法嗎？
- ❑ 我的伴侶和我討論過彼此的性史嗎？
- ❑ 我已有心理準備想討論及有效預防性病了嗎？

質疑你想禁慾的決定

選擇禁慾或節制性需求也是一種選擇。有些人做此選擇，是基於道德或文化的考量，有些人則是對性的各種恐懼感。恐懼不見得都是不好的理由。例如，怕酒後亂性或怕意外懷孕。無論你選擇禁慾的理由是什麼，你都應該知道自己並非異類。

如果你選擇禁慾，這裡有些問題可以問問自己：

- ❑ 我賦予禁慾哪些意義？

- ❑ 我對自己的決定有何看法？
- ❑ 這個決定是根據我自己的價值觀，還是根據別人告知我應該遵守的價值觀？
- ❑ 假如我違反自己禁慾的決定，我對自己會有哪些觀感？
- ❑ 我是因爲性別的角色期望才強迫自己禁慾嗎？（例如：好女孩不該這麼做。）
- ❑ 我選擇禁慾時能完全接納自己的身體嗎？
- ❑ 我相信自己是個有性吸引力的人嗎？
- ❑ 我擔心禁慾會阻礙我達到想要的親密關係之程度嗎？
- ❑ 在選擇禁慾時，我是否排斥自己擁有強烈的情感？
- ❑ 我選擇禁慾主要是害怕發生關係後被對方拋棄嗎？
- ❑ 我覺得性交是可恥或罪惡的嗎？
- ❑ 我對自己的性能力有信心嗎？

你很可愛，但是…

Rick Scott

對年輕的男人而言，「長不大」的壓力相當沉重。雖然我在中學時被認為很「可愛」，可是上了大學就很傷腦筋了。年輕女孩第一次獲得自由之後，會活躍地在校園裡東奔西跑找樂子，但是她們可不想被人家看見和一位小弟弟走在一塊。我知道自己長得就是這副德行，因為我聽過不下千百遍：「天啊！你看起來好年輕喲！」我 157 公分高，體重 50 公斤。

我媽告訴我，有一天我會很慶幸自己看起來很年輕。我的回答是：「媽，這叫做不正常。」發育非常慢，絕對是個缺點。我覺得很孤獨，處境尷尬。女孩子似乎都和那個住在走廊盡頭，看起來性慾旺盛，名叫 Rock 的人出去。整整一年的時間，我找不到人和我約會。在大一那年，我又長高了 15 公分，感覺身體有點疼痛感，但至少我長大成人了。現在我有茂密的腋毛，讓我赤身露體時也敢在眾人面前舉起手臂來。與女孩約會和隨後的兩性活動似乎不再遙不可及。

我真的在大二時交到了一位女朋友。我對她是認真的，「性」幻想也不斷地浮現在腦海中。我不認為性代表永遠的奉獻。它只是我想體驗的一件事，至少也要有一次。不過，她有自己的計劃，交往一年裡我們未發生任何性關係。這也是我們最終分手的原因。

我第一次的性行為，是在浪漫的氣氛下自然發生的。有天晚上，我和一位要好的女性朋友躺在沙灘上，我知道下一件事就是做愛。這不是什麼大不了的事，我心裡想。我們喜歡對方，但尚未達到向彼此承諾的地步。每一件事都進行得還算順利，不是很棒，只能說還算可以。沒有情感的投入，第一次的性經驗留下空虛的感受，像是欠缺了什麼。從那次以後，性在我的生活中佔了相當重要的地位，不再只是為了滿足生理的需求。沒有情感的性不是我所要的。從那時起，我陸陸續續和一些女孩交往，每個都曾經是我生活中重要的女人。性，對我而言是件大事，不是隨心所慾、想要就要的事。

現在，我反而對那些把性看得很輕率的人感到不可思議。

? Rick 的經驗和你的經驗有相似之處嗎？他的故事給了你哪些警惕呢？

親密關係、權力與歡愉

提高你的性意識，意味著你會變得更留意自己也許有時會把性當做達到某種目的的手段。我們可能把性關係想成是超越肉體領域的高度親密關係。但是有許多親密關係的形式都和性無關，或不須依賴性。對某些人而言，做愛實際上是避免其他親密關係的方式。它也可以用來避免孤單及疏離感的一種方法，換句話說，就是逃避察覺到自己內心空虛的方法。以這些心態所進行的性行爲，只能算是一種性衝動，它的自發性低，並會留給當事人不滿足的感受，事後也只會加深原先的孤獨感罷了。

仔細反省「性」如何提升或減損你自己和你的伴侶身爲一個人的價値，是很有益處的。你應自問，你的性關係是以征服別人或玩弄權力爲出發點嗎？或無論你是主動或被動的一方，事實上眞的是來自對親密關係的渴望，希望分享與體驗歡樂和愉悅的感覺？

捫心自問，在你和伴侶的關係中，你想得到什麼？性對你的意義爲何？類似的問題可以協助你避免過度強調技巧和表現，因爲它們常會減低彼此的滿足感。

隨手筆記

花一些時間，回答p.351~352的問題。無論你選擇要有性生活或禁慾，你做決定時考慮過你願意負起責任嗎？你能坦誠面對自己做決定的理由嗎？你的行爲和選擇符合你自己的價値觀嗎？

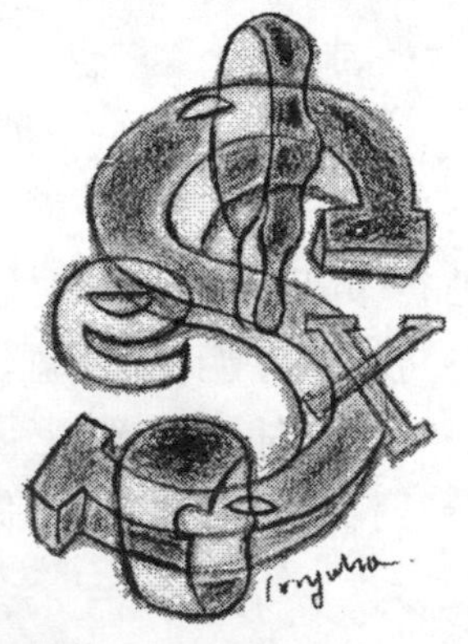

暢談性事

雖然詢問伴侶有關他過去的性經驗，或談論自己的性史，可能會讓你覺得很尷尬，但這確實有其必要。理想的情況是，在你和伴侶發生關係之前便能這麼做，但不管何時進行都是有價値的。如果你們

已經有了親密關係，你就更必須了解這當中可能潛藏著哪些危險。與性伴侶坦誠討論，將有助於了解自己對於生活中重要事件的態度。

坦誠討論你們過去的性經驗，包括最近一次自己未做保護措施的性行為，以及過去或最近所做的性病測試結果。可能的話，與你的伴侶討論下列的一些問題：

「性對我和我的伴侶之意義何在？」

「有了性行為之後，會影響我們的關係嗎？」

「我們任何一方對於發生性行為一事是否有任何保留？」

「我們該使用何種避孕法？」

事實上並非所有的人都會據實回答。你必須問自己：

「我相信對方對我說實話嗎？」

「我完全信任對方而能說出真話嗎？」

「根據我對於對方以及我們過去性關係的了解，我會為了成為對方的性伴侶，而犧牲我的價值觀嗎？」

假如你的伴侶給你的訊息是，你們可能成為危險群，你會怎麼辦？你會提高警覺、不管它，還是選擇不與此人發生性關係？

以下是人們心中猶疑著是否該問伴侶的一些問題和想法。想想看，假如把它們說出來，可能對你們的關係產生何種影響？

> 我想知道哪些事物可以取悅我的伴侶，可是我卻很少直接問他。我想我應該學習如何開口發問，以及如何告訴對方我喜愛什麼。

我經常懷疑自己是不是一個好情人。我很想知道對方怎麼想。

我的身體正常嗎？我要如何跟別人比較呢？我是太大或太小？比例適當嗎？別人覺得我具有吸引力嗎？我覺得自己有魅力嗎？我該怎麼做才能增加我對自己和別人的吸引力呢？

假如我的伴侶不滿意我的表現，我該負起責任嗎？

批判思考園地

心中的疑問

你想問潛在的伴侶哪些其他的問題？

______

______

______

你想和你的伴侶談論哪些你所關心的事？

______

______

______

關於性自主方面的選擇，你有哪些問題想問自己？

______

______

知會權

Kendra

記得有天晚上，我和我的男朋友發生了性關係，我隨口問他，以前和多少女人上過床，他的回答把我嚇壞了，雖然他說那些都已經過去了。接著我問他，是否曾和染了性病或吸毒的人發生過關係，他的回答是肯定的。聽到之後，我想盡理由使自己相信不會有事，這些都是他的過去，不會影響到我。很愚蠢的想法吧，我知道！可是，當你真的被某個人吸引住並且很想跟他在一起時，有時你會否定一些事情。

很遺憾，我忽視顯而易見的危險，並跟他發生了關係（未帶保險套）。現在回想起來，很不解自己怎麼會和一個有這些性史而且不願意做任何檢驗的人發生關係。我不夠尊重自己的理性，以及迷失在他的吸引力漩渦中。

結果我得了披衣菌感染，之後導致骨盆發炎。醫生說我可能無法生育。我很傻，不過還好在未得到愛滋病之前，我終止了這段關係。可以肯定的是，我問了自己正確的問題，卻無法按正確的方式去做。我就是不想去面對。

? Kendra一開始的想法正確嗎？如果是，她在何處走偏了？在她的故事中，存在任何價值觀方面的問題嗎？若你處於和她相似的情境中，你希望自己怎麼做？

安全的性

有些性病不須直接的性接觸就會傳染。爲了保護自己和伴侶，你必須採取有效和持續的保護措施。所有的性病都可治療，但並非每一種都能治癒。如果你認爲你或某個你認識的人有這些病症，應該儘早求醫。假如性病未予適當治療，很可能衍生更嚴重的問題。有些可能導致不孕、器官壞死、甚至威脅到生命。HIV（愛滋病病毒）在p.363~367 將個別討論，因爲它的症狀種類繁多，而且會與其他許多疾病重疊出現。

常見的性傳染病		
症狀	**可能病因**	**傳染途徑**
持續發癢、肉眼可見的小蝨子常出現在陰毛或其他體毛上	陰蝨，或稱「毛蝨」	陰蝨很容易經由身體接觸或共穿衣服、共用寢具而擴散。蝨子從接觸後 7~9 天，新卵就會孵化。陰蝨不須醫師處理即可治療，但最好還是到學校健康中心求助。治療方式：最常應用的藥劑有 A-200 pyrinate 或 Kwell 。
有小型疼痛的紅腫塊出現在生殖器周圍（陰部皰疹）或口腔內（口腔皰疹）。腫塊會變成疼痛的膿胞，最後會破水、潰爛。	皰疹	陰部皰疹病毒(HSV-2)主要經由陰道、肛交或口交傳染。口腔皰疹病毒(HSV-1)主要則經由接吻傳染。發病時間不一定，但通常是三週內。
在乾燥的皮膚表面長出黃灰色的硬疣，在潮濕的皮膚表面長出淡粉紅色像花椰菜的軟疣。	陰部疣贅（俗名「菜花」）	一般經由陰道、肛交或口交傳染。潛伏期 1~20 個月（通常是 4 個月）。
女性：月經不規則、腹痛、體溫升高，噁心、嘔吐、頭痛。	披衣菌感染 女性：PID （骨盆發炎）	一般經由性接觸，約 5~7 天後出現，也可能更早或更晚。另一

、

男性：解尿時會流膿水或有灼炎）另一途徑是經由寄主的手指傳熱感。一邊或兩邊睪丸有沉重感。陰囊表皮會發炎。在睪丸炎底部會產生疼痛、腫大現象。	男性：尿道或精囊發炎	途徑是經由寄主的手指傳染給別人。
男性：尿道發炎。陰莖處會化膿且解尿時會疼痛。 女性：陰道處輕微流出膿水。	非淋病性尿道炎(NGU)一般相信是因披衣菌感染所引起。	多半經由性交傳染。有些 NGU 可能是過敏反應或滴蟲感染。女性通常無症狀出現。發病時間不確定，但一般是 5~7 天。
男性：尿道發炎，解尿時有灼熱感且陰莖會流出膿水。 女性：高達 80%的女性無任何症狀顯現。但假如是子宮頸感染，若不及早治療，將導致骨盆腔發炎。	淋病	經由性交或嬰兒出生時在產道受到感染。
疼痛或發疹。在末期，病毒會破壞神經系統及幾乎所有器官	梅毒（一共有四階段：第一期、第二期、潛伏期、以及第三期）	經由性交或口腔接觸傳染，新生兒在生產過程中也會經由母體直接感染。

為什麼是我？

Julia

我還記得，我坐在一家小私人診所中，看著窗外的雨水沿著窗櫺滑落，心裡焦慮地等著檢驗結果。房門一打開，我轉向醫師，她說我確實得了第二期皰疹。聽到這個消息，淚水不斷從我臉上滾落，我覺得我快要病倒了。我無法接受這個事實。我心想：「為什麼是我？」我不是個性生活糜爛的人，過去四年裡對男友也很忠誠。我的第一個反應是：「他毀了我！」我從未想過，他竟然傳染這種病給我。分手後，我害怕得不敢再親近別的男人。我覺得很骯髒、被欺騙也非常憤怒。幸運的是，我感染的不是愛滋病。

在那段時間裡，我確實學會如何控制這種陰魂不散的惡疾。藉著留意身體的變化，我已經能夠在發病前阻止其爆發。第一個訊號是雙腿產生刺痛感及壓迫感，此時我會停止一切活動，然後深呼吸，儘可能讓自己從壓迫感中解脫出來。我會閉上眼睛沈思冥想，努力朝正面的方向思考。我知道，就像發病的快速一樣，我也將能夠很輕易地把病魔趕走。我知道自己何時必須吃藥。此時，皰疹反而成了我的健康指標。我的身體會告訴我，吃夠後就別再吃了，或天氣要轉涼了。我現在的目標已經跟從前不同。健康變得對我很重要，我以前都將它視為理所當然。現在我吃得更健康、做更多的運動、睡眠充足、並避免不必要的課業壓力和通宵玩樂。

此外，我還陷入熱戀中，這次是彼此坦誠以對的交往模式。即使覺得很丟臉，我仍然覺得有必要告訴對方實情。他像是一位知心的朋友般傾聽我的故事，眼神流露同情與諒解。雖然他並未得過皰疹，可是在過去的戀情中，他也遇過和我同樣遭遇的女性。他肯定地告訴我，這不會影響他對我的感情。我們都很坦白地透露過去的性經驗，並決定在我們有性愛之前要做 HIV 檢驗。

? 在 Julia 的故事中，你得到哪些教訓？

預防性病最安全的方式就是禁慾，或進行不會互染體液的活動。除此之外，你必須想出其他策略。

考慮「不惹麻煩的性愛」。有許多方式可以讓你和伴侶享受歡愉，並且不會沾染到對方的體液，例如按摩、愛撫、肢體的摩擦、乾吻、自慰、以及相互刺激敏感部位（避免體液接觸）。

考慮長期只擁有單一伴侶。彼此維持單一伴侶的關係，雙方並做過性病檢驗，這種選擇是保護自己很有效的方法。

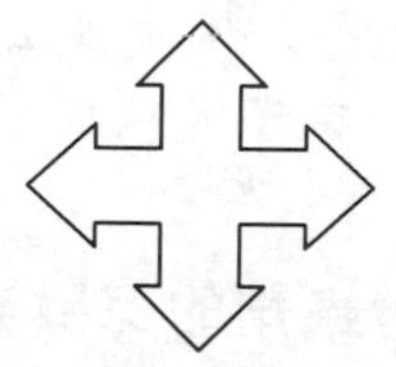

別鈍化了你的判斷力。毒品和酒精會使你的判斷力減弱，可能導致你進行不安全的性行爲。

使用一般性的預防方法。好比持續、有效地使用保險套和牙塞。保險套是正常性交、口交或肛交時很有用的保護工具。牙塞（用於牙科手術）是一塊塗有潤滑液、5 英吋見方的方型薄片，可置於陰道開口以及周圍區域，在進行口交時可保護女性及其伴侶。

扣上安全帶

Lisa

第一次和男友發生性關係時，我們並未採取任何避孕或保護措施。

結果什麼事都沒發生，所以我認為，既然只是偶爾為之，沒有什麼好擔心的。然而，一位朋友對我說：「這就好像，有一次開車時忘記繫安全帶，且剛好平安無事，並不表示以後都可以不用繫安全帶。」她說得很有道理！

袋中的祕密

Frank

我室友的父親是位藥劑師，他習慣把裝滿保險套的點心袋放在後陽台上或是信箱裡。他做得不露痕跡，但我們都了解他的用意。

裝有殺精蟲劑的保險套可以提供額外的保護

使用裝有水溶性潤滑液的保險套更安全

選用橡膠製的保險套

- **爲什麼要選用橡膠製的保險套？**因爲橡膠可阻擋大部份的病毒侵入。「羊腸」或「天然薄膜」製成的保險套並不安全，因爲這些材質都含有無數細微的氣孔。在包裝上尋找「橡膠」（latex）這個字眼。

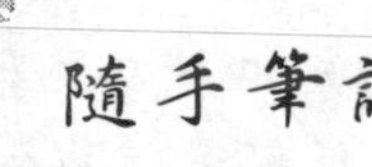

隨手筆記

你認爲進行不安全的性行爲會有哪些危險？你自己遵守安全的性行爲規則嗎？爲什麼？你曾經因爲要跟某人發生關係，而刻意放棄自己的價值觀嗎？若有過，是什麼原因使你這麼做？

- **殺死精蟲很重要嗎？**除了減少懷孕的機會之外，殺精蟲劑業已經實驗證明也可以殺死愛滋病病毒。殺精蟲劑多半塗在保險套的尖端或外面。
- **哪一種潤滑液最適當？**檢查一下包裝上說明的潤滑液成分，確定以水爲基本成分的才使用。切勿使用凡士林、冷霜、嬰兒油或奶油。這些都會破壞保險套的結構，導致破損。

愛滋病

不可忽視的事實

如果你尚未依照前述方法保護自己，那麼你將無可避免地接觸到下列人士：患有愛滋病、檢驗結果證實帶 HIV、或和 HIV 帶原者或愛滋病人過從甚密的人。

你不能不注意個人及社會和這種傳染病之間的關連性。閱讀有關愛滋病的文章是最基本的功課。你也可以參加愛滋病研討會，並從 P.367 中所列的機構中獲得更多的資訊。

你必須能夠區別事實和小說虛構情節之間的差異。這是個難題，因爲有關愛滋病的資訊日新月異，甚至本書在此提供的某些資料也許也已過時了。再者，由於相關論述不斷提出，各種研究都陳述不同的觀點，這可能增加人們的恐懼和憂慮。

就像探討 HIV 和 AIDS 一樣，我們也敦促大家能夠檢視自己的行爲、態度以及價值觀。愈了解所有最新的資訊，你便愈有能力做出明智、健康的選擇。

罹患愛滋病的原因是什麼？

早期的症狀如何

先天性免疫缺乏症候群（AIDS），也就是愛滋病，是HIV 病毒造成的疾病。HIV 會侵犯及破壞身體自然的免疫系統，結果，病患常死於疾病感染及癌症。假如免疫系統功能正常的話，身體便能對抗這些疾病的入侵。

HIV 可能會在症狀出現前，潛伏寄主的體內達數年之久。然而，研究指出，超過百分之五十感染 HIV 的人都可能發展成愛滋病，而且幾乎所有的 HIV 帶原者在感染 5~7 年內最後都罹患大大小小的病症。早期的症狀包括長期嚴重的疲勞狀態、夜晚盜汗、發高燒、食慾不振、體重遽降、腹瀉以及淋巴腺腫大。任何人有一個以上上述症狀超過兩星期，就應該到醫療機構尋求協助。（當然，除了愛滋病，其他疾病也會引起這些症狀。）

HIV 的傳染途徑

跟感染 HIV 的人進行未有保護措施的性交（於陰道或肛門處），或使用已受感染的人用過之靜脈注射針頭，都可能感染 HIV。一個感染 HIV 的女人如果懷孕或哺乳，便可能傳染病毒給寶寶。雖然有些個案是經由輸血傳染，三藩市愛滋病基金會在 1990 年的報告中指出，經由捐血的篩檢，這種危險實際上已經減低許多。

傳染 HIV 的「高濃度」媒介包括：血液、精液、陰道分泌物、以及乳汁。這種病毒會經由男女同性戀或異性戀的性接觸而散布。它會經由陰道、陰莖、直腸或口腔、或經由皮膚傷口進入體內。雙性戀者的感染機率相對提高許多。

這種病毒也曾在「低濃度」體液中被發現，像是唾液、尿液和淚液。但是，罹患愛滋病和得到感冒的途徑是不同的。它不會經由茶杯或餐具傳染。愛滋病病毒也不會因在工作場所、學校或社交活動中與週遭的人們接觸而感染。就算你和一位 HIV 帶原者接近也不會被傳染。人們常有個錯誤觀念認爲，任意的接觸都會受到傳染。

誰會罹患愛滋病？

大部份的公共衛生針對愛滋病所做的努力，都鎖定高危險群，例如雙性戀者和同性戀者、注射毒品者以及接受輸血的病患。但是愛滋病在各種年齡層、種族、階級、性傾向以及性別身上都會發生，而且成長最快的感染群很可能是女性。世界衛生組織估計全世界有八百萬至一千萬名的成年女性已感染 HIV。研究人員預測在公元 2000 年之前，全世界約有三千至四千萬人會受到 HIV 的感染，到那時候，愛滋病將成爲美國的第三大死因。愛滋病在目前已經是 15 歲到 44 歲的青壯年之主要死因。

愛滋病的檢驗

目前醫療機構所均有提供 HIV 抗體檢驗的服務。陽性反應表示已經感染病毒，而且會傳染給別人。不過，這種測驗仍然無法得知此人是否最後會產生明顯的症狀。

如果你懷疑自己已經感染病毒，就必須馬上做檢驗。早期治療是個關鍵，因爲可能能夠延緩 HIV 所導致的疾病之發作。檢驗過程通常完全匿名和不對外公開，所以你可以大膽地詢問這個機構是否接受檢驗。篩檢通常是免費服務。

一般人檢驗出 HIV 陽性反應的感受

相信或知道自己已成為 HIV 帶原者的人，一般都表現出高度的焦慮，他們哀悼失去性愛的自由，擔心被人拋棄，以及害怕不確定的未來。檢驗出陽性反應或染患愛滋病的人，一般而言，都需要正式的醫療協助和支援體系來幫助他們解決眼前的困難。

當人們罹患愛滋病或呈現 HIV 陽性反應，都會面臨不名譽的問題。許多人活在害怕被同事、家人或朋友排斥的生活中。這種污名的起源是，感染愛滋病的人一開始主要都是同性戀或雙性戀的男性和注射毒品的人，一般人對這群人仍持有偏見。在一些其他的國家裡，愛滋病也廣泛地侵害異性戀人口。

為 HIV 陽性反應／愛滋病所苦的人們也看不起自己，而且抱持著「我感到罪惡與羞恥」、「我是個可怕的人，所以我該受苦」、或「我得到這種病，理應受到譴責」等想法。

愛滋病如何治療？

感染病毒的人可能終生都是帶原者。目前並未證實有藥物可以治癒愛滋病，但有些藥在某些患者身上似乎能延緩發病及病情，並治療伴隨愛滋病出現的急性病症。

如何預防愛滋病？

教育是預防的首要工作。每個人都有許多方法可用來避免感染 HIV。以下是我們蒐集各方資料，彙整而成的建議：

- ❑ 禁慾是避免感染性病病毒的一種方法。
- ❑ 如果你現在有性生活或想擁有性生活，必須先了解如何降低感染的危險。與其思考「安全的性」，不如想想「不安全、有點冒險」的性行爲及其後果。

- ❑ 避免跟已經染病且未接受檢驗的伴侶發生性關係。
- ❑ 與你的伴侶討論過去和現在的性經驗及是否曾染上毒癮。如果你覺得伴侶對於過去或現在的行爲可能並未完全坦誠以告，那麼採取較安全的性行爲就變得特別重要了。HIV 的帶原者通常並無生病跡象，通常也不會發覺自己已受到感染。
- ❑ 有效且持續使用保險套及殺精劑會減少病毒傳染的可能性，但並非百分之百有效。
- ❑ 絕不可共用靜脈注射針頭，無論是治療用（如注射胰島素）或施打禁藥皆然。
- ❑ 避免使用酒精或其他藥物來鈍化你的判斷力。

思考一下你的優先考量。在決定進行性行爲時，仔細考慮你個人的價值觀。

資料查詢

美國公共衛生服務處提供了「HIV－愛滋病」免付費電話。線上人員都受過良好的訓練，尊重撥話者的隱私權，並在專線資料庫中與 8000 個以上的支援機構及團體合作。本專線也免費寄出現行有關 HIV 和愛滋病的書面資料。全美愛滋病資料交換所（1-800-458-5231），也能查詢到詳細資訊。

批判思考園地

別掉以輕心

假如你現在有性生活或心目中有性伴侶的人選，你會如何討論雙方過去與現在的性接觸及是否染上毒癮的記錄。

你如何打開這個話題？目前你可以做哪些事來降低感染 HIV 的機率？

避孕法

最佳的避孕方式就是每次進行性行爲時，使用舒適、有效而且能持續使用的方法。雖然某些方法比其他方法更有效，但假如你不喜歡，你就不太可能有效地使用。

避孕法

方法	有效性（%）	可防止性病嗎？
家庭計劃法		
禁慾	100	可
安全期推算法	80	否
體外射精	80	否
防護措施		
保險套	88-90	可*
子宮套	80-95	否
女性用保險套	80-95	否
子宮頸帽	80-90	否
化學藥物		
殺精蟲的泡沫劑、乳液以及乳膠等	80-90	否**
口服避孕藥	97-99	否
Norplant	99.9	否
Depo-Provera	99.7	否
植入法		
子宮內避孕裝置（IUD）	98-99	否
結紮	99.5	否

*不是 100%，端視身體接觸的形式及使用的細心程度而定。

**與保險套共同使用時，可提升效果。

深思熟慮

- ❏ 我們所選擇的方法對雙方都健康嗎？
- ❏ 我們每次都能正確地使用嗎？
- ❏ 它能提供保護避免感染 HIV 和其他性病嗎？
- ❏ 這個方法和我的宗教信仰相容嗎？
- ❏ 這種方法對雙方而言都能感到自在且能接受嗎？
- ❏ 我對於這種方法的效果感到滿意嗎？

堅持到底

Randy

避孕並非人人優先考慮的事項，但我們則相當重視。有時是我主動提出，有時則是我的女朋友。無論如何，我每次都願意執行，理由是考慮到健康因素和懷孕之虞。

大家談

你認爲避孕主要是女性或男性的責任？這個問題會引發哪些進一步的爭論？

____

____

酒精及其他有害物質

本章之所以討論酒精及其他藥物，是因爲它們會影響人們所進行的性行爲。當人們飲酒過量時，毫無疑問的，他們將無法做出正確的判斷，而且也會降低自制力。

『最危險的藥物』

酒精是所有濫用的藥物中最爲廣泛使用的。它也是最危險、最容易損害健康的物質，因爲它合法、便宜、容易取得、而且一般人都能接受。

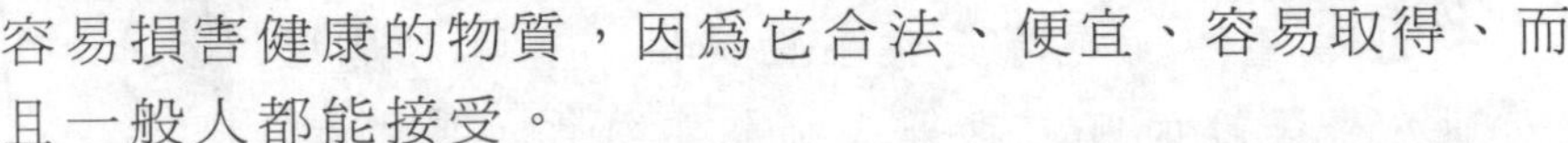

有時你可能會使用酒精及藥物，做爲面對問題的解決之道。雖然短時間而言，它似乎能發揮功用，但最後它只會帶給你新的麻煩。

John Regentin 是攻讀心理諮商的研究生，他在研究所一年級時，參加了維吉尼亞州 Radford 大學的新生座談會。在那個暑假，他和許多新生及他們的家長談論從高中到大學這段過渡期。以下是他和許多學生接觸的經驗談：「我不會告訴新生們別喝酒，因爲他們會覺得我在說教而把它當耳邊風。不過，在爲期兩天的大學生活座談會中，我將許多學生的大學經驗和他們分享。我傳達的主要訊息是：如果你要喝酒，就要對自己負責任。別欺騙自己，認爲你能夠控制酒量並能開車。我曾親眼目睹太多的例子，學生們參加舞會時喝酒喝到失控。

在我們學校中，喝酒可能是進行無保護措施之性行爲的頭號殺手。去年所做的一項調查顯示，有 3064 名學生（總共 9000 名學生註冊入學）因喝酒而發生無保護措施之性行爲。

我聽到一件又一件女性由於在聚會中喝酒，之後被迫發生性關係的案例。所以，雖然我無法阻止你喝酒，但我希望你能及時停止狂歡，免得因失控而後悔莫及。」

大家談

哪些方法可以讓人更能控制喝酒量。你如何處理同儕壓力？若你處於無法控制的情況下，你會怎麼辦？

批判思考園地

看看別人，想想自己

John 的敘述和貴校的情況一樣嗎？

____

你曾經遇過有人沉溺於酒精或藥物，變得無法控制自己的情況嗎？

____

你有過因喝酒而喪失判斷力的經驗嗎？

____

爲什麼人們會喝酒或吸毒？

當人們處於低潮時，很容易去依賴藥物，因爲藥物會使人產生幻覺。想想看在哪些時候，你可能傾向藉著合法或非法的藥物來控制面對的問題。如果你因害羞、無聊、焦慮、消沉或壓力而煩惱，你也許會仰賴藥物來紓解這些症狀。假如你依賴這些物質來控制你的生活，則你的身心都會逐漸麻痺。過度使用藥物以逃避現實的痛苦，只會使問題更加複雜。當你的身體對某種藥物產生了耐藥力，你會變得更加依賴它。然而，一旦藥效消退，你仍然必須面對原先的問題。

如果你酗酒或濫用藥物，原因何在？這樣做很有趣？可以讓你完全放鬆？爲了融入朋友群？覺得很帥氣？可以忘記問題的存在？爲了減輕痛苦？或只因爲你覺得很舒服？找出用藥的原因，可以讓你更加明白是你在控制藥物或藥物在控制你。無論你已經上癮或偶爾爲之，或只是微量使用，你都應問問自己「爲什麼」。

為什麼這麼傻

David Hussey

大一時，宿舍裡有個傢伙和一羣酗酒的朋友廝混在一起。有天晚上，他和這羣人喝得爛醉，然後開車出去兜風。結果，途中撞死了一對年輕夫婦。後來這羣人一個也沒有回到學校完成學業。

濫用藥物的警告標語

- ❑ 人際關係－－人際關係會惡化
- ❑ 財務危機－－把錢花在藥物和酒精上，只會高築財務的負擔。
- ❑ 健康－－健康狀況會走下坡
- ❑ 學業－－成績與學業成就會低落
- ❑ 缺席－－會經常缺課或翹班
- ❑ 法律問題－－可能遭到逮捕或面臨有關用藥和酗酒的問題

Chapter 10

出軌

Jill Ferris-Wiley

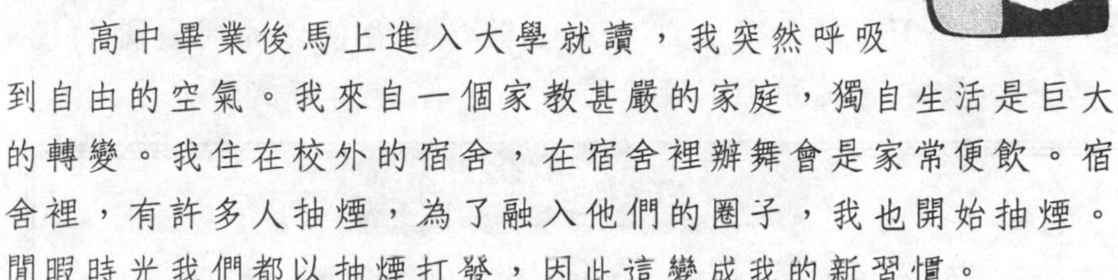

我發現，談我大一時的飲酒和嗑藥習慣，有點難以啓口。那是一段很痛苦的經驗，真的。直到現在，我還在痛斥自己的行為，對自己的行為感到羞愧。

高中畢業後馬上進入大學就讀，我突然呼吸到自由的空氣。我來自一個家教甚嚴的家庭，獨自生活是巨大的轉變。我住在校外的宿舍，在宿舍裡辦舞會是家常便飲。宿舍裡，有許多人抽煙，為了融入他們的圈子，我也開始抽煙。閒暇時光我們都以抽煙打發，因此這變成我的新習慣。

在宿舍裡，幾乎每個人都抽大麻。一開始，我只在週末時抽，逐漸變成一星期抽一、二次，最後是每隔一天抽一次。第一學期結束，我受到留校查看的處分，自己甚至還不知情。對我身邊的朋友而言，我似乎是個相當有能力的人，但我內心則感到紛亂與困惑。我不清楚在大學裡要做些什麼，不曾和某個人談過此事，也不曾找過心理諮商人員，可是我卻找了一羣朋友，在生活中為了找樂子而濫用藥物，幾乎天天酗酒，而且性生活糜濫。

有一位朋友曾向我推薦某種藥丸，另一位朋友則推薦古柯鹹。起初我堅決拒絕，但我的室友則嘗試了。為了成為團體中的一份子，最後我妥協了。

酗酒和嗑藥的習慣，導致我在大三下學期輟學。當時我已經轉系二次，許多課程都慘遭死當。

我希望過去我曾經挪出時間跟某個人談談我的孤立感、害怕不被同儕接受的恐懼、以及由於缺乏因應技巧，只能藉著酒精和藥物來填滿空虛。我知道這些是我墮落的原因，而且這段過去至今仍然讓我難以平復內心的懊悔。

我知道，如果我仍然過著同樣的生活方式，我無法成為像現在這樣努力的學生。我發覺，現在的學生都會喝酒，而且有些人喝得很誇張。我也注意到，有些學生靠藥物來協助K書。我還曾經看過有些同學帶著宿醉上課，我很慶幸自己不再過這樣的日子。我也了解過去的經驗讓我更加重視現在的表現。

? 你認為 Jill 為什麼會酗酒和嗑藥？這會使她的問題更加複雜嗎？如果你遭遇和 Jill 類似的情況，你會如何處理呢？

批判思考園地

你有嗑藥（包括喝酒）的問題嗎？

請圈出「是」或「否」。

是　否　你以嗑藥來處理壓力或逃避生活的問題嗎？
是　否　你曾戒癮失敗嗎？
是　否　你曾因爲嗑藥而遭遇到法律問題或被捕嗎？
是　否　你認爲一個聚會或社交場合若沒有酒精或其他癮藥就不好玩了嗎？
是　否　你會逃避那些不贊成你嗑藥的人或場合嗎？
是　否　你會因爲嗑藥而忽視你的責任嗎？
是　否　你的朋友、家人對你嗑藥表達過關心嗎？
是　否　你在藥物的影響下，會做出正常情況下不會做的事情嗎？
是　否　你曾認真想過你可能有藥癮的問題嗎？

解釋：數一數你圈「是」的答案。數量愈多，問題可能也愈多。重點是要對自己誠實。即使有一點點問題的跡象出現，我們也希望你認真地考慮尋求校內諮商人員的協助。向專業人員求助並非暴露你的缺陷，而是表示你能鼓起勇氣認清自己的問題並採取行動。

二手煙

Carloine

在16 歲到 21 歲這幾年，我有一位固定的男朋友。我們在高中就開始交往，也一起上大學。大一結束那年，男朋友開始喝酒和抽大麻，癮頭從週末的狂歡演變成日常的習慣。他不相信抽大麻會上癮，每次我們一談到他因經常嗑藥而導致性情轉變的話題時，都會大吵一架。當他因抽大麻而產生恍惚狀態時，我簡直無法忍受待在他的身邊，我擔心他會傷害自己的身體，更擔心他上癮而無法自拔。我不知道如何阻止他，但當他抽大麻時，我真的不願意待在他身旁。這一點真的激怒了他，他說我不能接受他這麼一個人。我試著讓他了解他嗑藥時精神恍惚的樣子，已經不再是我想跟他在一起的那個人了。

我們繼續爭吵，並在這些問題上掙扎。我想我們感情的致命傷是，有一天晚上他約我吃晚餐，但當我到他住處時，他喝得爛醉並倒在沙發上。他錯得太離譜了，甚至聽不見我喊他的名字。不用說，我並未享受到他答應我的這頓飯，我帶著憤怒和無以名狀的悲傷離開。

回頭想想，我必須說，他選擇酗酒和抽大麻的習慣，成為我倆之間的裂痕，同時也是我們分手的主因。我想他一直要證明他是個自由自在的人，而且希望我也加入他那以藥物營造出來的歡樂世界。相反的，我卻變得更堅定，絕不嗑藥。雖然我很高興自己做了這樣的選擇，而且忠於自己的價值觀，但我想我的內心是害怕冒險才讓這段感情結束的。我真希望以前的他能減少依賴藥物做為尋樂的途徑，那麼我也就能夠在玩樂時減少一些恐懼。

? 在類似的情況下，你可能會怎麼做？如果 Carloine 是你的朋友，你想對她說些什麼話？

集體酗酒

Mark Vaught

當我剛進大學運動校隊時，遇到的最大問題就是把酒狂歡。我和隊友們最常一起做的事就是喝酒。在校隊中有一條不成文的規定是：「練習得愈辛苦，玩得愈瘋狂。」而幾乎每一件事情都會跟喝酒扯上關係。不只我們隊上的運動員如此，所有體育活動的運動員也都會聚在一起喝酒。我們隊上的成員都必須經歷的一項入會儀式是：所有新手聚在一塊兒，由學長們把他們灌醉。別人會以酒量來評斷你。

喝酒是融入其他隊員的方式之一，同時也是我應付不佳情緒的方法。我發現，每當出賽表現欠佳或和教練吵架時，我都會以酒精麻醉自己。我現在知道這樣做並不能解決問題，而且只會使我的表現更差。我反省過去，並了解到藉酒消愁的日子有多糟。

我相信，在出賽前若能接受個人諮商，將有助於提升表現水準，至少對我而言很有用。我因此能夠沉著地處理自己的情緒，及發覺困擾我的事情並加以解決問題，而不須背負著它，就像帶著一顆隨時會爆炸的定時炸彈一般。在諮詢中心的人們都願意傾聽你的問題並協助你自助。我真希望在我大學的前三年裡，曾有人告訴過我這個訊息。

? 你曾經因為想融入某個圈子而喝酒或嗑藥嗎？結果如何呢？像 Mark 一樣，在你最手足無措的時刻，你曾經找過人聽你傾訴嗎？你樂於找別人聽你傾訴嗎？

重來一次

Conrad Fuentes

在舞會的喧鬧聲中，我展開了我的大學生涯，而且樂此不疲。之後，每當下課休息時，我就和朋友跑到酒館喝酒，後來則乾脆蹺課。第一學期，我還能應付日漸下滑的功課，但隨著時光流逝，我花在讀書上的時間遠少於參加聚會的時間。不用説，我的成績和個人生活開始面臨困境。我在大學的最後一個學期，就在蹺課及被死當的悲慘情況下渡過。

最後，我只好輟學，並出去找工作以支付酒錢，我發現我可以一邊工作一邊喝酒。在這之後的五年中，我一次又一次地換工作，也眼睜睜看著自己的生活支離破碎。在好幾次誤觸法網及數度企圖自殺後，我開始尋求協助，並擔心自己再也活不久了。於是我去參加 12 階段的戒酒計畫。在復元過程的第一年真的很難熬，我很懷念喝酒，但最後我開始降低此種慾望，也開始能夠專心生活。

在兩年的復元治療後，我又回到學校就讀。剛開始，我的挫折感很大，因為以前的經驗實在是一團糟。所以起初我只敢當個兼職學生，但我修許多課來建立自信心，最後終於變成全職學生，回到正軌以達成原先的目標。

經歷這個過程後，我依舊是 12 階段戒酒計畫中活躍的會員。我想，我的學校生活和個人生活能重見光明應歸功於此。

我的內心很後悔浪費時間在酗酒上，但我同時也懷疑，如果沒有這段經驗，我還會像現在這麼重視我的生活和教育嗎？

抽大麻的借鏡

Paul Lundberg

我不認為我很熱衷於參加舞會，但是我所交往的朋友都是這一類型的。我來自一個穩定且支持我的家庭，只是我從未感受到像現在這麼自由。一週跳四個晚上的舞，蹺課一兩天算是正常的情況。我可以在考前一晚猛K書，或考試當天臨時抱佛腳便能通過考試。如果不行，我會找「營養學分」的課來修，即使不上課也會過。這種情況到大三結束時，似乎都很管用。

第四年時，畢業將屆，我不曉得自己在做些什麼或自己是誰。我覺得很惶恐。與其不斷的蹺課，我最後決定休學一學期。我向父母解釋：我必須找回自己。他們雖不同意我的決定，但試著體諒我。

「找回自己」的結果是，我抽大麻的習慣由一週一次改為一週5、6次。以前是和大夥兒一起抽，但現在如果無人在旁，我便獨自抽。

十一月的某天晚上，我正看著電視，突然想來點刺激的，但這次抽大麻所獲得的快感跟以前有些不同。我開始呆滯和不舒服，並焦躁起來，而且想吃東西，情況有點無法掌控：我的心跳開始加速，且呼吸困難。這種感覺就像有人從角落跳出來嚇唬你，使你受到驚嚇，不同的是持續了4個鐘頭。

後來，我發現大麻中添加了PCP（粉狀麻醉劑，可製做迷幻藥）。經歷了5、6次的清醒和昏迷後，才完全消除掉這種感覺，這段時間我承受莫名的驚恐。第一次清醒時，我勇敢地面對父母親。這是最難堪的事，但也是我做過最好的事。他們一直鼓勵我，並努力隱藏他們對我的失望。我不敢確定如果他們不在的話，我會做出什麼事來。

我戒除了抽大麻的惡習，但生活無法一下子就變得一切順遂。我必須克服三年半以來所養成的習慣。我努力找回自己，並睜開雙眼看清真實的世界。我逐漸能夠勇敢地面對害怕失敗的感覺，不再每次遇到難題就逃避。

我拒絕以自己錯誤的經驗向其他的同學說教。我只想談論我所失去的東西，因為是我自己選擇了過去那種生活方式。我從未參加過課堂討論、校內競賽、聽校外人士演講、體驗戶外的探險、或課後在咖啡屋所舉辦的辯論會。我很滿意現在過著像成人般的生活，但卻無法重新體驗我的大學生活。

? 你能想像 Paul 在接受現實生活時，遭遇到的挑戰嗎？你認為是哪些事情幫助他戒除大麻？你認識像他這樣的人嗎？

隨手筆記

回答 p.374 關於酒精和其他藥物的問卷，寫出你的想法。假如你喝酒或嗑藥，是什麼因素鼓勵你這麼做？如果你既不喝酒也不嗑藥，是什麼原因阻止你這麼做呢？

大家談

在你的學校裡，喝酒及嗑藥被視為共同的社會問題，還是僅是個人的問題？在校園中，誰應負起責任處理這些問題？應該怎麼做？

發自內心的喜悅

游泳游到最後一圈　得到好成績　一位好友的來電

登山　擁抱　看見喜歡的人而臉紅心跳

閱讀一本好書　跑完馬拉松　風和日麗的好天氣

你最不喜歡的課取消了　想到一個很棒的主意

愛自己　逛街購物　坐雲霄飛車　贏了比賽

收到花束　信箱中的信件（不是帳單）　中了彩券

練習時表現優異　開懷大笑　畢業當天　獲得讚美

你注意的人注意到你　危機解除　旅遊

堅持新的一年所下的決心　看一場精采的電影　探險

得到你想要的工作　申請到研究所　戒煙　身體健康

聽一場動人的音樂會　給別人留餘地

聽到別人對你說或告訴別人一句「我愛你」

身邊有好朋友　得到獎學金　感受到生命的悸動

創造思考園地

拒絕嗑藥及酗酒的創造性方法：

- ❑「我在生活中已感受到歡樂！」
- ❑「我對酒精過敏。」
- ❑「我正在修抗生學，所以我知道你把酒精和藥物攙在一起服用相當危險。」

- ❑「我正在控制飲食。」
- ❑「嗑藥及酗酒違反我的宗教信仰。」
- ❑「我正在鍛鍊體魄。」
- ❑「我奉命當司機。」
- ❑「我不用，謝謝你。」

想出三個你自己的好點子：

____

____

____

校園安全

很遺憾地，許多校園中都存在著某種程度的暴力和犯罪事件。你可以視下列的資料爲實用的建議表，或大學生活的必需品。大多數的學校都會提供保全服務，以確保學生及教職員的安全，但評估和處理你個人的安全問題，乃掌握在你自己的手中。你可以採取某些措施，大幅降低成爲受害者的機會。

強暴及暴力犯罪的統計數字顯示，女性較易受侵害，但下列的建議男性也適用：

- □ **建立互助系統。**假如你晚上有課，找個可以和你一起走路上下課的同件。如果你開車，則請另一位也開車的同學陪你去取車，你再載他去開他的車。
- □ **善用護送服務或駐校警衛。**你的學校也許提供夜間的護送服務。查明是否有値班警衛及其所在位置。在校園中也設有許多緊急電話亭；你應熟悉這些服務項目。

- ☐ **執行預防計畫。**在校園中逛一圈，把可能有潛在危險的地點記下來。找出無路燈的小徑或長滿灌木叢的狹窄走道，這些地方很容易讓壞人藏身。也別忘了記下偏遠或無警衛的建築物。把晚間上下課最安全的路徑畫出來。
- ☐ **表現出自信。**假如你獨自走向停車場，走路時鑰匙握在手中，步調要輕快。行走時選擇人行道中央，以堅定的步調及自信的態度走路。
- ☐ **教育自己。**上自我防衛或防範色狼的課程。詢問學校裡的警衛或當地ＹＷＣＡ相關課程的資訊。
- ☐ **利用道具。**如果你是一名開車上學的女性，不妨在前座擺一雙男鞋。這會讓壞人認爲你的車子是男性所有。
- ☐ **隨身攜帶口哨。**用口哨或其他警報器會比喊救命來得容易，而且聲音也傳得較遠。
- ☐ **隨時提高警覺。**例如，檢查車子底盤以及後座，因爲攻擊者會躲在這些地方伺機行動。當你上車後，鎖上門立即離開，別花時間整理報告或調收音機頻道。在走路時，注意你的週遭。別帶著耳機走路；當你忽視周遭環境時，你便增加了自己的弱點。
- ☐ **利用學校的資源。**假如你有校園安全的特殊問題，找時間拜訪校警或相關單位。許多學校會印製各種保護自身安全的小冊子，提供護送服務以及開設自我防衛的課程。

未來的路

1. 假如你尚未做到本章《思考園地》及《隨手筆記》中所提到的觀念，可以回頭參考這些內容並身體力行。同時，複習你第一次在「認識現在的我」專欄中所寫的答案。在你的筆記上寫下你想改變的事。
2. 讀完這一章後，找某個人談談在「安全的性」方面，你學到哪些事？
3. 到社區的家庭計畫機構或學校健康中心索取關於性病和避孕知識的小冊子。考慮為你所屬的團體邀請一位健康教育的老師來演講。
4. 如果你已有過性行為，務必到診所篩檢性病並和診所的諮詢人員討論防護措施及避孕方法。從現在起，遵守安全的性行為規範吧！
5. 參加舞會時，避免喝酒或使用其它藥物。觀察在舞會上嗑藥的人。想一想你想成為哪一種人。
6. 假如你在本週曾喝酒或嗑藥，擬個計畫在下星期中都別碰這些東西。並在筆記上記下這些經驗。
7. 考慮加入戒癮中心或類似的機構。
8. 拜訪校警或校園安全管理處，以了解他們提供給學生哪些服務或安全建議。

9. 和幾個朋友一同上自我防衛課程或約定在夜間一起上下課。

10. 擬出一個「發自內心的喜悅」之計畫並加以執行！

第十一章
壓力與危機之處理

- ☑ 你的生活中有任何壓力嗎？
- ☑ 壓力的來源
- ☑ 壓力的正負面效應
- ☑ 縮減壓力
- ☑ 危機：危險與轉機
- ☑ 諮商與個人成長

引航

生活並不總是能盡如己意。即使你處處小心翼翼，但每天的突發事件都足以構成你的壓力。如果我們假設你能摒除生活中所有的壓力來源，這將相當不切實際，然而你卻能採用實用的策略來因應它。當你無法控制壓力來源時，仍可控制你對他的反應。你可以選擇如何看待壓力並支配它對你的影響。你愈能掌控壓力，壓力就愈不能影響你的生活。

在每天的壓力之外，你可能還要面對人生旅程中較大的危機，包括一些學生時代的危機。你不須一直受到危機的箝制，相反地，你可以尋求力量的泉源並朝新的方向邁進。

認識現在的我

想一想你處理壓力和個人問題的方式是否適當，並評估你利用外在資源來處理它們時的態度。以下請根據你實際的狀況在每則敘述前填上「○」、「×」或「？」(不確定)。

1.____當我遇到問題時，通常會向我信任的人尋求協助。
2.____我的問題很少能讓我逃避應付責任。
3.____我個人的問題有時會干擾我的學生生活。
4.____有好幾次當壓力來臨時，我幾乎唸不下書。
5.____我會運用各種意識性的方法來處理壓力。
6.____即使面對壓力，我仍能開懷大笑找樂子。
7.____當危機出現在我生活中時，我覺得必須獨力應付。
8.____我覺得遇到壓力或危機時去找導師，可讓我心情舒坦些。
9.____當我面臨危機時，我常覺得無能為力。
10.____如果我無法獨自處理本身的問題，我不會排斥尋求諮商輔導。

你的生活中有任何壓力嗎？

變遷、壓力、挫折和衝突皆屬於日常生活中自然發生的現象。即使對那些不遲交作業的人而言，學期末要交報告以及準備期末考也難免會感到迫在眉睫的壓力。欲通過某些重要的課程，也會產生莫大的壓力。必須長時間工作或背負家庭責任的學生，得面對持續的壓力及扮演多種角色。學生除了有這些一般性的壓力外，也可能面臨危機事件－－例如家人或好友逝世、和朋友絕交、丟了差事、受傷或個人的各種失敗。即使看似正面的變遷，例如受到讚賞或搬至較佳的居住環境，也都會形成壓力且常需要一段適應時間。

警覺心很重要

學習注意你感覺到的壓力及追蹤它的起源，是處理壓力的首要步驟。現在你可能只會與壓力共處，並未花時間去瞭解它如何影響你的身體、想法、情緒及行為。

譬如，你可能不斷地催促自己完成一件又一件的事情。也許你已養成「急性子」的個性，而且你習慣於忽略身體所發出疲憊和緊張的警訊。你也可能對於為了完成不切實際的目標而產生的焦慮感到麻木。但是一旦你確認出某些特定的壓力以及它們如何影響你，你便能減少或消弭特定的壓力來源，或最低限度也能學習對於不同的壓力情境給予不同的回應。

此時，你可以稍做暫停，評估自己承受哪些壓力以及往往如何去處理。

壓力的來源

外在來源

許多壓力的來源都是外在的。思索一下許多人所面臨的壓力情況，尤其是在開學時：趕著找學校附近的停車

位、離鄉背井、學校行政人員的怠慢以及對他們感到失望、學分過重、修課衝堂、課後趕著打工等等....。經濟問題也是其中的一部份。

其他外在壓力的來源是和朋友、家人、老師、雇主、室友以及其他人之間的衝突。未能解決的人際衝突可能形成嚴重的壓力，亦可能使你在追求目標的過程中無法專心。

外在的變遷也可能成爲壓力的來源，尤其是生活環境大幅度的調整。即使是正面的變遷也常造成壓力，因爲它們打破了熟悉的事物。

事實上，外在因素能產生多少壓力，你掌握了部份的主導權。你對於事件所貼的標籤、解釋、想法及回應，與事件如何影響你有很大的關係。

內在來源

心理或內在的壓力，比外在的壓力更難紓解。內在壓力的來源包括：挫折感、內在衝突、以及自己施加給自己的壓力。

挫折感來自你的需求及目標受到阻礙。挫折感的外在來源(失落、延遲、孤立)等等均含有內在心理的因素。此外，內在因素本身也會阻礙你達成目標－例如，缺乏基本技能、缺乏自信或其他自己形成的障礙。

內在衝突是內心數種強勢的動機相互競爭下的結果。也許你主要的內心衝突和你選擇的生活方式有關。舉例來說，你是否曾經掙扎於選擇獨斷獨行抑或從善如流？

換句話說，你會選擇自己主導的生活，但可能承受孤獨寂寞，還是要活在別人的期望下？

內在壓力係指你期望和要求自己的行爲遵守某些方式。這是現代生活中「匆促病」產生的一種後遺症。除了來自別人的壓力之外，你也許會嚴苛地要求自己達成學業目標，甚至對朋友及家人也時感不滿。你或許逼迫著自己去符合別人的期望。假使你又是個完美主義者，則努力做到別人對你的期望更是壓力的固定來源。如果你發現自己屬於這種情況，檢討一下你是否有這些不切實際的想法。

你身上的包袱是否過於沈重，壓得你幾乎喘不過氣？雖然重要的事件有其壓力，但生活上常無端冒出的瑣事，才是我們真正的困擾。

批判思考園地

你的壓力來源

寫出目前在你生活中一或兩項外在壓力的來源。

你最近在學業上、生活上、健康上、工作上、經濟上或其他方面有哪些改變？

你體驗到哪些主要的內在挫折感，你往往如何處理？

指出近來你和別人發生的一些衝突，它們如何影響你？

就目前而言，你覺得別人給了你哪些壓力？而你自己呢？

你最近又經歷了哪些「較小」的壓力？它們如何影響你？

Chapter 11

壓力的正負面效應

良性壓力與惡性壓力

壓力同時具有正面和負面的影響。良性壓力係指在一些我們必須要改進的地方給予動力而產生的結果。某種程度的壓力能激勵及協助我們應付日常生活中的問題。你的目標不應設爲消除生活中所有的壓力來源。

心理學家以「惡性壓力」一詞形容會導致身體與心理上呈負面狀態的壓力。惡性壓力事實上可能使我們心力交瘁。在嚴重的惡性壓力下，身體會經歷所謂的「打或跑」反應，也就是隨時提高警覺，準備採取積極的行動擊敗它所面對的「敵人」。

如果你使自己承受太多壓力，在打或跑反應中所產生的生化改變，可能導致長期的壓力和焦慮。這會造成身體上的疲憊和痛苦而形成各種身心疾病。這些是真正的生理異常，由情緒因素和壓力的延伸效應所造成。生理上的症狀範圍從輕微的不舒服到威脅生命的情況都有可能，包括消化道潰瘍、緊張頭痛、哮喘等呼吸道疾病、高血壓、皮膚機能失調、關節炎、消化道疾病、睡眠失調、循環不良以及增加罹患中風、癌症及心臟病的可能性。

和壓力有關的疾病，事實上可能想達到某些目的。好比說，生理上的症狀也許是想維持生活的原狀－亦即提供不願生活在別人的期望下的藉口。爲了探究這個問題，你可以問自己：如果你不生病的話，生活可能會有哪些不同？如果你驅策自己達精疲力盡的程度，而你的身體也以生病來抗議，那麼這場病就達到目的了，使你不能再繼續以原步調前進。當人被"mono"（傳染性單核白血球增多症）、Epstein-Barr 病毒以及心臟病纏身時，身體可能會大聲地說：「慢慢來，性命要緊！」問題是，你願意仔細傾聽自己身體的聲音嗎?

心神耗竭

心神耗竭是一種油盡燈枯的狀態。它是由接二連三的壓力造成的，主因常是長期密集地與人接觸。這種人在各方面都卯足了全力，但往往感到無助和無望。他們爲別人盡心盡力，但卻忽略了關心自己。通常他們對自己和別人都持負面的態度。會感到心神耗竭的人常常奮力想達成不切實際的期望，結果卻造成長期的挫折感和頹喪。

學生們都說心神耗竭常出其不意地襲擊他們。那是因爲他們並未察覺自己平常的生活有多匆忙，也總是忽略了他們正把自己推向極限的信號。許多人都把大部份的時間投注在學業和工作上，然而卻忽略了要維持友誼、與家人共處或找時間做休閒活動。一個又一個學期過去，他們超修了許多學分,他們一心只想趕快畢業,開始工作賺錢。有時他們並不了解自己所付出的代價。不僅使自己身心俱疲，連社交活動都告中斷。

無論是現在或以後在學的日子，你可能必須問自己是否會出現下列情況：你是否瀕臨心神耗竭的邊緣? 你是否油盡燈枯? 如果是，你要如何扭轉這種局面?

Christina Maslach 曾經讀書讀到心神耗竭。她指出，一旦一個人清楚自己的境況並有心改變，就不會陷於無望的情況。Maslach 提供許多絕佳的建議。重新思考何者才是當務之急，並設定實際的目標是兩大重要步驟。此外，與其奮力工作，不如「用腦工作」，亦即改變你做事或讀書的方法以減少壓力。

你也可以對抗使你感到挫折、憤怒和枯竭的無助感。你可以學習在短暫的休息時間放鬆心情。與其把問題都往自己身上攬，無寧採取更客觀的作法。最重要的一點，你可以學習關心自己就像關心別人一樣。

當然，首先最好預防心神耗竭的情況發生。你的任務就是設定目標及優先順序，使你活得像個人和學生，隨時應留意心神耗竭一開始的信號。另一個預防措施就是設法使自己重新充滿活力，這個建議包括放慢腳步，仔細觀察你的生活方式，這樣你才能找出讓你恢復活力的途徑。

Bernie Siegel 博士曾區別善用心力的人和心神耗竭的人。前者能夠善用每一分每一秒，但不會使自己成為兩頭燃燒的蠟燭。他們的計劃只會帶給他們活力而不致耗盡心力。而後者連補充體力的短暫休息都沒有，最後只是使自己燃燒殆盡罷了。

大家談

「你屬於善用心力的人還是心神耗竭的人？」無論你在大學裡待了多久，你也許偶爾會有耗竭的經驗。是哪些因素導致你耗竭？過去你曾採取哪些方式來解決這種情形？你又能利用哪些方法來防止呢？

讓我喘口氣！

Brandi Baldasano

在學生時代，我常固定地做些無益的舉動。例如，在每學期末，我通常會仰賴咖啡熬夜到深夜二點準備期末考。不過，我想關鍵在於這只是例外，我知道這些習慣如果變成日常生活的一部分會很糟糕。

當我覺得疲憊、毫無動力時，我便知道是該關心自己的時候了。有幾種方法可幫助我鬆弛身心的緊張。有時痛痛快快的洗個澡，或散個步，有時則逛街逛一兩個小時。有次在期末考那週，我的朋友和我都決定要喘口氣，於是大夥兒相約至購物中心，並且好玩地試穿了許多名牌服飾。這趟逛街之行給了我們歡笑的機會，使我們腦筋更清楚，並逃脱課業的壓力幾個小時。當我們回到學校時，我們更能專心且事半功倍。

當我發現自己正瞪著筆記或書本發呆，沒有任何進展時，我就知道休息時間到了。對我而言，管理時間是件重要的事，這樣我就不必逼自己長時間讀書了。

? 當你感覺疲憊時，通常會對你造成什麼影響？你可以做哪些事，使自己比較不會有無力感？

向過度緊張說再見

Tracy Grasl

以前有些人常說我緊張過度，而我在學校的最後一學期偏偏充滿許多超級壓力。我那時正在申請研究所，除了要填寫一堆申請表，將論文打字、準備 GRE 考試，還要修滿十二學分

以及一個每週工作三十小時的兼差職務。大約在學期中，我發覺自己胸口疼痛且呼吸急促。我認為這是消化不良的結果，跟壓力無關。在例行的健康檢查中，醫生問我是否知道自己有心雜音以及心律不整的症狀，我知道這是警訊，所以去找了一位專科醫師，在經過層層檢查後，確定我的確有心雜音，疼痛則是壓力造成的。我馬上將生活做了調整，我只接受自己可以掌控的工作。我將學校課業和日常生活重新做了安排。我告訴自己當遇到過去會造成我焦慮和壓力的情況時，一定要放鬆心情，我和自己的心臟做了一個連繫：做深呼吸練習並學習沈思冥想。

壓力吞噬了我

Takisha McNeil

壓力對我身體的影響之一就是體重下降。我本來就是個蠻瘦的人，加上生活中許多不同的壓力，更使我常常食慾不振。最後我才了解某些事情必定會發生且正要發生。對我自己施加壓力，並不能使情況好轉或產生改變。如果你考試沒考好，壓力只會使你更焦慮，而無法使你更專心、更用功地改善你的成績。

? 拿你自己和 Tracy 或 Takisha 比較。你是忽視或重視身體發出的警訊呢？

創造思考園地

疏通或圍堵？

人們有不同的方式來解決生活的壓力。沒有一種方式是最好的；然而，有些策略一般說來比其他策略更有效。如果你發現自己以忍受而非紓解的方式來處理壓力，那麼你可能只是隱藏了問題而並非解決。爲了更了解你自己處理壓力的方式，我們來做個小測驗。

當你遇到壓力時，你會忍受嗎? 以下列何種方式解決呢？請打「✓」。

☐吃阿司匹靈

☐喝酒或服用藥物

☐抽煙

☐吃東西

或採取紓緩的作法?

☐運動

☐和朋友聊天

☐短暫的休憩

☐沈思或禱告

假使你能少用忍受，多用紓解的作法來減低壓力，這將使你不致長期感到沈重的壓力。你可以採取哪些步驟使自己更能紓解壓力呢?

____

____

____

Chapter 11

縮減壓力

掌控壓力需要長期和短期的作戰方法。長期方法包括鬆弛壓力、沈思、自我對話監視技巧以及運動與營養計劃等。短期方法則幫助一個人在壓力產生時處理壓力。假設某天的早上九點你已經知道 1.下午的課可能會有突來的小考，以及 2. 星期六晚上的約會已經取消了，即使這正是一天正要開始的時候，你也已經失去了平衡感。

重要的短期技巧之一就是，能夠在激烈奮戰中掌控自己。若你控制得當的話，各方面都會變得更容易，包括你更能做出好的決策以及充分善用你的能力。有自制力的人一次只會做一件事。他們不會擔心過去發生的事或未來可能發生的事。他們把焦點放在目前的任務上，也就是唯一一件可控制的事情上。

我發現，當學生遭受壓力時，他們不斷地看大局勢，卻忘了將重點放在他們目前手邊可處理的任務上。因此，我在輔導學生時，首先會促使他們了解此時此刻的重要性，並幫助他們一次只作一件事。

1. 責任感（RESPONSIBILITY）

這是此套作法的精髓所在。如果你不願意負責任，你便愈無法掌控局面。學習負責的三個重點是：

- 第一，你無法完全控制周圍所發生的事，但要全盤掌握你選擇的反應方式。
- 第二，你必須在試著掌控你的表現之前先控制自己。
- 第三，「態度就是關鍵」，你可以選擇以何種角度來思考某個情況。

將逆境視為機會，將危機視為挑戰，是非常重要的起頭。這種觀念上的改變，對於解決壓力情況有相當大的助益，而且也會使情況對你更有利。

2. 認清狀況（RECOGNITION）

一旦你負起了責任，下一個關鍵就是了解你何時開始分心失去焦點。把你的警覺心想像成體內的紅綠燈。在特定的時刻，它是亮起綠燈？黃燈？還是紅燈？或許你無法明確地知道答案，但可憑感覺。當你開車時，並不會想著你是依照號誌燈來行駛，你是看到燈號就產生反應。同樣地，當你穿梭在每日的事務之間時，你不須時時「想」著訊號，只要注意正在發生的事並加以反應即可。在順利的日子，燈是綠的，你往前走就對了。

黃燈則是你開始遇到麻煩時亮起：例如和室友爭吵，發現隔天上課有小考，遭好友或約會對象的拒絕。這些情況會使你開始逐漸繃緊神經、失去焦點及魯莽行事。

當紅燈亮起時，你真正陷入掙扎狀態。例如你剛知道明天考試不只一個，而是二個，媽媽通知你她有一些健康上的問題，以及當你試圖要找人和你一起外出時屢遭拒絕。在這個時候，你心亂如麻，肩膀和背脊繃得緊緊的，你的內心對話也會變得極端負面。

人們在選擇排解壓力及如何經歷緊張方面因人而異。不過關鍵在於，及早認清你何時會失控，這樣才能在壓力增強之前進行改變。

3. 解除壓力（RELEASE）

一旦你知道自己已失控，下一步就是消除壓力及「掃除陰霾」。試著握緊拳頭或去感受緊繃的肌肉，維持五至七秒後放鬆。以你的呼吸做爲工具。在我們出生時做的第一件事就是吸氣，而在去世時則呼出最後一口氣，然後全身鬆弛。呼吸是一種微型的生死循環。當你需要能量時，把注意力集中在吸氣上；當你需要冷靜時，則集中在吐氣上。如此專注的呼吸可將你的注意力放在當下。它能讓你進入自己的意識及察看你是否在控制下。同時也有助於你取得控制。

4. 整編（REGROUP）

在解除壓力後，就要開始整編。讓自己抬頭挺胸站立並集中精神，然後注意手邊的任務。就像藍球選手Mickey Rivers 曾說過的一句話：「擔憂你無法操控的事是沒有用的，因爲假如它們在你能掌握的範圍之外，就算擔心也無濟於事。」

5. 重拾注意力（REFOCUS）

當你再次控制自己之後，就能清楚思考及重新專注在任務上。例如：「我將要讀兩個章節，寫下緒論的草稿，以及打電腦三十分鐘。」擬訂一個短期計劃並努力去做是很重要的。

6. 整裝待發（READY）

現在你的計劃設定好了，你明確地了解計劃並承諾要完成它，那麼這個時候你可以慢慢平穩地吸口氣，說聲「預備」然後開始。真正專心地投入工作五分鐘，是對付拖延習慣很有效的方法，因爲你不會在五分鐘內感覺疲憊。一旦你開始進行了，就會逐漸想繼續做下去。

7. 反應（RESPOND）

只專注在你必須做的事情上。在處理和執行任務時，相信自己的能力。

學習培養幽默感

你覺得自己面對人生有時過於嚴肅了嗎？或許你學不會如何取悅自己。過於嚴肅的話，你就會把內在天真的部份隱藏起來。學習嘲笑自己可能是個良方。挪出時間來娛樂身心可能是你擊敗壓力的特效藥。幽默感則有助於你對事情產生透徹的看法。

笑聲不僅使你在心理上覺得舒坦，對你的身體健康也有幫助。如果你能發自內心地笑出來，便不易處於情緒低落的狀態。醫學報告顯示，患有重病的人藉由幽默感和笑聲，能產生一些顯著的改變。假如你常以哭泣來紓緩痛苦，那麼你會覺得比較輕鬆，也更能體驗真正的笑。嘗試以下的建議，增添你生活中的笑聲：

- ❑ 租一卷你最喜歡的喜劇片錄影帶回家看。
- ❑ 看你最喜歡的連環漫畫。
- ❑ 看笑話全集。
- ❑ 和經常惹你發笑的人在一塊兒。看電視上或現場演出的喜劇表演。
- ❑ 做個「難得糊塗」的人。

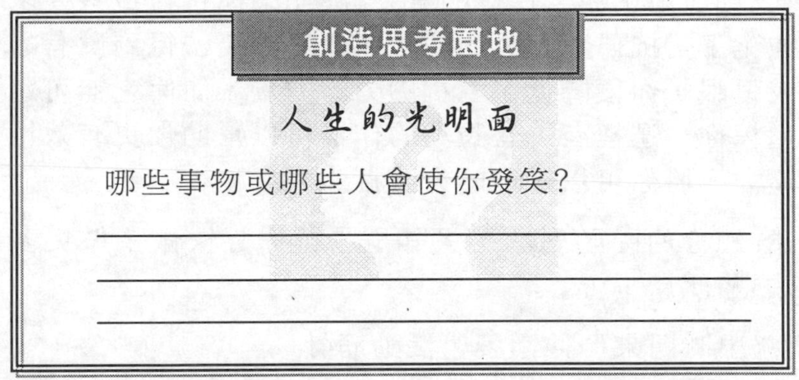

創造思考園地

人生的光明面

哪些事物或哪些人會使你發笑?

____

____

____

如何放輕鬆?

假如你能學會放輕鬆，你身體和心理上的抱怨，像是消化不良、背痛、失敗和頭痛就不會跟著你一輩子，同時你也能夠提昇你的人生和身旁的人。

首先，學習找出使你不易放輕鬆的內在訊息。例如，假如你告訴自己在做完所有事情之前，你沒有權利放鬆心情，那麼你很可能不常會鬆弛自己。假如你認爲這樣做浪費時間，要放鬆心情便會難上加難了。

另一項重要的工作就是學習啥事都不想，即使是幾分鐘也好。譬如，在排隊等註冊、買午餐或搭公車時。

有效處理壓力的課題不像完全放輕鬆那樣簡單，但後者可以讓你知道你何時過於緊張而失常。如果你隨時監督自己的緊張狀態，便能以某種方式放慢腳步，也就不會覺得自己好像快要爆炸了。

管理壓力的其他方法

你可以爲你管理壓力的計劃增加其他策略。在第九章，我們討論過注重健康的重要性。如果你符合這些要求，便強化了對抗惡性壓力的力量。假使你無法得到應有的營養或睡眠，你便降低了對抗壓力的力量，而使它無可避免地壓榨你。這裡有一些長期的作法可以幫助你更有效地管理壓力。將你可以採取的方式打「∨」。

☐ 監聽你的內心對話，尤其是告訴你趕快做、做更多的那些訊息。

☐ 挪出時間來伸伸懶腰，活動筋骨。

☐ 運動（參考第九章）。

☐ 刻意讓自己的步調慢下來。告訴自己有其他較無壓力的方法來解決困境。這將使你更能掌控情況。

☐ 將所有你做對的事以及在你生活中進行順利的事，歸功於自己的努力。

☐ 安靜地沈思，使煩亂的思緒沈澱下來。讓腦筋淸靜片刻，肢體也不再活動。考慮每天訂出固定時間來冥想或凝聚心神（參考第九章）。

☐ 努力把心留在此刻。培養出活在當下的意識，以取代不斷地爲過去做過的事煩惱或爲未來未做的事操心（參考第九章）。

□ 休息片刻。即使幾分鐘也不錯，除了恢復體力外，也能將你拉回當下的時刻。

□ 學習從各層面思考你的問題，並不時地自嘲一番。

創造思考園地

壓力管理

現在花幾分鐘放鬆心情，並思考你如何管理壓力。接著進行下面的活動：

列出五件當你感到壓力時仍能輕鬆去做的事。然後將它重寫在一張較大的紙上，並貼在你每天可以容易看見的地方。（例如：接受按摩、沈思冥想、壓馬路、運動等等....）

1. ____________________
2. ____________________
3. ____________________
4. ____________________
5. ____________________

有任何回應壓力的方式實際上使你的壓力不減反增的嗎？（譬如，如果遇到壓力時便大吃特吃，導致體重暴增，結果卻成了你另一種壓力。）請敘述之。

回頭看看你在 p.390 所做的回答。

挑選一種你想解決的外在壓力或內在壓力之來源。列出壓力來源後，說明它如何影響你，以及你想採取那些步驟有效地處理。

來源：____________________

對我的影響：____________________

處理步驟：____________________

危機：危險與轉機

易感受壓力的人往往當危機發生時即告耗竭。對一個長期承受壓力的人而言，即使是輕微的混亂也會產生嚴重的反彈。能妥善控制壓力的人，對於處理危機則有較佳的準備，且能化危機為轉機。

中文的危機意味著危險與轉機。即危機乃同時反映著扭轉人生的挑戰及機會。危機是臨界時刻，是做出抉擇的時候。生命的品質並非以發生哪些大事來決定，而是取決於發生大事時你所採取的態勢。

將危機視為人類發展中重要的一部份吧！許多存活下來的癌症病人，在鬼門關前走過一遭後，對於每一天都賦予新的意義。那些存活下來的重病患者或經歷過重大手術的人，常對自己的生活方式做大幅度的改變。能夠從不幸中堅強走過來的人，常常會因受到震驚而活得更充實。

想一想加州那位開車在高架橋上突然遇到大地震的卡車司機，前頭不遠處的路面瞬間塌陷，卡車差點衝下路面。在一年後的訪談中，這位司機說，自從掠過死亡線之後，他覺得每一天都很珍貴、很美好。

假使你有勇氣去經歷一場轉變，危機的洗禮將有助於令你了解何者最為重要而應優先處理，並做重大的改變。記住，你對事件的認知，和它對你造成的影響有很大的關係，也就是說，你賦予危機的意義，將影響你處理它的能力。危機可以開發出你的潛能，使你表現出最好的一面。哲學家尼采說：「不能擊敗我的挑戰，使我更堅強。」

以下數頁將描述一些危機實例，它們都曾是某些人在學校和個人生活中的一大挑戰。當你讀這些個人敘述時，可能發現自己頗能認同某些例子。你自己的經驗與他們相不相同並不重要；體認到別人處於危機時跟你有類似的失望、痛苦、悲傷、困惑、焦慮和絕望，會對你更有幫助。這些故事也提到了一些你能夠用來因應危機的方法。在閱讀時，思考下列問題：

- ❑ 我願意去面對大多數自己所遭遇的問題嗎?
- ❑ 在個人生活中；我平常對不如意的事是如何反應的?
- ❑ 若有需要時，我願意和某些人討論或請求援助嗎?
- ❑ 我有哪些內在資源及優點可以幫助我處理危機呢?

不該歸咎自己

Samantha Sherr

在十七歲時，我被一位長輩強暴。由於對熟人強暴一無所知，我將這件事完全歸咎於自己。我以為這是「真實世界」中成人的行為，也是人們發生性行為的方式。這件事留給我的只有困惑、憤怒及沮喪的感覺。他並非躲在草叢中我所不信任的陌生人，一時之間我覺得所有的男人都變成敵人。對異性，我失去所有的信賴，他們只會把我當做洩慾的對象及剝奪我的身體。我的自尊降到谷底，而且我發覺自己對於交新朋友或嘗試新事物產生退縮和無興趣的反應。強暴我的人對待我的態度，就像我是一文不值的東西，有好幾年的時間我都相信這是真的。

遭到強暴後接下來的三年，我一直活在事件的陰影下。我對於這個醜陋的秘密守口如瓶，因為我很羞愧竟讓這種事情發生，甚至不知道這叫性暴力，而不是性。後來我增胖二十磅當作保護自己的工具，這樣可以減少對男性的吸引力。我偶爾也會出去約會，但每次都維持不到二或三個月。我不想和這些人太親密。沒有人是可以信賴的，我不願再受到類似的傷害。

這段期間，我進了大學，並開始活躍在女性資源中心裡。我們邀請一位諮商及心理輔導的專家來上了一堂熟人強暴的課程。自此我才逐漸認清發生在我身上的事。雖然當時心中很掙扎，但我隔天還是約見了諮商人員。在開始接受個人諮商不久，一個性侵害受害者團體出現在校園中。在諮商顧問的說服及鼓勵下，我同意嘗試加入。這是我第一次和有類似遭遇的女性談論我的經驗。最重要的醒悟是，我並不孤單。這些女性朋友了解我所經歷的事，她們對於遭受強暴也有相似的感受及反應。這是我第一次覺得被人了解，而且我終於明白強暴的事實及其結果，我知道我不該歸咎於自己。

我在這個團體中的工作很辛苦，但無疑的也很值得。透過許多諮商及自我開發課程，我學會再度信任別人，但過程並不容易。我也重拾了許多已然喪失的信心。我想，身為強暴受害者的事實，會一直影響我的人生，而且是永遠無法抹滅的。但是我已能平靜地去面對它。這個經驗說明了，我有渡過難關的毅力及尋求協助的勇氣。

隨手筆記

你或某個你所認識的人曾被熟人或陌生人強暴過嗎？針對此事件，你可能想採取哪些因應措施。

Chapter 11

大家談

社會對於可能導致性暴力的權力、性別及性行爲，做了哪些假設？爲什麼Samantha 或其他女性會將遭受強暴歸咎於自己？假如某位女性的判斷力較差，你認爲她就應該遭受強暴的懲罰嗎？有任何人被強暴是「應該」的嗎？你認爲十件熟人強暴案中，有九件未報案的原因爲何？

喚醒責任感

Matthew Lynet

我唸大學時，同時也是美國海軍陸戰隊預備隊的一員。服役的津貼足以供給我的學費及生活所需。1990 年，伊拉克總理海珊決定侵略科威特。這讓我非常緊張，雖然我壓根兒不認為我的單位會被調去作戰。我在整個上半學期裡，都很難專心讀書。正當我想著不會被派赴任務的同時，我在十一月初接到了徵召令。我的心情跌到谷底，感到又害怕又生氣，因為我正準備開始要認真讀書！我的單位在某個海軍基地的人員赴波斯灣時，必須前往支援。我討厭待在那裡的每分每秒。我得放棄一整個學年。基於這種情況，我必須中斷學業。我個別向每位老師解釋為何我在學期中輟學，他們都以誠懇的關懷回應我。

現在想起這件事，我突然領悟這個經驗是無法取代的。這是我人生舞台上的一齣戲，造就了今天的我。參戰的經驗給了我相當大的動力，使我後來在學校的表現更加優異，並使我不斷地從事我想做的工作，而不是停滯在無興趣的工作上。

中年危機

Jacqueline Grimble

當我將近四十歲時，我發現自己和生活中許多不同的問題奮戰。我曾經歷過婚姻問題、空巢期症候羣以及日益強烈的求學欲望。反省過後，我真的認為自己無法完成學業，求學之路可望而不可即。

轉變的時機是，我女兒們離家唸大學。我心想：「我要待在學校裡攻讀市場學還是應該轉向我的新興趣—傳播領域呢？我能完成學業嗎？我要如何處理我的婚姻呢？」

在嘗試對我的疑慮尋找答案的當中，我開始接受個人諮商。著實花了一段時間才找到適合我的諮商顧問，但至少我對於這種作法不再感到羞恥。此時，我做了一個決定，它成了我人生中重要的轉捩點。我決定去追求二十年前我所立下的誓言，回到學校當個全職學生，獲得文憑並創造一個新的、更好的生活。做此決定並確實執行，讓我感覺很好。這是多年來，我為自己所做過最好的決定之一。

隨手筆記

曾有危機阻礙了你的求學之路嗎？你如何解決或你認爲自己會如何因應未預期的事件及轉變？

當偏離正軌時，你會選擇放棄或導正？你想修正自己對於危機、轉變的應變方式嗎？

Chapter 11

蜜月結束了

Jenny Moht

新婚的前三個月是我的婚姻蜜月期，但自從我們的女兒出生後，就變成難捱的歲月了。丈夫後來處處和我作對，並要求我停止學業，這樣我就能夠出去工作及照顧寶寶了。他變得愈來愈不贊成我到學校。當我嘗試挽救婚姻的同時，在我心中，維持學業依然是我的理想。但很明顯地，我無法讓他接受我和我的夢想。我們開始求助於婚姻諮商，打算挽救這搖搖欲墜的婚姻。在四次諮商會談後，丈夫很快就中斷此活動，因為他認為諮商是給「瘋掉的人」做的，而且我們的治療師只是在敲竹槓罷了。

我開始反省我的家庭以及我那些毀滅性的行為模式，並利用諮商的時間來探討這些問題。我知道自己必須想些辦法，否則，在婚姻關係中我將受到嚴重傷害。我也開始研究家庭暴力事件以及在課堂上閱讀相關書籍，我瞭解到自己也是維持惡劣婚姻關係的女人之一。在一次特別的暴力事件後，我拋棄了他。

回學校參加期末考是件很困難的事，這種壓力有時使我喘不過氣來。有許多次，我認為自己快要瘋了。有時我覺得自己對生活的期望過高。最糟的是，我的家人及教會都希望我原諒他及遺忘所有我倆之間發生過的事。然而，我知道自己絕不能再回到他身邊，不能再成為有虐待傾向的男人下手的受害者。很諷刺的是，在我經歷人生極大壓力的此一階段，我竟榮登該學期的榮譽榜。看到成績單除了一個B之外其他都是A，我知道即使個人的生活很失敗，但我的學業永遠都能靠自己扳回局勢。

父親的建言

Robert Johnscn

在哈佛傳播學院的最後一學期中，我父親動手術，而且我被告知他活不過兩個月。學業似乎頓時失去所有意義。我和父親談起此事，他堅持我應繼續完成學業。他建議我和老師們談談我的情況。這是我第一次利用「教師協助」這種資源。當時我心中充滿掙扎，不知該如何解決我的境況，但我開始和自己最信任的老師會談，並追上學業上落後的進度，漸漸地所有老師也都給了我同樣溫暖的回應。他們為我安排了特別的報告和考試，而且也撥出時間和我談話，就像貼心的朋友一樣。其中我最後才找的那位老師，也在就學時遭遇類似的情況。他實際上是個很好的人，他的協助遠超過我的想像。

隨手筆記

想一想你現在所處的一些關係。它們對於你努力想成爲的理想學生是幫助還是阻礙？

你自己曾處於被虐待的關係中，而且很難脫離嗎?

你有時可能會以何種方式試圖欺騙自己相信你和伴侶的關係對你的目標有幫助，但事實上卻相反？當你身旁親近的人不贊成你的求學計劃時，你如何處理來自他們的壓力呢?

Chapter 11

面對重重的傷痛

Cindy Corey

大三那年，我面對許多失去親人的痛苦經歷。第一位過世的是我的表姐。在我要考期末考的前一天夜裡，獲知她被綁架，不久後即遭撕票。我一直認為自己一定是在做夢。這些事通常只發生在別人身上。我們每天在新聞中都會聽到謀殺案，但絕對想不到它會發生在你所愛的人身上。在表姐遇害不久，我的外公接受癌症末期治療；我母親必須返回德國去照顧他。這是特別難捱的一段日子，因為她是家人的情感支柱而且我也需要她的協助。

母親離家的那個月裡，我又面對另一個死訊。我的一個朋友出車禍身亡，是頸部折斷當場死亡。不用說，我又開始感染沈重的悲傷。我很生氣自己必須面對這麼多傷痛。除了親友的死訊外，我也和交往六年的男友分手了。

我被這些重重的傷痛壓得快要窒息。課業成績一落千丈，同時也獲得生平第一個C的分數。我覺得好像沒有人了解我經歷了哪些事。傷痛排山倒海而來，演變到最後我竟開始麻木。我無法再流淚，而且對於失去任何我所愛的人變得有點偏執。於是我決定尋求協助並看心理治療師。我發現其中有一位女性案主經歷過比我更多的傷痛，因為她是集中營裡少數的生還者之一。我覺得和她在一起時毫無拘束，她所採用的治療法也有助於我面對生活上的不順遂。

我也修了一些關於死亡及臨終方面的課程。它有助於我渲洩痛楚，及學習了更多關於因應失去親人的方法和平靜面對死亡的態度。我也上舞蹈課，課程內容包含了冥想沈思以及引導心像。我很驚訝這堂課竟有助於我療傷止痛。雖然我已經為這些傷痛哀悼過也面對過，但我知道自己永遠不可能真正淡忘它們。一想到這些親人的死亡，有時我仍會覺得悲傷並落淚，然而我已經學會將它們融入我的生活中。很難相信我真的很感激這些事件所帶給我的學習經驗。

繼續往前進

Rebecca Deans

我在大學所遭遇的危機是在我離家住校那年。母親的遽逝，引發一連串改變我家人一生的事件及感受。由於尚未從如此多的改變中平復，我認為離鄉背井展開人生新階段，對我而言別具壓力。每個人都鼓勵我繼續往前進，但沒有人能告訴我要如何做及往何處尋找力量。

大學裡的朋友偶爾也會想家，也談到離開自己熟悉的環境有多困難。我知道他們在談論離開親人的那種愁思，這使我覺得自己並不孤單。但我懷疑他們是否能了解失去一個在感恩節或耶誕節裡無法再見面的親人的那種感受。

由於我在學區裡沒有家人或好友，我知道自己必須到外面去交朋友。我發現校園的諮商中心、當地的神職人員，甚至我所住的處所裡就有一大羣人能夠也願意伸出援手。畢業之前，我也遇到許多和我有類似困境的學生。

在早年我就已知道交朋友以及分享問題的重要性。當時，我擔心自己的「重大危機」會使我無法學習或阻斷我的求學生涯。現在，我很欣慰自己從這個經驗中獲得了許多知識。

隨手筆記

如果你曾經歷過生命中一位重要親人的逝世或離去，你感受到哪些影響？若未曾有此經歷，你認識的人當中有類似的經歷嗎？他們如何面對這不幸的事件呢？

Rebecca 發現其他同學也與她有類似的感受和經歷時，她覺得較能釋懷；相反地，Cindy 卻覺得不被人了解。當你經歷某些難熬的時刻時，你有時會覺得孤單和與人不同嗎？在這種時候，哪些做法可能對你有益呢？在個人的危機中，哪些事是造成你難以尋求協助的原因？

蝙蝠俠般的體格

David York

像大多數的人一樣，我的身材忽胖忽瘦。我從未達到完美的體格，但某些時候則比別人好一些。高中畢業那年，我又壯又健康。但住進大學宿舍才幾個月下來，身材便完全走了樣。有很多學生都如此，這叫做「宿舍人大臀症」。我和室友後來決定努力改善我們的健康，可是牆上記錄我們訂購披薩數量的正字記號卻持續增加。

有一天室友帶回一張蝙蝠俠的海報。他說道：「就是這個，它可以激勵你，使你的體格像蝙蝠俠。」後來它真的成了我的目標。每天早上和晚上我都瞪著自己的小腹，把它和蝙蝠俠雕像般的曲線相比。可是我從未訂出時間規律運動，也從未節食。接著，我只能和自己比較，日積月累下來，我發覺自己失敗了。

大一下學期結束後，我回到家中。家裡的情況並不好，家人和我有許多衝突。屋內唯一的食物就是一罐放了三年的花生醬，還有我的大學女友離我家有五百哩遠，這些都是我無法承受的沈重負擔。於是我找了一個暑期班上課並身兼兩份工作，我認為這些活動可以讓我不去想我的問題，及逃避女友不在身邊所造成的空虛....結果，我錯了！

家中情況每況愈下。屋內還是找不到食物，而且我不希望花我的錢買食物，因為我必須存錢繳以後的學費。這開始對我的工作及健康造成不良影響，最後，我老是在心中謾罵且變成一個連自己都相當陌生的人。

最近，我偶然發現那年暑假我所寫的日記。我開始閱讀並追憶剛進大學的那段日子，我覺得很震驚。這怎麼可能出自我的筆下呢？整本日記裡記錄著那段時間裡我每隔二天及四天才吃一次東西。我很嚴厲、自殺性地完全拒絕食物。

我認為，若說「這孩子有問題」一點也不為過。但直到我看過自己的日記後才恍然大悟。大約六年後，我才領悟到自己有某種飲食異常的問題。直到最近，我才了解自己對食物以及迷戀完美體格的觀念是不健康的。事實上，它只會損害我的身心健康而非改善。

但我自己也找到了解決之道。在讀過日記後，我發現返校後我的心理健康恢復平穩，或者至少當離開那對我不利的家庭環境時就改變了。現在我能夠檢討自己過去是哪種人，及承認此人有多麼恐怖和不健康。

大家談

- 你認爲 David 在大一暑假所遭遇的是哪一類的危機？可能的根源爲何？
- 事實上，在故事中有哪些是對 David 有嚴重危害的情況，即使他當時並未意識到嚴重性？
- 哪些因素或情況會造成一個人無法承認自己本身嚴重的情感問題？

隨手筆記

假使你自己或某個你認識的人曾爲飲食失調或體重而困擾，請回答下列問題：

- 在問題演變成危機之前，會有認清問題的阻礙嗎？是什麼？
- 飲食習慣及食物如何阻礙你想過的生活方式？
- 你曾試圖如何解決？結果如何？
- 你可能會嘗試以哪些不同的方法來承認及因應自己飲食上的問題呢？

渴望

Ed Mohr

自童年時期以來，我就活在恐懼的世界中。從入學的第一天開始，我就是大家眼中的「壞孩子」，大人們不讓「好孩子」接近我。在學校裡我唯一的朋友，是和我一樣的問題兒童。小學五年級時，我開始吸大麻和逃學。

國一時，我因破壞公物及竊盜罪被捕。每個負責管教我的人，似乎全都說：「你到底是哪裡有毛病？你實在很笨！」偶爾，我會想證明他們是錯的，如唸唸書和做做數學題，但一點用處也沒有，因為我實在落後太多了。在好幾次的失敗之後，我必須承認「我真的很笨。」

高一那年，我休學去當全職的電鑽工人。但隨著青春期到青年期，我嗑藥及酗酒的習慣愈來愈嚴重。後來加入幫派，學會以電線短路起動汽車、恐嚇別人以及用槍。由於一次重大竊案，我在監獄裡虛度我的十八歲。

二十歲時，因攜械行搶蹲進州監獄，我告訴自己要整頓生活，絕不要再進監獄了。但當我出獄時，我又回到「兄弟之家」。一個星期六的晚上，在我們計劃三起攜械行搶的前二週，我吸了一些迷幻藥並爬上一座電力塔看夜景。站在上面，我閃過一個念頭：「你是個徹徹底底的失敗者，為什麼不往下跳呢？」

我跳了。下墜時，風聲颼颼掠過耳邊之際，我問自己：「你為什麼要這麼做？！」在我能夠回答之前，眼前已一片黑暗，直到今天我仍坐在輪椅上。接下來的六年裡，我嚴重酗酒並吸食海洛因。州政府送我去一所電子修理學校就讀，我在這方面很擅長，雖然我並未認真地唸，但成績全都是A，我想這是上帝賦予我的一項才能吧！從那時起，我開始工作並獲得較高的薪資，一小時三十六塊美金。但我每年還是有四到六個月的時間因酗酒及吸食禁藥而在牢裡度過。

之後，在二十九歲那年，發生了二件改變我一生的事。第一件事是我最後一次吸食海洛因被捕。我因而丟了工作，地方檢查官在審判書上建議讓我坐一年的牢。為了上訴，律師強迫我上勒戒課程。最後我仍坐了四個月的牢，不過在牢裡我仍繼續接受勒戒。

第二件事是出獄當天，和我交往七年的女友離開了我。我不知道為什麼。隔天由於沮喪及孤獨，我很想再喝個爛醉。當然我知道如果我做了，惡夢又會再次循環，我已厭倦過「分期付款的生活」了。我也想再自殺一次，為什麼不呢？人生是一場不公平的晚宴。好時光在幾年前便結束了，我真的認為自己的一生完了。

在一生中，我認為男人都應表現出：無懼、有淚不輕彈、絕不顯現柔弱、也絕不尋求協助。現在的情況不是尋求協助就是尋死。這點在某些人聽來可能很荒謬，但我是一個「狂人」，除了在打架時找後援之外，要我尋求其他人的協助是不可能的事。我做了一輩子當中最困難的一件事。我回頭找一位勒戒課程的治療師，並開始做復原計劃。

漸漸地，我開始接觸外界的人們，並和他們交朋友。為了提升自尊並和女人約會，我開始去上二專夜間部的課程。我知道一個腦筋正常的女性，不會想和一個犯案無數的累犯、煙毒犯及殘障者約會，我開始修習歷史、英文、寫作及數學課。這些開頭並不容易，但我想改變我的人生，並在不久後開始有學習慾望以及想和女孩子約會的渴望。再過一個月，我即將獲得人羣服務系的學士學位。

今天，我對於兒童虐待及其他問題有某些認識，這使我不再對人生憤恨不平。我明白有許多背景因素不只塑造了我那些

「偏執」的人生觀，也造就了今日我所引以為傲的自己。如果我曾有所領悟的話，那就是「往者已矣，來者可追」，說穿了就是我有重生的渴望。

? Ed 指出什麼時候是他生命中實實在在做人的時刻？你認為 Ed 在最後所說的「渴望」有何含意？這則故事中有任何地方暗示危機就是危險和轉機嗎？

在危機中老師能如何協助你呢？

假使你面臨危機，我們並不贊成你向老師尋求個人諮商。我們建議你和他們面談，告訴他們發生了什麼事。別以爲在未告知的情況下，老師們會知道你正面臨危機。他們不會讀心術。假使你不再現身於課堂上，卻未做任何解釋的話，他們可能會毫無選擇地把你當掉。當你處於危機時，你可能不會太在意成績問題，但一旦渡過危機之後，你也許會後悔當時爲何半途而廢。

有時學生會說，他們不想增加老師的負擔及尋求特殊的協助。其實，你不須要求老師給你不該得的分數。老師根據你在這堂課中所投入的心力以及出席的程度，可能會斟酌讓你的期末考及學期報告通過。

假使你必須停修某堂課，那麼要循正式的管道，千萬別無聲無息地消失。你可以採取校方的程序辦理休學一學期。這樣你想返回學校時，就可免去許多額外的手續。

假使你已經上過課而且表現也不錯的話，大部份的教師都能體諒你的危機情況。假使你對自己很負責，老師們也許會想辦法幫助你。然而，若你並不真誠，並且利用危機做爲逃避課業責任的藉口，那麼別期望能獲得許多的同情。

Chapter 11

大家談

試想像快到學期末了，許多報告的最後期限及期末考即將來臨。到目前爲止，你的閱讀進度都能趕得上，而且你每堂課的表現也都很好。但現在你面對一件個人危機，它似乎榨乾你所有的精力，只剩下微乎其微的力量能放在學業上。你可能會怎麼做？你會向誰求助？你會找你的老師，讓他們知道發生了什麼事嗎？爲什麼或爲什麼不？

新的開始

Conrad Fuentes

我期盼能獲得一份與建築相關而且有遠景的工作。在某段期間裡，我的第一份工作是砌磚工人。後來我一直感覺下背部疼痛，本來以為只會延續數個禮拜，後來才知道這個傷會使我丟了差事，甚至粉碎我的夢想。

接下來的兩年，我掉進領取工作傷害賠償金及醫療的惡夢中。我看過各科醫生，接受種種治療、打針和吃藥，但都不見成效。最後，在開完第二次手術後，我的醫生告訴我一輩子都得承受這種痛楚。這個消息和危機，讓我掉入無止盡的深淵。

之後的數個月裡，我真的很難過失去工作。我一直覺得醫生可以治好我，每一件事也都會回復正常。我厭惡需再教育的想法。我不只是變成一個無技能的工人，而且背痛情況也很糟。誰會想雇用我呢？我開始覺得自己沒用與無價值，不足以身為一個男人。由於這樣的危機，我的自尊一路下滑，自殺的念頭襲上心頭。幸運的是，審理我工作傷害賠償金的那位檢查官建議我去看一名諮商顧問。

起初，我只抱一絲希望，因為我對自己的不幸感到無力。我的諮商顧問和我合作擬訂了新的目標，並幫助我重建我的生活。因為她相信我，進而我也開始相信自己做得到。她幫助我接受已發生的事實，並要我將眼光放在新的夢想上。最後的結果是，透過諮商的過程，我已能將自己的情況視為新的開始，而不是結束。我又回到大學裡，並朝向更有展望的職業邁進。

? 若 Conrad 未選擇接受諮商的話，他的故事可能會是何種結局呢？你曾有遭遇不幸而毀滅夢想的經驗嗎？若有，你能像 Conrad 一樣往新的方向邁進嗎？

諮商與個人成長

專業諮商常能協助你瞭解自己對人生的期望。以下的問題及答案，可以讓你對於何時及如何尋求諮商有清楚的概念：

1. **何時該尋求諮商？**當你確定：

   ❑ 覺得生活失控時
   ❑ 不滿意人生的方向時
   ❑ 對於做有建設性的決定感到不易時
   ❑ 感覺自己的潛力只少量開發時

諮商能協助你渡過危機，也能激勵你做出生命中的決定。

2. **想尋求諮商意味著我生病了嗎？**當然不是，有些人將諮商視為處於困境的人最後一道防線，但這是錯誤的觀念。你能夠從諮商中獲益良多，而非心理「有問題」時才要去找。諮商顧問和醫治心理疾病的專業人員並不相同，他們是案主生活某些方面遭遇困境時，樂於協助他們勇往直前的人。

   當然，除非汽車出了問題，否則人們不會把它開到保養廠去。他們不會花時間去做預防性的保養。有些人是牙齒疼得痛不欲生時，才會去看牙醫。同樣地，許多人都很不智地等到束手無策時，才去尋求專業協助。但你當然不須「生病」後才能從諮商中獲益。事實上，在諮商中你能學到因應問題的技巧，可用來防止自己的心理狀況受到紛擾。

3. **諮商顧問做些什麼事？**就我們看來，好的諮商顧問並不會試圖為你解決問題。取而代之的是，他們會教你如何更有效地因應問題。他們也會指導你如何在生活中創造更多的樂趣、善用自己的優點及成為你心目中理想的人。

   諮商顧問都受過訓練，能聽出訊息中的含意，並協助你傾聽內心的聲音。他們會探索你的想法、感受及行為，並誘導你擬訂自己的解決方案。他們的目的在於教導你最終如何成為自己的治療師。

   雖然有些治療專家可能會對你過去的經驗感興趣，但大部份會將焦點放在你現在正在進行的事務上。

4. **在諮商過程中我必須做些什麼？需要多久才算完成呢？**一般而言，你要和諮商顧問合作。你必須告訴他們，你想從生活中得到什麼，指出你想改變的方向，以及在自我了解方面你想進行到何種程度？把諮商視爲一種自我發掘的過程，一種根據對於自己所獲得的新資訊來做出新的決定，及採取新的行動之方法。

諮商專家的工作並非詢問一些刺探隱私及令人尷尬的問題。相反的，他們必須了解你對自身問題的認知，以及到目前爲止你如何解決問題。我們都知道，談論自己生活中的隱私當然會不自在，尤其是一開始，你可以與你的諮商顧問談論自己不安的感覺。當信任感逐漸增加時，你很可能會比較願意敞開心胸分享你的想法及感受。

大部份的諮商顧問會協助案主將他們學會的技能應用在日常生活中，也可能會指派一些「家庭作業」。你的諮商顧問很可能會與你合作一起設計作業，以幫助你應用新的技巧。

諮商無疑是困難的工作，對案主及諮商顧問皆然。自我反省並不容易，個人進行改變需要勇氣及自我激勵。就像所有良好的教育一樣，自我探索也需要耐性及毅力。大體而言，你從諮商中得到的收穫，端視你在諮商過程中投入的程度而定。

至於諮商所須持續的時間，則取決於你所付出的努力。不過，無論付出多少努力，有時候進展可能會顯得較慢，因爲諮商不會創造令人驚訝的奇蹟。

5. **經過諮商後，意味著我會完全改變嗎？諮商顧問會改變我的信念嗎？**諮商不會使你的人格產生重大改變。你需要的不是大翻修，而是些微的調整。

諮商顧問將協助你找出阻礙你的特殊想法。你將學會如何批判性地評估自己的假設。諮商將教導你如何以建設性的思考方式取代自我挫敗的想法。如果你發現很難表達歡樂、憤怒、害怕或罪惡感，諮商可幫助你學習表達情感。假使你的作法無法使你達成目標，那麼大部份的諮商顧問會發掘另一條路讓你走。

6. **我如何選擇諮商顧問？諮商要花多少錢？**你的學校裡也許有個人諮商服務，但治療回合可能有限。假如諮商費用是你的考量，就像許多學生的情況一樣，那麼透過諮商中心或健康中心尋求個人、社交以及課業方面的諮商便很划算。許多健康保險計劃中至少含括某部份的諮商費用。與其認爲自己付不起費用，不如去尋找某些有提供學生價格的諮商顧問。

　　遺憾的是，有些人只是從電話簿中挑選諮商顧問，而很少探討對方獲得的評價。詢問諮商顧問的專業訓練及學經歷的背景是不要緊的。有道德的治療專家一般都會向新客戶解釋諮商的內容以及進行的過程。最重要的是，相信你所找的諮商顧問。假使你對於某個諮商顧問的感覺並不好，那麼不妨選擇其他的諮商人員。

　　詢問其他曾接受諮商的朋友，不失爲好方法之一。朋友的引薦也許很有幫助，然而你自己應和諮商顧問先行交談，做些研究，深思熟慮後再決定。諮商是個人高度私密的事。假使你信任你的諮商顧問，那麼你在進行自我學習的艱難工作中成功的機率將會很大。

未來的路

本章提供你一些因應壓力的方法。假使你因為某個不可抗拒的問題而考慮輟學，我們希望本章能鼓勵你做出最好的決定。正如本章實例的現身說法一樣，危機同時帶來危險及轉機，它能激發你早已存在但自己未知的內在優點，甚至強化你達成生活目標的決心。

1. 下次你有疑似壓力所造成的身體症狀時，花幾分鐘和它進行「對話」。想像你的症狀或身體不適的部位是個獨特的個體。在你的筆記中，回答下列問題：
   - ❑ 這個身體部位或症狀是何時「誕生」的?
   - ❑ 它如何成長？在何處成長?
   - ❑ 在它的成長過程中，有哪些高潮和低潮期?
   - ❑ 它何時造訪你或提醒你它的存在?
   - ❑ 這個症狀意圖傳達給你哪些訊息?
2. 請一位你認識的人在一張小卡片上寫出幾項你的優秀特質或優點，之後你將它隨身攜帶著。當你倍感壓力或感覺受挫時，將這張卡片拿出來讀一讀，說不定會有意想不到的效果唷！
3. 學習一種讓身體放鬆的方法，每天至少練習十分鐘，且至少持續一個月。這個方法可以只是單純的靜坐，關上你腦中所有的思想，專注你的呼吸並讓緊張完全釋放。假如你很難體驗到鬆弛感，請保持耐心，千萬別期待立竿見影的效果，或是爲了做到放鬆而給自己壓力。持續練習你的方法。

4. 利用第四章的記憶法則來學習 p.397~400 的七個步驟。在接下來的一週裡，至少嘗試二次這種方法。將結果記錄在你的筆記中。

5. 有時候危機可使一群人甚至一個社區團結起來。回想過去六個月中，在你的學校、居住的地區或某個更遠的地方曾發生的危機。問問自己或其他人以下的問題：

❑ 某個特別的危機如何影響人們?
❑ 是哪些人協助處於危機的人?
❑ 他們做了哪些有助於解除危機的事?
❑ 你曾幫助過一個陷於危機的人嗎？它對你有何影響? 對那些你所幫助的人又有何影響呢?

6. 在校園和你的社區中，尋找幫助人們解決壓力及危機的資源。有哪些支援團體、諮商服務或教育機構存在? 在社區附近的心理健康機構中，諮商費如何計算?

第十二章
發掘你的志趣；創造自己的道路

- ☑ 發掘你一生的志趣
- ☑ 選擇大學主修科目
- ☑ 積極規劃你的生涯
- ☑ 選擇好職業的要素
- ☑ 達成生涯目標的八大步驟
- ☑ 創造工作的意義
- ☑ 畢業乃新的開始

引航

在大學裡選擇主修科系有時令人感到焦慮。你可能會認為你必須馬上選擇一個主修科目，而且一旦選定後，就不再更動。我們的建議是：確定你可以挪出一些時間做決定且隨時依情況修正；依循你的志趣才能走向有意義的生涯之路。若你想開發你的興趣及展現你的才智，可把生涯視為畢生的職志或甚至是一種生活的方式。本章請你反省對未來工作的期望並思考你想走的路。也請你評估個人的興趣、價值觀以及能力，並開始讓這些特質跟上職場的趨勢。

認識現在的我

思考你在大學所主修的科系以及未來可能從事的職業。

在每一句的空格中填上「○」、「×」或「？」（不確定）。

1.____ 我很清楚我想選擇的主修科目。
2.____ 我對許多科目都感興趣，而且我發現很難決定主修某一科系。
3.____ 我認為選擇職業最好方法就是依循我的興趣。
4.____ 關於職業，我最重視的是找一份高薪的工作。
5.____ 我相信工作是表現自己非常重要的方法。
6.____ 我希望在我一生中會換好幾次工作。
7.____ 在目前人生的階段中，我將大學視為我的工作。
8.____ 我確信自己現在正積極地規劃個人的生涯。
9.____ 我真的尚未想到畢業後我想做的事。
10.____ 對於如何選擇職業，我還尚未有頭緒。

發掘你一生的志趣

你眞的有興趣嗎？

假如你能夠發掘真正令你感興趣的領域，你會對你的大學生涯產生明確的方向。但是，以符合別人期望的方式行事，有時反而會阻礙你發掘及依循自己的志趣。你重視外界的看法（從朋友、家人或媒體處得來）勝於自己的想法嗎？要依循自己的志趣並不容易。你也許會發現自己有太多的興趣。或者你覺得自己並不真的了解長遠的志趣。依循一個特別的志趣最後可能會食之無味，或可能覺得它只是不切實際的想法。在先前，我們鼓勵你做夢，甚至做不可能的夢。既然人生短暫，何不讓它豐富一點，否則當你剩下最後一口氣時，你會回憶從前，後悔地說：「要是……就好了。」、或「爲什麼我不……。」或「真希望我曾經……。」如果你將唸大學當做是必要之惡或達到目的之手段，像是只爲達到某個薪資水準的話，那麼大學生涯將會相當痛苦。我們並非要貶抑課程的價值，然而，如果你追尋一個自己沒興趣的領域，無論是就學或就業，都將很難以樂在你的選擇中。

遵循我的志趣

Jerry Corey

我在攻讀大學以及整個教授職涯中所抱持的一貫原則即遵循我的志趣。唸大學時，我主修心理學。有位大學顧問建議我將主修換成英文，主要因為我想成為一名高中老師。她告訴我，找一份在高中教心理學的工作相當困難，但英文老師很缺乏。我很虛心地聽著，但仍決定繼續主修心理學，因為這是我的志趣。想當然耳，我擔任高中老師的第一年教的是英文，一年後，我也兼教心理學，最後我離開這個職位轉任社區大學的講師。我從未後悔將全付精力投注在我熱愛的領域中，當我建議大學生攻讀研究所及選擇職業時，通常都會鼓勵他們發掘引起他們興趣的事物並依此做抉擇，而別太關心讀哪些科系將來會賺錢或目前最熱門。

雖然研究心理學的過程很辛苦，但我很喜歡我所做的事以及從我的工作中獲得的意義。我發現追尋我所熱愛的行業既有益又實際。事實上，我常反問自己是否正愉悅地沈浸在工作中。如果我發現某個計劃太乏味或缺乏意義，我會認真地考慮是否要放棄。人生苦短，實在不該去追尋無意義的活動。

? 你曾因為某件事對你而言缺乏實質意義而終止這件你「應該」要做的事嗎？結果如何？

讓我的學習活起來

Cindy Corey

我曾經上過一門精彩的心理學，那位令人振奮的老師是引領我主修心理學的主因。但我記得較令我失望的是只能從書本中學習。我並未感覺到課程的挑戰性。它們缺乏「生命力」，所以我想讓我的學習活起來。這對我而言真的是一大挑戰，因為我很難將所學應用在生活中以及從課業中找到意義。幸運的是，我能夠找出一些較偏向實驗及主動學習的選修科目。在大四時，我甚至選修了兩堂研究所的諮商課程，為了維持激發學習的環境，我必須讓自己保持高昂的興緻。

我認為大學四年最大的收穫是我主動地尋找活動及經驗，因而提升了自我價值。我希望能從與我自己、與男友、與朋友以及與家人的相處關係中獲得個人的成長。

? 在你目前所修的課程中，你主動參與的程度有多少？

點燃夢想的火花

Heidi Jo Corey

在我高三下學期，我決定停修化學，為的是希望能過得快活些。當時唯一開放選修的就只有演講課。所以我決定修這門課並痛苦地忍耐到最後一刻。老師告訴我們每個人要在演講比賽中推銷蠟燭賣錢，並要求同學們加入辯論社。我坐在教室後面，真希望我從未放棄修化學。我甚至不知道第一次演講時能否順利過關，更遑論到別的學校競賽了。

幸好，我完成了第一次的演講，接著第二次、第三次也都幸運過關。在這段期間，我參加了大大小小的演講比賽，也參加辯論社，而且也入圍全國決賽。在畢業典禮上我在座無虛席的禮堂做了一場演講並獲頒高三組演講比賽冠軍的獎盃。這是我始料未及自己能做到的事，其至還樂在其中。

原本我在大學主修普通教育，但當我轉學後，學校要我選一門專業科目。我選心理學，大半是因為我們全家都主修心理學，但我還輔修戲劇，而且我似乎將多數時間、精力放在戲劇課上。

我父親指出我的學校是以戲劇聞名，在心理學領域並不出色。我母親則建議我做二張表，一張列出所有我主修心理學的理由，另一張則是我想主修戲劇的理由。做到最後我的答案逐漸明顯。我還記得自己排隊繳交「轉糸申請表」的時刻，當隊伍愈來愈短時，我也覺得愈來愈焦躁不安。當我的號碼被叫到，工作人員在我的表格上蓋個章，「恭禧妳，」她說：「你現在主修戲劇，輔修心理學。」當我走出那棟大樓時，我好像從飛機艙躍出並走在雲端上。那天走在校園中，我將頭抬得好高且臉上也掛了個大微笑。

? 在你自己的行為中，有任何徵兆可協助你區別你覺得應該做的事以及真正喜歡做的事之間的差異性嗎？這些徵兆對於你目前在課業上的選擇有何啟示？

創造思考園地

過去與現在

在第一章裡(p.4)你回顧了早期的求學經驗對你的影響。如果你認為自己是被動的學生，我們鼓勵你採取 p.11-12 的步驟使自己變得較主動參與，並設定 p.21 的目標。當時有哪些目標使你產生挫折感？你又是如何拓展你的計劃呢？

目　標	進　展
____________________	____________________
____________________	____________________
____________________	____________________

也許現在是設定新目標或嘗試以新方法達成目標的理想時機。舉例來說，你可以設定有關選擇大學主修科目或未來生涯（職業）領域的新目標。簡言之，目前你對這兩方面有什麼想法？

關於主修科目：

____

____

____

關於職業：

____

____

____

開拓視野

發掘及追尋此生的志趣，肯定不是件容易的工作。假如是的話，就不會有這麼多人並未真正對他們所做的事懷抱熱忱。問問自己是否願意花費一些時間認真地探索自己的志趣。假使你確定值得下工夫去找尋自己的興趣，我們在此提出一些步驟供你參考。

- **當一名探險家，嘗試新事物。**與其封閉你的心靈，不如讓一些新的經驗教導你有關生活及個人的新知識。
- **修一些有趣的課。**許多必修課程實際上是相當有意思的，但你也不妨選修一些純粹好玩的課程。也許有一門表演課令你感興趣，或者也有令你好奇的木工課程。至少花一些時間來上這樣的課。如果你對自己大部份的課程都不感興趣，也許你應該問自己是否選擇了最適合的學習領域。
- **選擇一個你有興趣的行業並與目前在該領域中的人晤談。**請他們告訴你關於他們工作的甘苦。他們對這份工作的滿意度如何？請他們建議你看一些讀物或提供意見讓你為進入此行業做準備。
- **從事社區志工的工作。**在擔任志工的過程中，你可以學到令人感興趣的事。
- **找一份暑期工讀或平時兼差的工作。**尋找一份有助於你在欲追尋的領域中發展技能及專業的工作。實習生的工作可以讓你了解此等工作的內容。
- **在學業及職業之間找出關連性。**探討不同職業所需要的學歷背景。

- ❑ **參加學校的就業介紹活動。**就業展是接觸未來可能的雇主之大好機會。你可以造訪學校的就業輔導中心，工作人員將協助你寫履歷表、做職業性向測驗以及提供就業諮詢。

- ❑ **思考如何嘉惠他人。**你如何讓別人的生活產生不同。思考你想在哪些地方有所貢獻——爲自己也爲別人。哪些改變對你別具意義呢?

- ❑ **別讓失敗的恐懼阻擋你。**如果你不實際去嘗試你的想法，你將永遠不會知道哪些因素能點燃你的生命火花。坦承自己有憂心的地方，但別讓你的恐懼阻止你勇往直前。

- ❑ **讓自己做點夢。**想像心目中未來的遠景。當你夢想未來時，別因不切實際的想法而使你進展困難。一旦你對自己的未來有明確的概念，想一想現在你開始朝此目標前進時可以採取的步驟。

有夢就去追

Laurie Campbell

我開始朝夢想邁進的第一步是，在一個藝術部門擔任暑期實習生。另外，我也擔任一位繪圖藝術家的助理工作。我深信，欲達到巔峰的唯一途徑就是從基層開始做起。我有一條漫長的路要走，然而我也樂於享受一路走來的學習經驗。

我的夢想

Jawad Hajawad

我的願望是，有一天能成為家中第一個拿到大學文憑的人。因為家裡有十二個孩子，所以我家沒有很多錢讓每個孩子都唸大學。我是幸運的一個。我的夢想是，能將文憑寄給我的家人。

文憑不只是一張紙

Natalie Mendoza

大學文憑對我個人而言，代表自尊、成就與快樂。所以，

(1) 我的身旁應是志同道合的朋友，他們會鼓勵我。

(2) 我應和學校中那些相信我且希望我成功的人保持密切連繫。

(3) 我把課程當成自己的孩子來看待。（每天花時間和它們在一起並為它們做我份內該做的事。）

(4) 我應按時讀書，並在需要時尋求協助。

(5) 我應找時間和助教及老師面談，評估我整個學期的表現。

(6) 我會在固定時間和課業顧問晤談。

到目前為止，我覺得我有一股熱情，希望鼓舞其他學生並激勵他們唸大學。我希望在這方面有所貢獻。

Chapter 12

大家談

在設定人生目標方面，你有哪些強烈的感受？在學校及職場上，你希望在哪些領域投注時間與精力？你會以哪種最好的方式發現此生的志趣？有哪些障礙可能使你無法找到自己的興趣？即使你發掘到了，又有哪些因素會使你無法追尋自己的興趣呢？

隨手筆記

你的夢想是什麼？你已經知道你的興趣所在了嗎？你做哪些事來發現你的興趣？你可能想從事哪一個行業？儘管快速寫出你的想法，不須檢查或刪改。

選擇大學的主修科目

一旦你發掘到自己的興趣，你便可以著手探討如何將它轉換成你的主修科目。

假如你想拿到四年制的大學文憑，一般說來你可能必須決定一門主修科目。但是，強迫自己太快做決定可能是不明智的。對許多學生而言，大學的前二年大部份都上通識課程。對多數學生來說，這可能是比較理想的做法，因為學生們能因此對於可能的志趣有較廣泛的選擇，而不須靠自己去摸索。

選擇主修科目並無捷徑，但有幾件事你應該確實做到：

1. 取得學校的簡介，並仔細尋找所有你可能有興趣的主修科目。別看到二、三個選擇就打住，至少研究八或十項選擇。
2. 儘早與你的課業顧問(或導師)討論主修科目。當你有更進一步的想法時，和你的顧問多討論幾次。
3. 考慮在每個你有興趣的領域中先選修其概論課程，或至少旁聽幾堂課。和任課老師談談你對他們的學術領域中感興趣的事。
4. 跟幾位同學談談他們現在主修你所考慮的科系之經驗。詢問他們的建議。
5. 繼續以寬廣的視野探究你的興趣。

在選擇主修科目時，你可以問自己一個最重要的問題：這個領域真的深深吸引我嗎？同時也請牢記，你所主修的領域不一定與你計劃要從事的行業直接相關。在許多行業中，雇主會希望能網羅各方面俱佳的人才，亦即除了在大學裡表現優異之外，也能有豐富的歷練以及一些工作經驗。以某些職業而言，修習特定的主修科目是必要的條件。你必須考慮自己的長程目標，並問自己，爲達成目標你可能要主修何種科目。

如果你發現你主修的科系不適合你，那麼轉系應該不是什麼問題。許多學生在找到最適合的主修科目前，曾嘗試過好幾種不同的科系。

別嚴厲對待自己

Andrea Chidsey

在你大一時，選一門主修課程不應是你最該關心的事，倒是選課比較重要。我的建議是，選你有興趣的課程來讀。讓大學生活過得快活一點。

從國貿系跳到英文系

Linda Lorenat

雖然我認為唸國貿系可以確保在畢業後找到一份好差事，但自從我轉到英文系之後，我快樂多了，成績也明顯上揚。上會計課是我最感挫折的經驗，因為無論老師如何教或我多努力，我就是搞不懂。就某種意義而言，這是表面不幸實則幸運的現象，因為它使我了解國貿並不適合我。如果我可以再選擇一遍，我會早一點改變我的主修科目。

? 你正在考慮要選擇較「實際」或較「不實際」的主修科目嗎？哪一種較吻合你的長程目標？

創造你的興趣

Conrad Fuentes

在選擇主修科目方面，我著重在選擇與我個性相符的領域，但也有充裕的調整空間。我選擇主修科目最重要的考量是追隨夢想，暫不考慮未來的工作市場或經濟的穩定性。

批判思考園地

在選擇主修科目時，你扮演何種角色？

爲了評估你目前在選擇主修科系方面的自我定位，請以「是」或「否」回答下列各題。

____我曾想過要選擇我感興趣的主修科目。

____我曾花了些時間瀏覽學校的課程及主修科目簡介。

____我現在很清楚自己想選擇哪一項主修科目。

____我目前正在兩個不同的主修科目之間做抉擇。

____我曾經和課業顧問至少談過一次以上有關選擇主修領域的事宜。

____除了本科系的課程之外，我也接觸一些其他領域的課程，以了解它們是否吸引我。

____我和至少一位老師談論過我對某學術領域的興趣。

____我曾拜訪過我可能選擇的主修科系並查詢過相關資料。

____我曾和一些已修過我想選擇之主修科系的學生談論過。

____我曾和主修我感興趣之科系的畢業生談論他們在此領域的收穫。

____我正計劃下學期嘗試上一些概論課程，以幫助自己決定主修科目。

你在選擇主修科目方面，還做過哪些準備呢？

假使你尙未做決定，你願意採取哪些步驟使自己更清楚如何選擇主修科目？

Chapter 12

從戲劇系到市場行銷系

Jacqueline Grimble

本來我主修戲劇，因為我熱愛它。後來，有位同學建議我改主修市場行銷。他說：「畢竟以你的年齡及帶著三個孩子的情況，你不太可能靠戲劇藝術工作維生，不是嗎？」

我真的轉到市場行銷系。有好長一段時間，我都不認為這是很好的作法，然而轉系真的有助於我立刻獲得一份差事。

轉系的勇氣

Trilby Wheeler

十八歲那年，也是我唸二專的最後一年，我很明確地知道，在畢業後我想成為何種人以及做哪些事。我堅定地走進顧問的辦公室，告訴他在過去二年的求學階段，我已修完了二十九個先修學分，並打算開始上大二程度的生物學課程，希望以後能成為一名遺傳學家。很快地，我成了「生物家族」中的一員，因為我們這羣人喜歡把科學大樓稱為「家」。我和許多有共同興趣的同學建立深厚的友誼，有些教師也告訴我，一旦我修完必修的學分，他們希望徵召我進入即將成立的遺傳學研究小組。每件事進行得比我想像的還順利。

可是，逐漸浮現出一個小問題：我並不喜歡它。這個系上的人能力都很強又樂於助人，而且只要夠用功，課程方面也能掌控自如，但時間一久，我慢慢開始了解遺傳學並不適合我。我認為自己是個樂羣的人，我害怕將大半的時間都花在盯著顯微鏡或分析化學方程式到天亮。遺傳學在我唸高中時真的很令我著迷，但在大學裡卻成了負擔。

第二學期，我修了第一堂心理學的課程。這是一個很重要的轉捩點，因為我開始了解自己對此領域有高度的興趣及熱愛。我能夠很容易地想像我的餘生以此為志業，這不是因為心理學容易學，而是我喜歡它。在審慎地考慮以及和朋友、家人討論之後，我決定轉系。這個選擇讓我感到很自在，只是要將「離家」的決定通知我的「生物家族」，著實令我有點憂心及難過。像我們這樣的小學校，老師和學生的關係很密切。我不想讓任何人失望，尤其是我的顧問，他曾說對我寄予高度的期望。最後我還是走進他的辦公室，但已不像第一次那樣篤定。我將情況說給他聽，正如我所預期的，他失望極了。然而，令我訝異的是，他也很諒解我。他像慈父般地告訴我，雖然我選擇離家，但大門不會從此就關上。

現在，所有的陰霾皆已消散，我回想這段經歷並能夠肯定地說自己做了正確的抉擇。當我看到身旁一些朋友還痛苦地堅守著自己不喜歡的主修科目時，我會建議他們省思自己的抉擇。我知道許多大學畢業生因為主修的是第二選擇的科目，到頭來又回到學校完成他們真正想要主修的科目。我很羨慕那些熱愛某個領域且終生不改其志的人。最後，我滿懷信心地看著前方，我相信自己的人生將會更豐富。

? 假如你現在想改變你所考慮的主修科目，你預見了一些「不順遂」嗎？這些不順遂可能如何產生？這又意味著哪些含意？

積極規劃你的生涯

找工作最好視之爲歷程，而非一次就定終生的事件。無論你現在身處人生的哪一段路上，你都可能繼續換工作，更改你的生涯計劃。在你的一生中，很可能會變換好幾種職業，這也是通才教育存在的一大理由。

你可能對於「長大後想做什麼」毫無概念，也可能已經知道許多相關的事，只是拿不定主意，或者你很清楚許多自己不太感興趣或根本沒興趣去從事的行業。這是一個起點，了解自己的選擇將能帶給你力量。

試著將你現在的工作或學業領域視為獲取經驗及接觸新機會的工具。將重心放在你想從這些經驗中學習到哪些事物的層面上。了解自己對工作的選擇是人生發展過程的一部份，是較成熟的想法。準備的範圍要寬廣，如果你準備的範圍太狹隘，那麼你的專長很可能在你退休前就過時了。

好的職業生涯能發揮人們的志趣。你可能會將幾乎一半以上醒著的時間投注在工作上，所以積極地規劃並選擇一種可以表達個人存在價值的工作是很重要的。一旦你衡量過自己的態度、能力、興趣及價值觀之後，就可以開始尋找哪些領域及工作最適合你。

積極地規劃你的生涯吧！別拖延在選擇工作之前必須要做的準備。假如你碰巧「陷入」某種工作，你可能會對結果感到失望。你可以避免這樣的陷阱：假使你樂於接納新的機會，你可能會發現它們就呈現在你眼前。再者，這有助於你進行規劃及明瞭你的理想，如此一來，你將會更明白自己接受或拒絕某種工作所持的理由。

....但是，別太快做選擇

假如你太在意將來要從事何種行業來「賺錢」，則恐怕在你真正準備好之前，就覺得被迫要儘快選擇一份工作。我們的社會期望年輕人能認淸自己的價值觀，選擇一種工作及生活方式，然後認真地去從事。其含意是，一旦做出「適當的決定」，就應該終生不渝。但一個人可能在沒有足夠的自我認識、未受過足夠的教育、或未接觸更多的就業機會之前就太早做出不切實際的決定。大學經驗（課內及課外）適足以讓一個人接觸各種各樣的新機會。

請記住，不妨去做不可能的夢想！盡力去發掘你對生活及工作的志趣所在，然後讓自己想像緊隨而來的生活。如果你能做到這一點，工作將不再只是工作。

創造思考園地

你期望從工作中獲得什麼?

你的父母親給了你哪些壓力或鼓勵，影響了你規劃自己生涯的想法?____________________

____

從觀察父母親的經驗中，你對於職業生涯的意義有何看法?____________________

____

你選擇的行業能大幅提升全面性的自我滿足感嗎? 爲什麼?____________________

____

你將職業視爲實現志趣的途徑嗎? 爲什麼?

____

Chapter 12

努力找出自己的志趣

Mary Ann Johnson

在記憶中，我不曾真正喜歡過學校。我還記得當時只想趕快長大，這樣就不會被大人逼迫上學了。我經常在上課時對著窗外發呆，很少專心聽課。

雖然我知道高中畢業後，我可以做任何我想做的事，但很明顯地，父母親希望我上大學。雖然說「不」很容易，但因為我心中尚未有任何計劃，所以我就唸了大學。何況大學畢業後找工作較容易，而且這意味著我可以搬出家門。

我動身出發了，但仍對上學沒多大興趣，這點很快就反映在我的分數上。不久，我遭留校查看，然後我努力用功讀書以求不受監管。大一時，我修了一門主修的核心科目二次，結果還是被當。為了讓自己勤奮起來，我轉唸心理系。

我想，也許換個環境能改善我的態度。大二那年，我轉到另一所大學就讀。結果我的態度和分數並無改善。上學期結束後，我旋即輟學。自由囉！

接下來的三年，我換了幾個在餐廳的工作。事實證明這比上學有趣多了，但我知道有一天我還是必須回學校唸書，因為許多工作之門都只為大學學歷而開。

最後，我回到第一次唸的那所大學就讀。畢業時，獲得心理學學士學位，並找到一份工程技術撰寫員的工作，工作內容就是寫有關電腦主機零件的文件，可說相當乏味。雖然我做得很不錯，但我一點都不想在這方面變得多傑出。我仍然不知道我想做什麼。我反覆思量，似乎沒有一件事是我有興趣去追求的。

接著有一天，我被通知出席陪審團。在法院進行的事既緊張又有趣，在擔任陪審團的期間，我被聘為陪審員並調查一件謀殺案。突然間，靈機一閃，我知道我想做什麼了！我想當一名律師。

我開始進法學院就讀，而且發現不須當全職學生，只要四年時間即可畢業。一想到再唸書要唸得很痛苦，我不想一頭便栽了進去。我故意找了各種不要去唸法學院的理由和藉口。我希望有更輕鬆的方式。當我向父親抱怨要花四年以上的時間上學時，他指出這四年有許多種過法，並問我願意認真完成法學院的課業還是虛擲光陰。我了解他的用心。

我發現法學院比任何我之前讀過的學校有趣多了，但我仍然缺乏企圖心及動力。我又再次被留校查看。我很害怕被退學，所以又拼命用功以求禁令解除。但不久，我的成績又下滑，「留校查看——用功讀書」的循環不斷上演。就讀法學院的整個過程，我都是在這種循環中渡過的。最後我終於畢業了，不必再遭受留校查看的欣喜多過完成法學院課程的喜悅。

我以慣常的讀書態度準備律師考試，結果一點都不意外——我沒通過。我發現要通過律師考試最大的動力就是曾經名落孫山。我於是使盡全力讀書，第二次便通過考試。

在第一次及第二次的律師考試期間，我在一家公司的法律部門找到一份工作，主要是草擬文件、協商以及審核合約書。我在那兒相當受重視，我為公司賺了大筆的錢，自己的收入也漸豐。但我覺得厭煩。我知道自己真的想在法院工作。我覺得雖然我對這家公司有貢獻，但對社會沒貢獻。我並未感覺自己在協助別人。

利用午餐時間，我偷偷地去找一份檢察官的工作，後來找到一家法律事務所處理青少年案件的工作。這是一份入門工作，這意味著我的薪水將銳減。很幸運地，我獲得了這份工作，而且我一點兒也不後悔。我整天都待在法院裡，處理對我而言很有價值的工作。我常覺得自己好像正在改變成另一個人似的。我覺得很幸運。

現在我正在等待另一份新工作。我在少年法庭所任職的法律事務所，希望律師們繼續力爭上游，我也這麼做了。後來我受聘為法定代理辯護律師，我將從事為罪犯辯護的工作。我很興奮，因為這才是我夢寐以求的工作。

? Mary Ann 的故事中有哪些部份述及追求志趣？她的故事能鼓勵你從事你最感興趣的事嗎？

選擇好職業的要素

你本身的許多特質，在選擇或重新評估一份職業時很重要。讓我們一起來思考一些一般因素。記住，職業選擇是持續的歷程，而不是一次就解決的事件。也請記住，在你的情況中，哪些因素最重要須由你自己決定。

人格

在第二章，你曾學過 John Holland 的六大人格類型，以及它們能如何應用在就讀大學的過程。Holland 發展此一系統原意就是爲了協助人們選擇職業。他假定一個人的人格類型應符合他希望從事的行業所應具備的特質。基於此觀點，他建立詳細的資料來協助人們比較自己的人格類型和許多職場中的顯性特質。以下的一些實例是他發現適合各種人格類型的職業（請注意：某特定的行業可能適合多種人格類型）。

務實型

- 木匠
- 電子工程師
- 醫療急救技術人員
- 機械工程師
- 工業設計師
- 雕刻家
- 執法人員
- 攝影師
- 齒列矯正助理
- 野生動物保護管理人員
- 美食烹調家
- 動力機械工程師
- 相機修理人員
- 珠寶修整人員
- 柴油機械技師
- 光學師
- 花藝設計師
- 海上偵測員

研究型

- 經濟學家
- 市場調查員
- 語言學家
- 生物學家
- 化學家
- 生化學家
- 牙醫師
- 食品技術人員
- 驗光師
- 醫師
- 醫師助理
- 獸醫師
- 污染控制技術人員
- 海關人員
- 品管經理
- 氣象學家
- 公共衛生行政人員
- 高速公路工程師

藝術型

- 戲劇表演工作者
- 舞台設計師
- 創作作家
- 舞者
- 報章雜誌記者
- 商業美術家
- 技術撰寫員
- 音樂家
- 插畫家
- 室內裝璜從業人員或設計師
- 繪圖設計師
- 化粧師
- 攝影師
- 藝術教育者
- 視聽技術人員
- 家具設計師
- 服裝設計師
- 建築師
- 景觀建築師

社交型

- 教育工作者
- 電影專業人士
- 觀護員及假釋官
- 娛樂界領袖人物
- 教育界領袖人物

商業型

- 會計師
- 旅行社經理
- 公園管理人員
- 營養學家
- 實驗室科學家

守規型

- 電腦資料處理員
- 電腦操作員
- 辦公室機器技術員

- 社會工作者
- 醫院行政人員
- 復健諮商員
- 美容師
- 牙醫助理
- 護士
- 心理醫師
- 學校行政人員
- 圖書館助理人員
- 勞資關係專家
- 宗教教育家
- 電視節目製作人
- 空中交通控制人員
- 不動產買賣仲介業者
- 物理治療師
- 家政學家
- 銀行家或財務人員
- 工業工程師
- 持國際執照之工程師
- 消防科技經理
- 唱片公司經理
- 服飾商
- 律師
- 企業行政人員
- 旅遊行政人員
- 市場調查員
- 國際關係專家
- 戶外休閒娛樂專家
- 法庭書記
- 簿記員
- 圖書館助理
- 醫療記錄技術人員
- 人事職員
- 秘書性科學技術員
- 品管技術人員
- 齒列矯正助理
- 電子技術人員
- 醫護助理
- 大樓管理員

批判思考園地

個性登錄站

回顧第二章中對於你的人格類型所做的自我評量。如果你覺得最近有了一些改變，那麼先更新你的答案。

從 p.448~449 的清單中，圈出令你感興趣的行業。你所圈選的項目大致符合你的人格類型嗎?

____

____

大家談

哪些職業符合你的人格特質?以上文的實例為依據，動動腦至少想出六個其他可能符合你的人格的行業。以人格為依據的話，哪些生涯目標對你較具意義?

興趣

在評估你的興趣與可能從事之行業間的關連性時，可問問自己：

- ❑ 我最喜歡做什麼事?
- ❑ 哪種事真的令我感興趣?
- ❑ 我有哪些嗜好?
- ❑ 我最喜歡上哪些課?

各種正式的自我評鑑量表都能協助你找出興趣，並和一些人的興趣做比較，他們在某特定領域中已找到某程度的工作滿足。學校的就業輔導中心可能會有下列數種評鑑量表：Holland's Self Directed Search, the Holland Vocational Preference Inventory, the Strong Interest Inventory, the Kuder Occupational Interest Inventory 以及 the Myers-Briggs Type Indicator。當你詢問有關此類量表之前，考慮先和就業諮商員談論你的計劃。

動機與成就

若想獲得最大的成就，「設定目標」是決定職業的歷程中最關鍵的核心。但若沒有體力及毅力，你可能永遠都達不到你所設定的目標。因此在考量生涯(職業)選擇時，應先認清在哪些領域中你的動機最強。

同時，也檢討一下目前爲止你達成了哪些成就。你曾做過哪些令你最感驕傲的事?你現在在進行哪些朝重要成就方向前進的事?當你思考如何分配時間時，做哪件事最令你感到振奮?

價值觀

你的價值觀能反映出及影響著你可能想從工作生涯中獲得哪些東西。在第二章裡，你採取了一些步驟釐清自己的價值觀，尤其是用於確認你對於上大學的期望。應用在工作上時，評估及釐清你的價值觀也很重要。

你的工作價值觀反映出你希望經由工作成就哪些事物。了解某些工作價值觀與某些生涯之間的配合性，可以協助你在茫茫的職海中做抉擇。

大家談

你的智能類型暗示著你可能從事哪些行業?以七大智能類型來看，哪些行業符合你的特質呢?請激盪你的腦力，想出至少六種其他可能符合你類型的行業。就這方面看來，哪些生涯(職業)目標對你有意義?這項結果與人格特質所導出的結論是否一致?

能力與性向

所謂「能力」就是你能夠完成的某些事情。正如同依循你的興趣很重要一般，你也必須明白你對某種工作有興趣未必表示你有能力擔任。你擅長哪些事？你目前有哪些技術可以協助你進入某特殊行業？

「性向」則是指在某特定領域中學習的能力或智能。學校教育的性向常被稱爲ＩＱ及一般智能，傳統上都認爲是由語文及數學性向所組成。學校教育的性向之所以特別重要的原因是，它主宰了哪些人能接受進入較高地位的行業所需的教育。

在第二章裡，你已評估過自己在 Howard Gardner 的七大學習型態中屬於哪一型。下表顯示某些職業與七大智能「速配」的一覽表。（記住，你個人的智能類型可能適合多種職業領域。）

隨手筆記

在過去五年，你的興趣有哪些改變？你現在所做的正是你最感興趣的事嗎？如果你能依循自己的興趣就業，你想像未來的生活會如何不同？

邏輯－數學

數學家
工程師
物理學家
研究人員
化學家
實驗室助理
電腦工程師
統計學家
科學家

視覺－空間

雕刻家
服裝設計師
畫家
外科醫師
工程師

音樂－韻律

歌手
指揮家
作曲家
樂器演奏家

個人內在

哲學家
精神病醫師
心理學者

文字－語言

詩人
作家
語言學家
演說家
律師
政治人物
諮商輔導員
創作作家
報章雜誌記者
老師

身體－動態美學

舞者
體操選手
游泳選手
魔術師

外向交際

諮商員
物理治療師
護士
社會工作者
勞資關係協調員
語言及聽覺治療師
老師

走向專業之路

Mark Vaught

在大學的前三年，我是典型的運動選手。我待在大學裡，只為了獲得成為職業運動員所需的認可。我很確定我會成為一名職業足球選手，而我唯一擔心的是，如何拿到 C 以上的成績以求學科方面能過關。我只要盡力使平均成績達 2.0 即可，所以我能夠將所有練球以外的時間和隊友及新朋友廝混在一起。

可是現在我則希望曾早一點到就業輔導中心去發掘我有哪些其他的興趣。我希望我曾花些時間了解大學所提供的各項資源，因為當我發現自己喜愛的主修科系時，我已經大三了。我從未想過自己會發現其他像運動一樣引起我注意的事。

我現在考慮讓自己成為一名優秀的學生，而且不會在班上倍感壓力。我已經發掘了一些我喜歡學習的事物，這將有助於確保我的未來。

? 你對未來懷抱著任何憧憬，例如，成為一名成功的職業運動員嗎？這對於你探討其他興趣及想像其他可能的前景會有何影響？

批判思考園地

瞭解你的工作價值觀

試確定下列各項價值觀對你有多重要。在左邊的空格寫下適當的數字：4＝最重要；3＝重要，但非最高順位；2＝有點重要；1＝不重要。

____ **高收入**：獲得高薪或其他經濟來源的機會。
____ **權力**：影響、領導及指揮別人的機會。
____ **聲望**：獲得別人尊敬及欣羨的機會。
____ **工作保障**：無失業及經濟困窘之虞。
____ **多樣性**：在工作中做許多不同事情的機會。
____ **成就感**：完成目標的機會。
____ **責任感**：有照顧好自己與別人的機會；能夠證明自己是個值得信賴的人。
____ **獨立性**：不受嚴格的時間或管制之約束。
____ **家庭關係**：工作之餘，有時間和家人相聚。
____ **興趣**：符合我興趣領域的工作。
____ **服務大眾**：能改變別人的生活；幫助別人自立。
____ **冒險**：工作中有高度的刺激感。

____ **創造力**：想出新點子及以獨創的方式做事的機會。
____ **內心的和諧**：從工作中獲得內心的寧靜與滿足。
____ **團隊合作**：有與其他人合作達成共同目標的機會。
____ **智力上的挑戰**：工作上需要高度解決問題的能力以及創造性思考的能力。
____ **競爭力**：需與其他人競爭。
____ **前景**：有晉升的機會。
____ **持續學習**：有接觸新知識和學習的機會。
____ **結構性及慣例**：在工作上需要某種固定形式的回應，亦即可預測的慣例。

再瀏覽一次上表，並找出前三名你最重視的價值觀 — 亦即你認爲在你接受的工作中最重要的價值觀。你在此的選擇與你在第二章所選擇的價值觀一致嗎？做完上表後，它對於你可能選擇的行業或大學主修科系有何啓示？有任何其他價值觀是你認爲在工作中也相當重要的嗎？ ____________________

____

____

隨手筆記

你認爲哪些工作最適合你的個性、興趣、動機、能力及價值觀？讓自己腦力激盪一下，想想可能的選擇。

達成生涯目標的八大步驟

在做生涯（職業）選擇時，探討三個重要的問題是有用的：

我是誰？
我要往哪裡去？
我該如何到達目的地呢？

一旦你知道自己是何種人，則探討你的生涯（職業）選擇就會事半功倍。大體說來，研究及決策過程可總結成八大步驟，其中有些步驟你可以多重覆幾次。舉例來說，蒐集及評估資料應該是一個不斷進行的歷程。

1 **一開始將焦點放在自己身上。**研究你自己。不斷地確認自己的興趣、能力及價值觀。你是誰？你想如何過生活？你想住在哪裡？你想像未來的工作環境是什麼樣子？你想和什麼樣的人共事？

2 **擬出各種選擇方案。**這個階段和下面二個步驟關係密切。與其一開始就縮減你的選擇，不如考慮能吸引你的各種選擇。這是讓你作夢的時刻。

3 **蒐集並評估關於上述各種選擇方案的資料。**主動研究吸引你的行業。研究它們所要求的教育背景和其他條件以及正負面的評價。儘量和多位在職人員談談。詢問他們在未來一年，他們的工作可能會如何改變。

4 **衡量及排定各方案的順序。**在你完成選擇清單後，接著花足夠的時間將它們排出優先順序。每個方案與步驟 1 中你所發掘的抱負及長處有何牴觸?

5 **做出決策及擬訂計劃。**此時著重在獲得必要的資格，找出工作機會可能存在的地方，並學習如何向這些地方推銷自己。請記住，雖然你最終將爲自己的決定負責，但這並不代表你須永遠被你的決定束縛住。

6 **開始實行計劃。**著手採取實際的步驟使你的夢想成真。要知道貫徹你的決定並非意味著你將毫無恐懼。重要的是，別讓你的恐懼使你躊躇不前。除非你去嘗試，否則你永遠不知道你能否面對挑戰。

7 **學習如何推銷自己。**爲了向雇主推銷自己的技能，你必須先確認有哪些工作機會、準備履歷表並面對工作面談的挑戰。學習這些推銷技能的方法之一，即閱讀生涯發展的相關書籍，或參加校園的求職研習會。

8 **取得回饋。**在採取實際步驟實行你的決定之後，你必須確定你的抉擇是否可行。你自己和職場都會隨著時間而變遷，而且現在吸引你的領域或許將來某一天對你不再有吸引力。既然生涯發展是一持續演化的歷程，那麼當你的需求改變或就業機會改變時，至少重覆部份的歷程是很重要的。

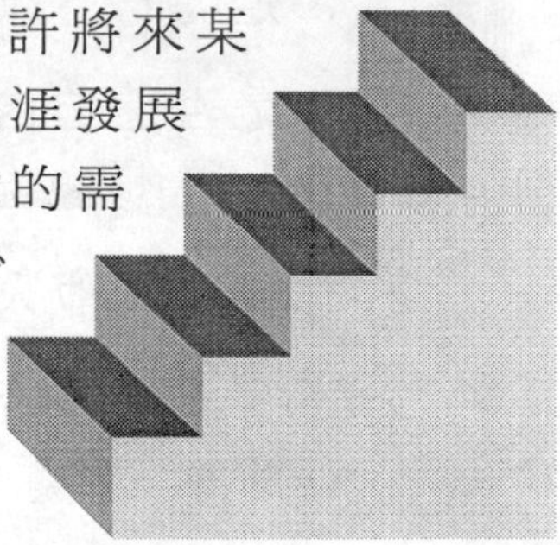

創造思考園地

你正在進行哪一個步驟?

你目前在八大步驟中的哪一階段?__________

____

無論你的第一份工作目前看來有多離譜，在接下來的幾週裡，你能如何促進你的生涯規劃?

____

____

批判思考園地

發覺內在的障礙

花幾分鐘思考在你目前的生涯規劃上，你個人內在可能的障礙。例如：

你是否告訴自己必須儘快做出生涯（職業）決定嗎? 爲什麼?

你是否逼迫自己做出正確的生涯（職業）抉擇，且想像自己將永遠緊抱它不放嗎?

你曾聽其他人說過有關職業選擇的訊息嗎?

這些訊息是否阻斷了你去做你可能想爲自己做的事嗎?

還有哪些障礙可能會妨礙你的生涯規劃?

你可以採取哪些的步驟來克服這些障礙?

利用 SIGI

多數學校的就業輔導中心都有電腦資料庫，協助學生決定未來欲從事的行業。有個熱門程式叫做「互動式引導及資訊系統」(System of Interactive Guidance and Information)，一般稱為「SIGI」。SIGI 針對十項領域，將你的工作價值觀做一評估及分類：薪資、地位、獨立性、助人、保障、多樣性、領導、休閒、興趣以及資歷。利用 SIGI 有助於找到你想探索的特定行業。

其他相關的電腦程式還有就業資料系統(CIS, Career Information System)、輔導資訊系統(GIS, Guidance Information System)、選擇(Choices)以及探索(Discover)等。每種都有職業資料檔供你探索。

評量價值觀還有其他的工具。一種是 Allport, Vernon 以及 Lindzey 的價值觀研究，另一種則是 Saper 的工作價值觀一覽表。與生涯諮商員討論價值觀評量工具，以及進行後續的諮商，是相當值得的。

創造工作的意義

工作是你尋求人生意義或表達自己很重要的一部份。工作使你成為有生產力的人並找到生活中的樂趣。經由工作，你也許能使自己與別人的生活品質顯著改善，因而帶給你真正的滿足感。問問自己：「我的工作能給我活力嗎？」、「工作使我的生活有意義嗎，若否，我該怎麼做？」、「我所從事最有意義的活動是我工作之外的事情嗎？」

事實上，並非工作本身產生意義，而是你賦予工作意義。工作的意義決定於你在工作中所感受到的價值感，以及根據自己或別人的讚賞而認爲自己做的有多好。如果你覺得你的工作缺乏目標及意義，很容易就會想責怪外在環境。即使你的環境真的不好，持這種看法只會使自己宛如受害者及讓你感到無助。你可以強化自己的力量去改變這些環境，試著承擔起讓你的生活及工作有意義的責任，而非期待你的工作爲你帶來意義。

假使你發現你的工作無意義，你會怎麼做？或許你可以觀察自己實際上是如何支配時間的。持續一週或一個月記錄你所做的事，以及每項活動你參與的程度。其中哪些事耗費你的心神，哪些事能帶給你活力呢？雖然你可能無法改變工作上的不順利，但你可能會訝異於你做的改變竟使滿意度提高。把重點放在那些可以改變的因素上，而不要太著眼於你不能改變的事情上。

假使你目前的工作不可能做任何改變，那麼換工作也許是最好的解決方法。假如是這種情況，你可能必須有付出代價的準備。換工作可能會增加你對工作的滿意度，但也可能有更多的風險和不確定性。

你自己的態度非常重要。當不滿足感襲上心頭時，花些時間重新思考你想從工作中獲得什麼，以及如何發揮你的才幹，才是較明智的做法。重要的是，了解有多少發球權操在你的手中 — 這包括你的期望、態度以及目標。

大家談

你從工作經驗中重新認識自己多少？你對工作滿意嗎？在工作中又感覺到能發揮多少創造力呢？爲了擁有一份能增添生活意義的工作，你該怎麼做呢？

畢業乃新的開始

在畢業典禮上，致詞者大多會談到未來的路以及開拓新里程時會遇到的困難。理想上，致詞者的話中會有些事實存在。你的大學經驗使你能夠思考、解決問題、應用所學於有興趣的領域、以及不斷地靠自己學習。

如果你已學會如何提出問題及自學的技能，在你往後的生活中，你將會樂在學習中。事實上，結束交作業的壓力後，可能會使你更深入地追求自己的志趣。關鍵是找出令你振奮的事物，並鼓起勇氣去追尋你的興趣。這與你開創事業並不衝突。事實上，許多公司都期望你再進修，有些雇主甚至會提供各種教育機會。無論你繼續唸研究所或確定研究所不適合你，你的學習都不應中斷。

創造思考園地

有句諺語說：「給我一條魚，我只有今天吃得到魚；但若教我學會釣魚，我將一輩子都能吃得到魚。」

這則諺語給你什麼啓示?

如果你不可能再深造的話，你想以何種方式繼續學習?

永無止境的路

畢業後，你會有許多選擇：

- ❑ 繼續留在大學裡約一個學期左右，修習一些選修課程和其他因爲當初忙於必修科目，想修卻無法修的課程。上一、二門可幫助你決定生涯旅程的課程。
- ❑ 找一份全職的工作。
- ❑ 找一份兼職的工作。
- ❑ 找一份實習的工作。
- ❑ 如果你已專科畢業，那麼繼續進修學士學位的課程。
- ❑ 假使你已完成學士學位，那麼當個全職的研究生，或半工半讀亦可。
- ❑ 維持數個月啥事都不做。
- ❑ 旅遊。
- ❑ 在你真正有興趣的領域裡擔任志工。
- ❑ 搬到另一個地方，並做一些與過去幾年所做過非常不同的事。
- ❑ 抽出時間讓自己重新認識你的家庭及家人。決定是否與孩子或另一半重新建構與你學生時代不一樣的關係。

大家談

你覺得思索畢業後要做的事稍嫌過早嗎？除了將時間精力花在課業上之外，你現在可能還會開始實際去做哪些事，爲下一階段的轉變做準備？

我們希望你現在能夠了解，沒有一條所謂正確的道路能讓你穩當地依循。發掘多種不同的路，是相當令人興奮的，因爲每條路都引領你走向新的地方。千萬別以一次定終生的角度思考。目前，你可能很清楚個人的目標爲何，以及你想從大學生活中獲得什麼。然而，假使你保持開闊的心胸，那麼你必然會有新的發現。

隨手筆記

想像自己身處畢業舞會。你想在那兒看到誰？你想感謝哪些在整個大學生涯中支持過你的人？你最想告訴重要的關係人哪些關於畢業的感想？

或者：讓自己做個夢。假如畢業後你可以在一個月內做任何想做的事，你會如何支配這段時間？畢業後的第一年，你最想從事何種行業？快速記下一些你立刻想到的主意。

未來的路

1. 回顧本章開頭「認識現在的我」單元。你想修改原先的答案嗎？如果是，是哪些問題？
2. 現在是審視你所走的路，並決定是否想要修改方向的好機會。如果你一直認真地學習本書內容，那麼你肯定學會了一些自我評量的技巧。經過思考後，試著回答以下每個問題並將答案寫在你的筆記本上。

❑ 你覺得這學期的表現良好嗎? 如果往後的大學生涯和本學期相去不遠，那你會是什麼樣子呢?

❑ 翻回到第一章(p.26)的個人契約書。如果你寫過這份契約書，你確實信守承諾嗎?

❑ 重新思考第一章所提出的問題－在你的求學旅程中，你現在位於何處? 從你開始讀本書以來，你進步了多少? 你採取了哪些措施?

❑ 回顧你在第一章針對「你爲什麼要上大學？」(p.7~8)所做的回答。你現在對於唸大學的目的有更清晰的看法嗎? 你想從中獲得什麼呢?

3. 試描述從今天開始一年內，你想成爲何種學生和何種人。讓下面的問題刺激你思考：

❑ 如果你現在能擁有你想要的東西，那是什麼呢?

❑ 如果你現在成爲心目中理想的學生，那是何種學生呢?

❑ 哪些因素可能阻礙你成爲你想成爲的人或學生類型？

❑ 你必須採取哪些特定的行動來達成新目標呢? 你必須進行哪些計畫呢?

❑ 哪些事情有助於貫徹計劃?

4. 以下是探索主修科目及職業時可以採取的步驟。在每一個你願意認真考慮的項目前做個記號。

❑ 向一位顧問談談你想選擇的主修科目。

❑ 至少和一位老師晤談關於選擇主修科目的事宜。

❑ 至少和一位你認識的朋友談談他在你有興趣從事的行業中工作的甘苦。

❑ 到就業輔導中心到處看看，認識其環境。

❑ 接受 SIGI 或其他生涯輔導的電腦程式之測試。

❑ 做興趣評鑑量表。

❑ 和父母或其他人談談工作對他們的意義性。

❑ 到書店瀏覽有關生涯的書籍。

❑ 閱讀探討生涯的書籍。

另列出三項你爲了發掘及依循你的志趣，願意採取的具體行動：

1. ____________________

2. ____________________

3. ____________________

5. 將 p.456~457 的八大步驟應用在生涯規劃上。設定實際的目標以達成下列任務。

❑ 找出最適合你的主修科目。

❑ 蒐集更多有關某特定行業的資料。

❑ 建立人際網絡來支持你達成目標。

❑ 增加你接觸有興趣的領域之機會。

至少寫下一個暫時性的行動計劃。一開始先確認你在選擇職涯時最關心的事項。接著寫下你現在願意採取的一些步驟。在你的計劃中，納入尋求生涯輔導員、課業顧問及其他人的協助。

6. 如果你尚未選擇主修科目，在你的學校簡介中尋找有趣的主修課程。假使你很難縮減你的選擇，那麼先確定三個你最感興趣的科目。然後，造訪這些科系並和該系的顧問晤談。事先準備好一張簡要的問題清單。

7. 如果你已選定主修科目，那麼和一位顧問或老師會面討論你的讀書計劃。擬出研讀必修科目及選修科目的暫時性計劃。稍後可隨時修正之。

8. 如果你目前的工作不甚有意義，那麼試著應用 p.459~460 的建議。擬訂一個暫時性的改變計劃。

9. 和一位在你希望從事的領域中工作的人面談。除了聽取他（她）個人的經驗之外，也請他（她）建議你如何進一步地研究該領域，以及你還可以向誰請教。以下是一些有用的問題：

- ❑ 他們的工作天一般是如何渡過的?
- ❑ 什麼樣的教育背景最適合這個行業?
- ❑ 你的主修科目和該領域相關嗎?
- ❑ 爲進入該領域，他們如何做準備?
- ❑ 他們如何獲得第一個相關的工作?
- ❑ 請他們以「過來人」的身份談談爲此職業做準備時，他們做了哪些特別的事。
- ❑ 他們會建議你如何做準備?
- ❑ 他們覺得你還應該知道哪些關於該工作領域的真相?

10. 大部份的大學會提供深入的課程及研討會來討論職涯探索及生涯規劃。考慮選修某個相關的課程。

11. 調查你的學校在輔導就業方面所提供的服務。造訪校園中的職業介紹處，並詢問他們如何在你就學時協助你找兼差工作，及畢業後協助你找全職的差事。

大學生活完全手冊

原　　著／Gerald Corey、Gindy Corey、Heidi Jo Corey

主　　編／余伯泉、洪莉竹

譯　　者／李茂興、張明玲

編　　輯／王仕涵

插　　圖／蔡榮華

出 版 者／弘智文化事業有限公司

登 記 證／局版台業字第 6263 號

地　　址／台北市民權西路 118 巷 15 弄 3 號 7 樓

郵政劃撥／19467647　　戶名／馮玉蘭

E-Mail／hurngchi@ms39.hinet.net

電　　話／（02）2557-5685．0932-321-711．0921-121-621

傳　　真／（02）2557-5383

發 行 人／邱一文

書店經銷／旭昇圖書有限公司

地　　址／台北縣中和市中山路二段 352 號 2 樓

電　　話／（02）2245-1480

傳　　真／（02）2245-1479

製　　版／信利印製有限公司

版　　次／1999 年 2 月初版一刷

定　　價／新台幣 400 元

弘智文化出版品進一步資訊歡迎至網站瀏覽：
http://www.honz-book.com.tw

ISBN 957-98081-8-X

國家圖書館出版品預行編目資料
國家圖書館出版品預行編目資料
大學生活完全手冊 / Gerald Corey, Cindy Corey,
Heidi Jo Corey 合著；李茂興, 張明玲譯.--
初版. --臺北市：弘智文化, 2005[民 94]
面；公分
譯自：Living and Learning
ISBN 986-7451-11-2

1. 高等教育 - 學生 手冊, 便覽等 2. 學習方法 - 手冊, 便覽等 3. 時間 管理

525.78026 88002136

弘智文化價目表

弘智文化出版品進一步資訊歡迎至網站瀏覽：http://www.honz-book.com.tw

書名	定價	書名	定價
社會心理學（第三版）	700	生涯規劃：掙脫人生的三大桎梏	250
教學心理學	600	心靈塑身	200
生涯諮商理論與實務	658	享受退休	150
健康心理學	500	婚姻的轉捩點	150
金錢心理學	500	協助過動兒	150
平衡演出	500	經營第二春	120
追求未來與過去	550	積極人生十撇步	120
夢想的殿堂	400	賭徒的救生圈	150
心理學：適應環境的心靈	700		
兒童發展	出版中	生產與作業管理（精簡版）	600
為孩子做正確的決定	300	生產與作業管理(上)	500
認知心理學	出版中	生產與作業管理(下)	600
醫護心理學	出版中	管理概論：全面品質管理取向	650
老化與心理健康	390	組織行為管理學	800
身體意象	250	國際財務管理	650
人際關係	250	新金融工具	出版中
照護年老的雙親	200	新白領階級	350
諮商概論	600	如何創造影響力	350
兒童遊戲治療法	500	財務管理	出版中
認知治療法概論	500	財務資產評價的數量方法一百問	290
家族治療法概論	出版中	策略管理	390
婚姻治療法	350	策略管理個案集	390
教師的諮商技巧	200	服務管理	400
醫師的諮商技巧	出版中	全球化與企業實務	出版中
社工實務的諮商技巧	200	國際管理	700
安寧照護的諮商技巧	200	策略性人力資源管理	出版中
		人力資源策略	390

弘智文化出版品進一步資訊歡迎至網站瀏覽：http://www.honz-book.com.tw

書名	定價	書名	定價
管理品質與人力資源	290	社會學：全球性的觀點	650
行動學習法	350	紀登斯的社會學	出版中
全球的金融市場	500	全球化	300
公司治理	350	五種身體	250
人因工程的應用	出版中	認識迪士尼	320
策略性行銷（行銷策略）	400	社會的麥當勞化	350
行銷管理全球觀	600	網際網路與社會	320
服務業的行銷與管理	650	立法者與詮釋者	290
餐旅服務業與觀光行銷	690	國際企業與社會	250
餐飲服務	590	恐怖主義文化	300
旅遊與觀光概論	600	文化人類學	650
休閒與遊憩概論	600	文化基因論	出版中
不確定情況下的決策	390	社會人類學	390
資料分析、迴歸、與預測	350	血拼經驗	350
確定情況下的下決策	390	消費文化與現代性	350
風險管理	400	肥皂劇	350
專案管理師	350	全球化與反全球化	出版中
顧客調查的觀念與技術	450	社會資本	出版中
品質的最新思潮	450		
全球化物流管理	出版中	教育哲學	400
製造策略	出版中	特殊兒童教學法	300
國際通用的行銷量表	出版中	如何拿博士學位	220
許長田著「行銷超限戰」	300	如何寫評論文章	250
許長田著「企業應變力」	300	實務社群	出版中
許長田著「不做總統，就做廣告企劃」	300	現實主義與國際關係	300
許長田著「全民拼經濟」	450	人權與國際關係	300
許長田著「國際行銷」	580	國家與國際關係	300
許長田著「策略行銷管理」	680		
		統計學	400

弘智文化出版品進一步資訊歡迎至網站瀏覽：http://www.honz-book.com.tw

書名	定價		書名	定價
類別與受限依變項的迴歸統計模式	400		政策研究方法論	200
機率的樂趣	300		焦點團體	250
			個案研究	300
策略的賽局	550		醫療保健研究法	250
計量經濟學	出版中		解釋性互動論	250
經濟學的伊索寓言	出版中		事件史分析	250
			次級資料研究法	220
電路學（上）	400		企業研究法	出版中
新興的資訊科技	450		抽樣實務	出版中
電路學（下）	350		審核與後設評估之聯結	出版中
電腦網路與網際網路	290			
應用性社會研究的倫理與價值	220		書僮文化價目表	
社會研究的後設分析程序	250			
量表的發展	200		台灣五十年來的五十本好書	220
改進調查問題：設計與評估	300		２００２年好書推薦	250
標準化的調查訪問	220		書海拾貝	220
研究文獻之回顧與整合	250		替你讀經典：社會人文篇	250
參與觀察法	200		替你讀經典：讀書心得與寫作範例篇	230
調查研究方法	250			
電話調查方法	320		生命魔法書	220
郵寄問卷調查	250		賽加的魔幻世界	250
生產力之衡量	200			
民族誌學	250